迈向印度洋－太平洋

◀美国与印度海上合作及其战略互动▶

张东冬·著

时事出版社
北京

图书在版编目（CIP）数据

迈向印度洋—太平洋：美国与印度海上合作及其战略互动 / 张东冬著.
—北京：时事出版社，2023.4
ISBN 978-7-5195-0510-3

Ⅰ.①迈… Ⅱ.①张… Ⅲ.①国际关系—研究—美国、印度
Ⅳ.①D771.235②D735.135

中国版本图书馆 CIP 数据核字（2022）第 127647 号

出版发行：时事出版社
地　　址：北京市海淀区彰化路 138 号西荣阁 B 座 G2 层
邮　　编：100097
发行热线：（010）88869831　88869832
传　　真：（010）88869875
电子邮箱：shishichubanshe@ sina. com
网　　址：www. shishishe. com
印　　刷：北京良义印刷科技有限公司

开本：787×1092　1/16　印张：17　字数：260 千字
2023 年 4 月第 1 版　2023 年 4 月第 1 次印刷
定价：108.00 元
（如有印装质量问题，请与本社发行部联系调换）

目录

绪　论

美国与印度双边伙伴关系的发展是后冷战时代最重要的事态变化之一。伴随21世纪以来美印两国防务伙伴关系的不断提升，在海洋领域的共同利益不断趋于一致，海上合作的目标意图明显增强，海上安全领域已成为历届美国政府发展与印度双边关系的优先合作方向。“印太概念”的出现和兴起改变了传统以陆地版块划分政治区域的地缘思维模式，通过海洋及海上通道来整合亚太地区和印度洋地区，进一步突出了能源和贸易通道以及与之直接相关的海上安全的重要性。随着“印太战略”的逐渐形成，美国更加突出印度及印度洋在其全球战略布局中的地位和作用，美国与印度的海上合作也随之发生新的变化。

一、研究问题的提出

21世纪以来，中国和印度两个新兴大国共同崛起及其所引发的地缘政治、经济变化，使得印度洋的战略地位和价值日益受到国际社会的高度重视，正如美国学者罗伯特·卡普兰所言，“印度洋将成为21世纪国际政治的中心舞台”。[1] 随着印度洋地区战略价值的不断提升，世界各主要大国的战略聚焦也从传统的大西洋—太平洋地区向印度洋—太平洋地区转移，“印度洋—太平洋”一词由此应运而生。印太地区囊括印度洋、西太平洋以及两洋沿岸的众多国家，拥有世界近一半的人口，经

---

① Robert Kaplan, “Center Stage for the 21st Century: Power Plays in the Indian Ocean,” *Foreign Affairs*, Vol. 88, No. 2, 2009, p. 16.

济发展势头强劲，是21世纪全球战略和经济发展最具潜力的地缘区域。印太概念彰显海洋在大国崛起背景下的重要性，不仅打破20世纪之前印度洋和太平洋相互独立的局面，也预示着印太区域内大国博弈和竞争态势更加激烈。

美国作为冷战后全球唯一的超级大国，长期以来始终重视在印度洋—太平洋地区的战略存在，旨在维持其在该地区乃至世界的霸权地位。早在小布什政府时期，美国海军2007年发布的《21世纪海权合作战略》就强调，太平洋和印度洋是美国将“持续保持战斗力”的两个大洋，美国海军需要建立伙伴关系以平衡自身在太平洋和印度洋的战略存在。[①] 奥巴马上台后，美国政府颁布“亚太再平衡”战略，在强化西太平洋战略存在的同时，更加重视印度和印度洋的战略地位。特朗普就任美国总统后，美国正式将印度洋纳入美国亚太政策框架，“印太”从地理概念被上升为战略概念，并提出美国“自由开放”的“印太战略”。2017年美国政府发布的《国家安全战略报告》中指出，“印太地区从印度西海岸一直延伸到美国西海岸，是世界上人口最多、经济最活跃的地区，美国在自由开放的印太地区拥有重大利益，美国将拓展与印度的防务和安全合作，支持与印度在印太地区不断发展的关系”。[②] 此后，特朗普政府将“自由开放”的“印太战略”愿景转向政策实施阶段，“印太战略”正式成为美国对外战略新的重要组成部分。

随着自身的日益崛起，印度更加重视其地处印度洋中心的地理位置，期望实现在该地区乃至世界超级大国的战略目标。同样在2007年，印度海军上校库拉纳发表题为《海洋航线安全：印日合作前景分析》的文章，提出将印度洋与西太平洋作为整体地理单元的印太概念。[③] 在美国出台“重返亚太”战略之后，印度官员在出席2009年香格里拉对

---

① U. S. Department of the Navy, *A Cooperative Strategy for 21st Century Seapower*, October 17, 2007, https: //www. hsdl. org/? view&did = 479900.

② The White House Office, *National Security Strategy of the United States of America*, December 20, 2017, https: //www. whitehouse. gov/wp - content/uploads/2017/12/NSS - Final - 12 - 18 - 2017 - 0905. pdf.

③ Gurpreet Khuarana, "Security of Sea Lines: Prospects for India - Japan Cooperation," *Strategic Analysis*, Vol. 31, No. 1, 2007, pp. 139 - 153.

话会上再次强调将印度洋与西太平洋作为同一地缘范畴的重要性。[1] 莫迪就任印度总理后，不仅将往届政府“向东看”政策落实为“东向行动”政策，同时提出印度的“印太战略构想”，与美国特朗普政府的“印太战略”形成了有效衔接。[2] 2017 年莫迪访问美国，期间与特朗普就美印两国扩大在印度洋与太平洋地区合作问题交换意见。两国发表的联合声明指出，“作为印度洋—太平洋地区负责任的国家，美国和印度之间的密切伙伴关系对于该地区的和平与稳定至关重要，两国同意采取进一步措施加强彼此的伙伴关系，根据《联合国宪章》概述的原则，致力于为印度洋—太平洋地区制定一套共同原则”。[3]

美印关系是影响印太区域稳定和发展的主要双边关系。鉴于两国在印度洋—太平洋地区拥有所谓的共同战略认知和利益诉求，“印太战略”背景下美国与印度海上合作自然成为两国战略的汇合点。美国与印度在印太地区如何进行战略互动？美国与印度在印太地区海上合作涉及哪些实质性领域？美国与印度在印太地区海上合作有着怎样的动力？美国与印度在印太地区海上合作受到何种因素的制约？本书将围绕上述问题展开详细分析和讨论。

二、研究的价值和意义

随着印太概念的兴起及印度洋—太平洋战略重要性的显著提升，印太地区已成为国际关注的主要焦点和大国博弈的重要场所。为应对印太地缘政治新的发展变化，美国出台并推动实施“印太战略”，深刻影响着印太地区的地缘战略格局。“印太战略”框架内美国加强与印度海上

---

① Arun Parkash, “A Moment for India: Shangri – La Dialogue 2009,” *Force*, July 2009, pp. 5 – 7.

② S. D. Muni, *India's “Look East” Policy: The Strategic Dimension*, ISAS Working Paper, No. 121, February 1, 2011; The Hindu, “*Look East*” *Policy Now Turned Into* “*Act East*” *Policy: Modi*, November 13, 2014.

③ The White House, *United States and India: Prosperity through Partnership*, June 26, 2017, https://www.whitehouse.gov/briefings – statements/united – states – india – prosperity – partnership/.

合作凸显了新的地缘政治背景下美印战略合作互动的新趋向，深刻影响着印太地区的海上安全秩序。

第一，在学理上对印太地区的政治经济安全属性进行详细论述，回溯美国“印太战略”的形成发展以及美印战略互动的进程，系统把握美印两国战略合作的新动向和新态势。随着太平洋和印度洋地区之间日益增长的地缘经济、地缘政治和区域安全联系，印太概念在地缘政治中逐渐流行起来，不仅被美国上升为国家战略实践，同时也成为美国推动与印度战略合作的新方向。本书对印太地区的地缘政治、经济属性以及战略互动框架进行了系统性阐释，为整体把握美国与印度战略合作提供外在基础。本书还通过考察美国大战略发展脉络，详细论述了美国“印太战略”的出台以及美印战略互动的进程，为整体把握美国与印度战略合作提供内在基础。

第二，通过系统研究美国与印度的海上合作及其“印太战略”互动，进一步拓展了国内外学术界对美印关系中的前沿性问题研究。目前，“印太”是国际政治研究的热门词汇和国际社会关注的热点议题。在现实实践中，美国和印度是印太区域的重要大国，同时也是“印太战略”的倡导者和追捧者。目前，美国与印度就在印太地区开展安全合作达成共识，印度洋—太平洋已成为两国安全合作的重要依托和重点领域。本书重点将美印海上合作放在印度洋—太平洋之中进行整体考察，突出了美国与印度战略互动的印太地缘属性，对于准确把握这一地区未来发展态势有着重要的意义。

第三，紧扣印太地区、美印关系、海上合作等当前国际政治热点问题，进一步丰富了国内学界对这些热点问题的前沿研究。随着中印两国的共同崛起，印太地区成为世界上最具活力的地缘政治区域。进入21世纪，印度在崛起的过程中已逐渐发展为潜在的世界性大国，而美国对印度战略的变化将美印关系推动为世界上最重要的双边关系之一。随着世界大国战略由传统陆地向海洋纵深，海上合作已成为未来国家间战略合作的主要趋势。

对上述三个热点问题进行系统分析和全面研究，不仅有助于有效评估地区海上合作发展趋势，而且对于把握印太地区未来发展动态具有积极意义。

三、相关研究成果综述

国内外学术界专门探讨和研究“印太战略”下美国与印度海上合作的著作成果较为鲜见；但根据目前所掌握的文献，国内外学者涉及美印关系、美印海洋合作、美印“海洋战略”、美印“印太战略”的研究成果丰硕。因此，有必要对上述研究进行全面回顾，为本书研究提供基础和参考。

（一）关于美印关系的研究

纵观中国学界对美印关系的研究，主要体现在美印关系发展的具体层面。复旦大学国际问题研究院张贵洪教授等人联合编写的《中美印三边关系研究》，通过运用历史、理论和比较的方法对中美印三边关系进行全面、系统和整体考察，详细论述了中美印关系的发展过程、内在逻辑和未来走向。[①] 中国社会科学院亚太与全球战略研究院吴兆礼副研究员所著的《印美全球伙伴关系研究》一书，将印美关系分为新的伙伴关系—战略伙伴关系—全球伙伴关系三个发展阶段，讨论了在中国实力与影响力上升，特别是明显强于印度的大背景下，印美全球伙伴关系的战略契合大于战略分歧的特点和趋势。[②]复旦大学美国研究中心韦宗友教授在《特朗普时期的大国关系：美俄、美印与中美》一文中对特朗普上台后的美印关系进行分析，他认为特朗普政府延续了前两任政府美印关系良好的发展势头，在一定程度上提升了印度在美国对外政策中的战略地位。[③] 中共中央党校国际战略研究院孙现朴副教授的《“印太”语境下的印美关系》一文，研究了 21 世纪以来，特别是“印太”概念出现后，美印关系升温发展的新动向，认为美国在特朗普上台后延续了

① 张贵洪：《中美印三边关系研究》，时事出版社 2013 年版。

② 吴兆礼：《印美全球伙伴关系研究》，时事出版社 2014 年版。

③ 韦宗友：《特朗普时期的大国关系：美俄、美印与中美》，《学术前沿》2018 年第 1 期（上），第 37—45 页。

以往美印关系发展的良好势头，不仅将印太地区作为美国战略的优先选择，而且更加重视印度在这一地区战略格局中的地位，美印在经济、安全、能源、反恐等领域进行了卓有成效的合作，两国在印太地区未来会建立更加紧密的合作关系。[①] 除上述美印关系的总体研究之外，中国学者还从战略关系、防务合作、网络安全合作、太空合作、核合作等方面对美印关系进行了深入研究。[②]

国外对美印关系研究主要集中在两国关系发展的现实领域。美国国防部编写的《美印关系：战略伙伴还是利益互补?》一书，主要探讨了美印安全关系，认为世界观的巨大差异阻碍了美印日益发展的强大战略关系，要使印度成为美国未来盟友，进而使印度在维护亚洲战略稳定和协助美国全球未来建设方面发挥重要作用，美印应该在确保利益互补的基础上发展双边关系。[③] 美国国际问题研究专家马丁·塞亚夫所著的《转变中的超级大国：美国、中国和印度全新和新型的关系》一书认为，中国、印度和美国正在争夺亚洲的主导地位，美国决策者需要适应多极世界的现实。虽然美印两国关系在后冷战时期发展迅速，但两国关于一系列问题的看法仍存在较大分歧，印度在未来几十年内不会成为美国的忠实盟友。美国在制定政策时，智慧、现实主义和温和态度至关重要。[④] 美国学者傅立民的《有趣的时代：美国应该如何处理中美关系》一书是作者在国际重要场合演讲的汇编，其中包含了两篇关于美印关系的文章，一篇是《未来战略时代的印度和美国》，另一篇是《跨太平洋视域下的印度洋—太平洋地区动态》。文章在印度崛起的背景下通过重

① 孙现朴：《“印太”语境下的印美关系》，《中国投资》2018 年第 5 期，第 25—27 页。

② 张力：《从首脑会晤透视美印战略关系新发展》，《当代世界》2017 年第 8 期，第 17—21 页；肖军：《从“主要防务伙伴”关系看新时期的美印安全合作》，《南亚研究季刊》2017 年第 4 期，第 23—30 页；楼春豪：《美印防务合作新态势评估》，《国际问题研究》2017 年第 1 期，第 105—121；张春燕：《美印网络安全合作的新进展与发展趋势》，《南亚研究季刊》2017 年第 1 期，第 101—108 页。

③ U. S. Department of Defense, *The U. S. – India Relationship: Strategic Partnership or Complementary Interests?* August 4, 2015.

④ Martin Sieff, *Shifting Superpower: The New and Emerging Relationship between the United States, China and India*, Washington, D. C.: Cato Institute, 2010.

新界定美国与印度的关系，讨论了美国和印度在印度洋—太平洋地区建立和谐与合作秩序的可能性。① 除此之外，一些美国学者还以美印关系的具体领域为视角，重点研究了美印战略合作以及美印核合作等问题。②

印度尼赫鲁大学钦塔曼尼·玛哈派德拉教授的《走向21世纪的印美关系》一书，在对印美关系详细解读的基础上，对两国21世纪关系发展进行了展望。③ 印度新德里观察家研究基金会海事政策专家阿布希吉特·辛格等人合著的《印度洋—太平洋地区新的印美合作伙伴关系：和平、繁荣与安全》一书指出，美国一直是印度洋—太平洋地区自由经济和海洋秩序的主要建筑师和传统担保人。虽然美国和印度的评论家可能会对美国总统特朗普的“美国优先”战略表示担忧，但这一时刻必须被视为重新平衡印美关系的机会。美国应寻求赋予像印度这样地区性志同道合国家的权力，因为印度在维持稳定方面具有“不可或缺的作用”。④ 印度国际政治学者约书库特主编的《美印关系与亚洲再平衡》一书包含13篇学术文章，这些文章研究和分析了“亚洲再平衡”的含义、维度、意义及其对印美关系的影响。⑤印度战略思想家、卡内基国际和平研究院印度中心主任拉贾·莫汉其在所著的《莫迪的世界：扩大印度的势力范围》一书中，介绍了莫迪政府的对外政策，尤其是莫迪政府对美印关系政策的变化。该书指出，印度莫迪政府重塑印美伙伴关系是印度对内对外战略的重心，印度希望与美国这一潜在的重要伙伴共同

---

① Chas. W. Freeman, Jr. *Interesting Times: China, America, and the Shifting Balance of Prestige*, Charlottesville: Just World Books, 2013.

② Sumit Ganguly, *US – Indian Strategic Cooperation into the 21st Century: More Than Words*, New York: Routledge, 2006; Dinshaw Mistry, *The US – India Nuclear Agreement: Diplomacy and Domestic Politics*, Cambridge: Cambridge University Press, 2014.

③ Chintamani Mahapatra, *Indo – US Relations into the 21st Century*, New Delhi: Knowledge World, 1998.

④ Abhijit Singh and Apama Pande eds, *The Rew Indo – US Partnership in the Indo – Pacific: Peace, Prosperity and Security*, Observer Research Foundation, 2018.

⑤ Josukutty C. A., *India – U. S. Relations and Asian Rebalancing*, New Delhi: New Century Publications, 2015.

塑造从东非延伸到东亚的印度洋—太平洋地区的美好未来。[①] 此外，荷兰莱顿大学卡丽娜·范·德博士所著的《美国对印政策的转变：冷战后的美印关系》一书，研究了克林顿、小布什和奥巴马政府时期美印关系的转变和强化，分析了冷战后印度如何以不同的方式构建与自身地位相匹配的国家身份，并对印度制定安全政策并改善美印关系时如何促使或限制美国外交政策制定者的行动进行了解释。[②]

（二）关于美印海洋合作研究

国内外学者关于美印海洋合作的研究大多集中于海上安全的合作。四川大学外国语学院张春燕副教授所著的《美印海上合作研究》是中国国内鲜有较为系统地对美印两国海上合作进行研究的著作。作者以美印在国际体系中地位的不同为切入点，以国际关系理论中的冲突和合作理论为基础，研究了美印在印度洋安全格局中的合作轨迹、具体内容和制约因素，深入探讨了美印海上合作对中国海上安全的影响。[③] 孙现朴副教授所写的《美印海洋合作的进程及其限制性因素：兼论中国印度洋政策的路径选择》一文，通过考察自印度总理莫迪上台以来印美海洋合作的新进展，讨论了印美海洋合作过程中各个不同层面的限制性因素，并为中国的战略政策选择提出建议。[④] 南昌大学马克思主义学院陈建山博士的《印美在印度洋地区的战略合作及中国应对研究》一文，研究了近年来印美在印度洋合作的新态势及其动因，并进一步讨论中国的战略选择。[⑤] 云南省社会科学院南亚研究所助理研究员许娟在《“印太”语境下的美印日海洋安全合作》一文中，通过跟踪印太概念框架下美印

---

① C. Raja. Mohan, *Modi's World: Expanding India's Sphere of Influence*, New York: Harper Collins, 2016.

② Carina Van de W, *Changing US Foreign Policy toward India: US - India Relations since the Cold War*, New York: Palgrave Macmillan, 2016.

③ 张春燕：《美印海上合作研究》，四川大学出版社 2014 年版。

④ 孙现朴：《美印海洋合作的进程及其限制性因素：兼论中国印度洋政策的路径选择》，《南亚研究季刊》2018 年第 1 期，第 10—16 页。

⑤ 陈建山：《印美在印度洋地区的战略合作及中国应对研究》，《印度洋经济体研究》2018 年第 1 期，第 90—106 页。

日海洋三边安全合作的演变过程，分析了美印日三边海洋安全对中国的影响及其前景。[①] 国防科技大学国际关系学院胡二杰博士的《美国与印度海上合作及其对华影响》一文则认为，美印海上合作已经成为近年来美印安全防务合作的重要领域，而美印海上合作趋向主要指向是中国，为此需要高度警惕。[②]

美国夏威夷亚太安全研究中心莫汉·马利克教授主编的《印太地区的海上安全：中国、印度和美国的看法》一书，聚焦地缘政治挑战、跨国安全关注以及多边制度建设与合作等议题，探讨了印太地区存在的机会和风险，并提出海军在提升本地区海上安全需要采取的措施。[③] 新加坡南洋理工大学拉惹勒南国际关系学院高级研究员伊恩·葛兰姆等主编的《遨游印太弧》一书，考察了印度洋—太平洋地区的海上安全战略和美国海军参与情况，对中国、印度、日本、韩国等印度洋—太平洋沿线国家如何影响美国在此地区的战略布局进行了全面分析。[④] 印度国家海事基金会助理研究员苏德希·拉尼的《印美海上合作：挑战和前景》一文，分析了冷战时期以及后冷战时期的印美海上关系。该文章认为，冷战时期，因印苏关系影响，印度对美国在印度洋的战略存在采取不同的态度；冷战结束后，印度和美国开始重新调整它们的对外政策和关系，印美关系及印美海上关系日益亲密。美国承认印度是印度洋地区的主要安全提供者，美印通过海上合作使其在印度洋地区中的战略安全利益得到有力保障。[⑤] 印度学者维韦克·米什拉的文章《印美安全合作：对印度洋的影响》，讨论了印美两国在印度洋的合作及其影响。作为一

① 许娟：《“印太”语境下的美印日海洋安全合作》，《南亚研究》2017 年第 2 期，第 95—112 页。

② 胡二杰：《美国与印度海上合作及其对华影响》，《国际研究参考》2017 年第 8 期，第 44—48 页。

③ Mohan Malik ed, *Maritime Security in the Indo - Pacific: Perspectives from China, India and the United States*, Maryland: Rowman and Littlefield, 2014.

④ Euan Graham and Henrick Z. Tsjeng eds, *Navigating the Indo - Pacific Arc*, Singapore: Nanyang Technological University, 2014.

⑤ Sudesh Rani, "Indo - US Maritime Cooperation: Challenges and Prospect," *Maritime Affairs*, Vol. 8, No. 2, 2012, pp. 123 - 143.

个经济和军事发展中国家，印度寻求扩大对印度洋地区的战略影响力，美国认为印度是中国的重要平衡国，可以支持美国在该地区的长期利益。鉴于战略和区域共同目标的推动，过去几年印度与美国海上合作的意图明显增强，双边利益趋于一致。[①]

（三）关于美印海洋战略研究

上海市美国问题研究所主编的“美国—亚太地区国家海洋战略研究丛书”中包含《美国海洋战略研究》和《印度海洋战略研究》两辑。《美国海洋战略研究》针对不同时期美国海洋战略的形成与演变过程开展对比分析，探寻了影响美国战略调整的客观条件和主观动因，剖析了美国战略调整的全球影响，为构建中美新型大国关系提出了建议；《印度海洋战略研究》基于历史和地缘政治视角，全面系统地梳理了印度不同时期的海洋战略传统思想及海洋决策机制，阐述了印度海洋安全战略、印度海洋经济科技与发展战略、印度海军建设与力量运用以及影响印度海洋战略未来走势的根本因素，同时对印度海洋战略发展演进方向做出预判。[②] 浙江警察学院郑迪博士所著的《21 世纪印度洋的地缘态势与大国博弈》一书认为，美国印度洋地区战略的核心目标就是维护以安全、繁荣、价值观和地区秩序为核心的地区霸权。作为全球唯一霸主，美国在该地区的战略举措深刻影响到其他大国相关战略的实施。基于这一背景，印度、俄罗斯、欧盟等都制定了相应的印度洋地区战略，以期在日趋激烈的竞争中占据有利地位。在国际体系转型过程中，大国实力此消彼长与美国坚定霸权追求之间存在的矛盾，或将使各国在印度洋地区围绕地区安全架构设置、市场和资源分配等主题的战略博弈成为“新常态”。[③]

北京语言大学国际关系学院王晓文博士所著的《美国印度洋战略的

---

① Vivek Mishra, “Indo - US Security Cooperation: Implications for the Indian Ocean,” *Maritime Affairs*, Vol. 13, No. 1, 2017, pp. 73 - 81.

② 李双建、于保华：《美国海洋战略研究》，时事出版社 2016 年版；宋得星：《印度海洋战略研究》，时事出版社 2016 年版。

③ 郑迪：《21 世纪印度洋的地缘态势与大国博弈》，时事出版社 2018 年版。

历史演进研究》一书，对美国的印度洋战略进行了全面系统的分析和呈现，认为21世纪印度洋对于美国的战略价值不断上升，美国实施印度洋战略主要面向印度和其他地区国家，未来美国印度洋的战略走向很可能是实现印度洋和太平洋的战略整合。① 孙现朴副教授撰写的《美国的印度洋战略》一文，讨论了美国印度洋战略的演变，对美国近年来强化在印度洋的战略利益进行了剖析和解释。② 河南科技大学马克思主义学院师学伟博士的《21世纪初印度亚太战略研究》一书，从分析印度亚太战略的根源入手，重点论述了印度亚太战略实施的条件、目标、手段、意义与挑战，并对未来印度的亚太战略走向做出预判。作者在书中详细论述了印度与美国在亚太地区的战略互动，并对两国在战略安全、防务、能源和经济领域的合作以及印美关系的发展动力、挑战和展望进行了论述。其中部分章节提到印美两国在亚太地区海上军事演习、海上合作等相关内容，可以看作是对印美海上合作的一种关注。③ 上海国际问题研究院研究员马孆的《试析印度的海洋战略》一文，从目标、布局和谋略等方面出发，对印度的海洋战略进行了探讨和分析。④

美国海军战争学院彼特·东布罗夫斯基教授和安德鲁·温纳教授联合编写的《印度洋和美国大战略》一书，收录了8篇关于论述印度洋重要战略地位以及美国在印度洋战略的学术文章，这些文章深入研究了印度洋战略图景的复杂性，深刻地评估了中国和印度崛起的对外政策变化，并确定美国角色和应对选择，从不同的视角对美国的印度洋战略进行了全面且具有前瞻性的分析。⑤ 美国战略和国际研究中心的迈克尔·格林和澳大利亚洛伊国际政策研究所的安德鲁·希勒联合撰写的《定义美国的印度洋战略》一文，从美国国家利益和大国战略竞争视角出发，

---

① 王晓文：《美国印度洋战略的历史演进研究》，国家行政学院出版社2017年版；王晓文：《21世纪的美国印度洋战略与美国霸权》，《世界经济与政治论坛》2014年第4期，第20—32页。

② 孙现朴：《美国的印度洋战略》，《太平洋学报》2013年第6期，第28—38页。

③ 师学伟：《21世纪初印度亚太战略研究》，人民出版社2017年版。

④ 马孆：《试析印度的海洋战略》，《太平洋学报》2010年第6期，第74—80页。

⑤ Peter J. Dombrowski and Andrew C. Winner, *The Indian Ocean and US Grand Strategy: Ensuring Access and Promoting Security*, Washington, D. C.: Georgetown University Press, 2014.

对美国印度洋战略进行了全面系统的分析，认为美国在印度洋的战略利益十分重要，美国应通过建立地区性伙伴关系联盟，持续保持在这一地区利益的战略存在。[①]

印度国防研究与分析研究所的研究员辛格撰写的《地缘不确定时代印度的海上战略》一文中指出，亚太地区海洋关系岌岌可危的性质是当今国际地缘政治一个可识别的特征。在各国相继进行战略调整的过程中，印度需要将现有的“印度海上军事战略”进行全面改造，出台新的海洋战略，以适应快速变化的海洋环境的需求。[②] 澳大利亚印度研究院特聘研究员大卫·布鲁斯特的《印度之洋：印度谋求地区领导人的真相》一书认为，随着国家不断崛起，印度可能在未来几十年内成为印度洋的主导力量。鉴于美国实力的相对衰落，美国已经认同印度是其在印度洋必不可少的战略伙伴；而就印度而言，与美国的有限合作是它在印度洋实现长期目标的有效手段，但是印度对与美国过于密切的合作则犹豫不决。[③] 由美国海军战争学院教授詹姆斯·福尔摩斯、安珠·温特和吉原恒淑三人合著的《印度二十一世纪海军战略》是首部研究印度当前海洋战略的论著，书中详细论证了西方海洋思想与印度海洋战略传统之间的关系，印度海军力量的发展以及印度与中美海军战略之间的相互关系，尤其是美国海上战略与印度关系的论述，为当前美印海上合作提供了参考。[④]

（四）关于美印的“印太战略”研究

虽然“印太”概念已被地区的一些国家升级为“印太战略”，但包括美印两国在内的地区国家的“印太战略”仍处于由政策愿景转化为

① Michael J. Green and Andrew Shearer, “Defining U. S. Indian Ocean Strategy,” *The Washington Quarterly*, Vol. 35, No. 2, 2012, p. 187.

② Abhijit Singh, “An Indian Maritime Strategy for an Era of Geopolitical Uncertainty,” *Journal of Defence Studies*, Vol. 9, No. 4, 2015, pp. 7 – 19.

③ David Brewster, *India's Ocean*: *The Story of India's Bid for Regional Leadership*, New York: Routledge, 2014.

④ James R. Holmes, Andrew C. Winner and Toshi Yoshihara, *Indian Naval Strategy in the Twenty – first Century*, New York: Routledge, 2009.

政策实施的前期阶段。在此背景下，国内外学术界和战略界对此研究也进行了初步探索。

中国学者对“印太战略”的研究重点是美国“印太战略”的研究，而对印度“印太战略”的研究相对较少。韦宗友在《美国在印太地区的战略调整及其地缘战略影响》一文中，考察了美国在印太地区的战略调整与布局，认为奥巴马政府将印太地区作为整体统一整合到“亚太再平衡战略”之中，加强与印度等国家的战略合作关系，或将在一段时间内对中国的周边安全环境产生不利影响。① 同济大学政治与国际关系学院夏立平教授所写的《地缘政治与地缘经济双重视角下的美国“印太战略”》一文，从地缘政治和地缘经济两个方面对美国的“印太战略”进行了系统分析。② 中国社会科学院美国研究所副研究员仇朝兵在其文章《奥巴马时期美国的“印太战略”：基于美国大战略的考察》中指出，奥巴马政府并没有出现具体成型的“印太战略”，这一时期的“印太战略”主要体现在美国的全球大战略之中，服务于美国的国家利益和战略目标。但随着印太地区局势的变化，印度洋和太平洋地区逐渐演化为地缘政治、经济的整体，呈现在美国的战略视野中。在此背景下，美国战略布局向印太地区转移，“印太”概念已经融入美国的战略实践之中。③ 夏立平和钟琦的《特朗普政府“印太战略构想”评析》一文，讨论了特朗普政府“印太战略构想”出台的背景、特点及其影响。④ 中国社会科学院研究生院徐金金博士的《特朗普政府的“印太战略”》一文，对特朗普政府的“印太战略”的主要原则、目标及其前景进行了阐释，认为美印关系以及美印日澳四国集团是特朗普政府“印太战略”

① 韦宗友：《美国在印太地区的战略调整及其地缘战略影响》，《世界经济与政治》2013年第10期，第140—155页。

② 夏立平：《地缘政治与地缘经济双重视角下的美国“印太战略”》，《美国研究》2015年第2期，第32—50页。

③ 仇朝兵：《奥巴马时期的美国“印太战略”：基于美国大战略的考察》，《美国研究》2018年第1期，第37—69页。

④ 夏立平、钟琦：《特朗普政府“印太战略构想”评析》，《现代国际关系》2018年第1期，第22—28页。

的两个重要支柱。[①] 中国传媒大学外国语学院杨瑞与中国现代国际关系研究院南亚东南亚及大洋洲所王世达副研究员共同撰写的《印度与“印太战略构想”：定位、介入及局限》一文，对印度的“印太战略”进行了详尽分析，认为虽然印度战略界积极推动与美国的“印太战略”实现对接，但印度的“印太战略”构想尚未成形，印度基于现实的考量将会对“印太战略”持谨慎态度，以保持其战略回旋的空间。[②] 师学伟博士在其《印度“印太”战略：逻辑、目标与趋向》中指出，在印太地区关注度提升的背景下，印度政府的“印太战略”已经有所端倪，有所作为的印度必将在印太地区采取新的战略举措。[③] 四川大学戴永红教授和周禹朋博士对美印双方战略深度融合进行深入研究，认为美印双方在“印太战略”背景下不断加强互动和推进合作取得了显著进展和重大影响，但印度并非美国“标准意义”上的盟国，双方关系互动在根本战略定位、地区热点问题和贸易投资等方面存在一些难以调和的分歧与矛盾。[④]

国外学者也对美国和印度的“印太战略”做了充分研究。美国前国务卿希拉里·克林顿在其撰写的《美国的太平洋世纪》一文中，强调了美国对印度洋地区的重视和在“印太”范围内的战略调整，认为如何将印度洋和太平洋之间日益增长的联系转变为一个可操作的概念是美国亟待解决的问题。[⑤] 印度南亚问题学者巴杰帕伊所写的《将印度纳入亚洲：重申印度洋—太平洋概念》一文认为，印度洋—太平洋仍然是一个处于起步阶段的概念，因为它继续与亚洲区域空间的其他概念竞争。印度对这一新战略地理的生存有既得利益，因为它有助于在“向东

① 徐金金：《特朗普政府的“印太战略”》，《美国研究》2018 年第 1 期，第 70—82 页。

② 杨瑞、王世达：《印度与“印太战略构想”：定位、介入及局限》，《现代国际关系》2018 年第 1 期，第 42—56 页。

③ 师学伟：《印度“印太”战略：逻辑、目标与趋向》，《太平洋学报》2019 年第 9 期，第 23—34 页。

④ 戴永红、周禹朋：《美印“印太”战略融合与前景》，《现代国际关系》2020 年第 7 期，第 35—43 页。

⑤ Hillary Rodham Clinton, “America's Pacific century,” *Foreign Policy*, Vol. 89, No. 1, 2011, pp. 56 - 63.

看”和“邻里优先”政策的支持下重振冷战后与亚洲重新接触的势头。在这种背景下，印度应该继续培养印度洋—太平洋概念，并确保接受该地区不断发展的战略词汇。① 澳大利亚阿德莱德大学的普里亚·查科博士在其所著的《印太地区的崛起：理解印度外交政策观念的变化及其连续性》文章中，讨论了“印太”概念在印度外交政策话语中的延续和演变，认为印度领导层解释印度洋—太平洋的方式并非源于印度外交政策发生巨大变化，而是体现了印度重大政策的连续和变革，这与该概念的目标相悖。此文通过强调注重理论思想、政治与经济流动以及与有效国家建立共同社会期望三者间的相互作用，制定理解和适应印度外交政策的观念变化和连续性的战略框架。②

综上所述，国内外学术界或是基于美印关系进行基础性研究，从不同的角度对两国关系的发展、实质、影响及走向等内容进行全面考察；或是以美印两国为不同切入点，重点围绕美印两国海上合作的进程、内容、局限及影响等方面进行详细探讨；或是针对不同时期美印两国海洋战略的发展演进、调整机制、核心目标及战略走向等问题，分别对美国和印度的海上战略进行系统分析；或是将美印的“印太战略构想”作为研究重点，考察分析美国和印度“印太战略构想”的形成、目标、局限及前景等内容，这些研究都在某种程度上为本书的研究提供了坚实的文献基础和有益参考。尽管上述研究取得了诸多丰硕成果，但也存有很大的研究空间、问题和不足：一是关于美印关系的研究侧重于两国关系的整体性研究，虽然涉及的范围比较广泛，但对美印海上安全关系领域缺乏较为深入系统的关注。二是关于美印海洋合作研究更多偏重于美印两国海洋安全领域的合作，但忽视了对海洋合作的地缘界定和理论框架解释，从而导致对印太地区整体合作关注不足。三是关于美印海洋战略研究将美国和印度的海上战略分开考察，未能对两国的海上战略互动

① Chietigj Bajpaee, “Embedding India in Asia: Reaffirming the Indo – Pacific Concept,” *Journal of Defence Studies*, Vol. 8, No. 4, 2014, p. 83.

② Priya Chacko, “The Rise of the Indo – Pacific: Understanding Ideational Change and Continuity in India's Foreign Policy,” *Australian Journal of International Affairs*, Vol. 68, No. 4, 2014, pp. 433 – 452.

进行有效整合，缺少对战略发展的追踪与跟进。四是关于美印的“印太战略”研究重点突出对美印两国“印太战略构想”的研究，但没有将“印太战略”应用到具体的海上合作领域，缺乏一定的政策实践。本书基于“印太战略”背景下美国与印度的战略互动，试图对美国与印度海上合作领域、动力及局限进行系统性考察，通过准确把握“印太战略”框架下美国与印度海上合作趋势，为中国战略规划和风险应对提供借鉴参考。

四、研究的基本设想

（一）研究的基本方法

本书涉及“印太战略”层面的学理和实践研究，特别分析了美国与印度海上合作及其战略互动，因此尝试运用多种方法展开研究。

第一，理论经验研究方法。国际关系研究既需要归纳国际政治现实，也需要进行必要的理论分析。因此，本书虽然主要以政策性的研究为基础，但同时也离不开相关国际关系理论和科学方法的支撑。现实主义、自由主义和建构主义是国际关系主流理论研究的主要范式，本书对国际关系理论的应用主要体现在美印两国在印太地区海上合作动因分析、局限分析以及相关影响分析上。通过上述研究，能够科学地把握美印两国在印太地区海上合作互动的逻辑，建立起一个基本的分析框架。

第二，统计定量研究方法。同传统历史研究方法不同，定量研究方法对研究结论的支持会更有说服力。本书涉及数字统计、定量分析和数据计算，因此会不可避免地运用到统计定量的研究方法。如通过详尽的数据来展现印度洋—太平洋的地缘政治、经济价值，通过统计来支撑美国与印度海上合作的内容层级，通过定量分析来把握美印海洋战略发展的内在需求等。

第三，比较分析研究方法。本书按照时空的区别，对相关内容进行横向与纵向比较。在“印太”一词出现后，美国和印度历届政府对于两国在印度洋—太平洋地区合作发展的方向上基本一致，但略有差异。

另外，由于战略利益的不同考量，美国和印度之间就“印太战略”的实施也存在着一定的分歧。基于上述问题，本书对美国与印度两国自身差异和彼此间分歧进行全面系统的分析比较，试图探寻美印两国政府和美印两国之间对待在印太地区海上合作的历史性规律，为展望美印两国未来在这一地区的合作提供合理依据和科学解释。

第四，历史文献研究方法。历史文献研究方法是国际政治研究最传统的研究方法之一，通过查阅大量的中英文资料、学术著作、档案文件，进行归纳分析和总结提炼，从而揭示其发展规律。本书运用了历史文献研究方法，主要对自“印太”概念出现以来美印两国学者公开发表的学术著作、论文，两国官方公布的正式文件，两国官方媒体的报道及两国领导人在公开场合的讲话进行了广泛查阅和深入解读。这些重要的历史文献为本书跟踪美印两国在印太地区海上合作的发展演变提供可能。通过对这些文献的分析解读，探析美国与印度在印太地区海上合作的现实根源、发展历程和未来走向。

（二）研究的创新及不足

第一，研究的创新点。本书在既有研究的基础上，拓展了一些新内容，提出了一些新思路。创新之处主要有以下三个方面：其一，目前学术界关于美印关系的研究相对比较薄弱，出现的成果相对不多，且较为零散。本书对美印两国的海上合作进行较为全面的研究，可以作为美印关系研究的一个重要补充。其二，既往的研究重点是强调追踪美印关系的发展，而近些年迅速升温的美印海上合作却往往容易被忽视。本书对美印在印太区域的海上合作进行全方位考察分析，通过总结美印海上战略互动的特点和规律，为中国的政策选择提供借鉴参考。其三，据查阅文献了解，学术界关于美印两国的研究往往是在印度洋和亚洲—太平洋两者分离的框架之中，而美印在印度洋—太平洋合作的整体研究则较少被纳入学者们的研究之中。本书将印度洋和太平洋进行地缘上的整合，将其纳入美印合作的地缘框架之中。

第二，研究的不足。由于能力、资源和学识等各方面的限制，本书研究的不足主要表现在以下三个方面：其一，尝试理论与实践相结合，但鉴于以政策性研究为主线，相比之下理论的运用则较为薄弱。其二，美印两国在印度洋—太平洋地区的海上合作不断有新变化，本书对最新动态掌握有限，还需要进一步的深入研究。其三，论题需要较为宽广和深厚的知识储备，由于自身知识的局限性，研究仍需进一步地补充、修订和深入。

（三）研究的逻辑框架

除绪论和结语外，本书共分为五章。

第一章是印太地缘政治的基础研究，分为印太地区地理空间界定、印太地区的政治经济属性、印太概念的界定以及“印太战略”合作框架等几部分。

第二章是美国“印太战略”与美印战略互动研究，包括自美印关系解冻后美国从将印度洋纳入美国海上战略范畴、美国“亚太再平衡战略”、美国“印太战略”以及印度对美国“印太战略”的回应。

第三章是美国与印度在印太地区海上合作的主要领域研究，分为美国与印度海上防务合作、美国与印度海军交流合作、美国与印度海洋安全秩序合作以及美国与印度海上非传统安全合作四个部分。

第四章是美国与印度在印太地区海上合作的动因分析，基本框架涉及美国自身战略利益考量的内在动因、美印双边以及多边互动助推的外在动因以及美国和印度共同战略文化的其他动因。

第五章是美国与印度在印太地区海上合作的限制因素研究，主要从美国国内政策的约束、印度国内政治的制约、美印战略互动的限制及国际地区层面的影响四个方面加以论述。

第一章　印太地区及其战略框架

随着21世纪以来中印两国日益崛起，印度洋—太平洋地区已逐渐发展成为全球最具活力的地缘政治区域，世界权力中心向“印太”转移同时引发了国际社会对这一地区的普遍关注。在此期间，“印太”概念作为一种战略谋划在地缘政治中逐渐流行起来，越来越多地出现在美国等国家的官方表述中，特别是特朗普就任美国总统后，“印太”概念被进一步上升为美国的国家战略实践，美国与印度、澳大利亚和日本等国在“印太战略”框架下的战略合作也有新的进展。

第一节　印太地区的地缘属性

在美国等国家看来，印度洋—太平洋地区正逐渐演变汇合为新的地理复合空间，在全球的地缘战略地位日趋重要。印度洋—太平洋一词的产生，不仅体现出西太平洋和印度洋地区之间日益增强的地缘经济、政治和区域安全联系，同时也反映了当代世界全球化的发展趋势以及全球重心转向的重要现实。

一、印太地区的地理空间界定

海洋是地球表面被各大陆地分隔为彼此相通的广大水域，自远古以来一直是人类社会所关注的主要对象。法国人类学家维加里埃教授就曾指出：“地球上赖以生存的人类未来都将以不同的速度和阶段走向海洋，因为海洋是人类生存与发展的第二空间。”① 太平洋是世界最大和最深的海洋，位于亚洲、大洋洲、南北美洲和南极洲之间，与大西洋和印度洋连成环绕南极大陆的水域。太平洋西南以塔斯马尼亚岛东南角至南极大陆的经线与印度洋分界，东南以通过南美洲最南端合恩角的经线与大西洋分界，北经白令海峡与北冰洋连接，东经巴拿马运河和麦哲伦海峡、德雷克海峡沟通大西洋，西经马六甲海峡、巽他海峡和龙目海峡通印度洋，总轮廓近似一个圆形。太平洋通常以南、北回归线为界，分南、中、北太平洋；或以赤道为界，分南、北太平洋；也有以东经160°为界，分为东、西太平洋。太平洋海域有许多重要的海峡，其中以马六甲海峡、白令海峡、麦哲伦海峡和巴拿马运河构成的水道网，使太平洋与印度洋、大西洋、北冰洋得以相通，形成许多重要的国际航线和海上战略通道。太平洋沿岸毗邻有30多个国家和地区，包括亚洲及大洋洲的中国、俄罗斯、日本、朝鲜、韩国、菲律宾、越南、柬埔寨、泰国、马来西亚、新加坡、印度尼西亚、文莱、密克罗尼西亚联邦、帕劳、马绍尔群岛、基里巴斯，南北美洲的美国、加拿大、墨西哥、危地马拉、萨尔瓦多、洪都拉斯、哥斯达黎加、巴拿马、哥伦比亚、厄瓜多尔以及美英法三国的附属岛屿。

印度洋位于亚洲、大洋洲、非洲和南极洲之间，占世界海洋总面积的1/5，是世界第三大洋。世界海权之父、美国海军战略家马汉曾预言：“印度洋在七大洋中具有关键的地位，将决定21世纪世界发展的命运。”② 印度洋西南以通过南非厄加勒斯特的经线同大西洋分界，东南以通过塔斯马尼亚岛东南角至南极大陆的经线与太平洋连接，其全部水域都在东半球范围之内。印度洋的轮廓北部为陆地封闭，南面则以南纬60°为界，与南极洲相连。印度洋是海上的重要交通枢纽，包括霍尔木兹海峡、马六甲海峡、德曼海峡以及苏伊士运河等主要进出要塞，同时也含有亚丁湾、安达曼海、阿拉伯海、波斯湾、红海等重点海域，战略

---

① 杨金森：《中国海洋战略研究文集》，海洋出版社2006年版，第246页。

② T. B. Millar, “Geopolitics and Military Strategic Potential,” in Alvin J. Cottrell and R. M. Burrell, eds. *The Indian Ocean: Its Political, Economic, and Military Importance*, New York: Praeger Publishers, 1972, p. 76.

地位十分重要。正如美国地缘政治学者唐纳德·柏林指出，“鉴于印度洋的地缘位置，没有任何地区在21世纪能像印度洋一样扮演至关重要的角色”。[①] 根据人工划分，印度洋以赤道为界分为南印度洋与北印度洋，赤道以北为北印度洋，赤道以南为南印度洋。印度洋沿岸有30多个国家，包括亚洲的缅甸、泰国、马来西亚、印度尼西亚、孟加拉国、印度、斯里兰卡、马尔代夫 、巴基斯坦、伊朗、科威特、沙特阿拉伯、巴林、卡塔尔、阿拉伯联合酋长国、阿曼、也门、伊拉克，非洲的埃及、苏丹、厄立特里亚、吉布提、索马里、肯尼亚、坦桑尼亚、莫桑比克、塞舌尔、马达加斯加、科摩罗、毛里求斯、南非以及大洋洲的澳大利亚。

“印太”一词是印度洋—太平洋地区的简称。一般而言，从印度洋和太平洋各自地理空间的划分角度考虑，印太地区是指从西印度洋到东太平洋的广袤区域。就现实而言，不同于通常使用的人工划分边界，印度洋—太平洋一直以来是一个复杂的相互联系领域。[②] 由此看来，“印太”概念并不是印度洋和太平洋两个地理概念的简单相加，而是印度洋和太平洋地缘经济和地缘政治发展的产物。正因如此，自“印太”概念出现以来，受地区不同的经济、政治以及社会等众多因素影响，印度洋—太平洋通常分别被划为不同的地缘空间，学术界和战略界对于印太地区地理空间的界定也一直存在争议。根据现有文献梳理，学术界和战略界对于印太地区的划分主要有以下几种不同的界定。

第一种观点认为，印太地区囊括从西太平洋到西印度洋的广袤区域。在澳大利亚陆军上校丹·麦克丹尼尔看来，“印太地区主要是指从西太平洋到西印度洋的广阔海域及其沿海国家，或者确切地说，是从东经140°到东经60°，南接南印度洋，北抵沿海国家的广阔区域”。[③] 与此

---

① Donald L. Berlin, “Neglected No Longer: Strategic Rivalry in the Indian Ocean,” *Harvard International Review*, Vol. 24, No. 2, 2002, pp. 26 –31.

② Michael Auslin, *Security in the Indo –Pacific Commons: Towards a Regional Strategy*, A Report of the American Enterprise Institute, American Enterprise Institute for Public Policy Research, December 2010, p. 7.

③ Dan McDaniel, *India, China and the United States in the Indo –Pacific Region: Coalition, Coexistenceor Clash?* Australian Army, October 2012, p. 2.

同时，印度新德里贾瓦哈拉尔·尼赫鲁大学国际关系学院学者维韦克·米什拉也认为印太地区的范围继承于印太海域，通常包括印太海域附近的国家和政治实体，印度洋—太平洋的范围从东非横跨印度洋，到西太平洋和中太平洋，包括日本和澳大利亚。①

第二种观点认为，印太地区包含从西太平洋到东印度洋的广大区域。美国学者迈克尔·奥斯林认为，“印度洋—太平洋地区范围包括水域、岛屿和沿海国家在内的整个大陆和海洋区域，从中太平洋一直延伸到印度次大陆以西的海域，也就是从西伯利亚东部边缘向南延伸，形成一个巨大的弧形，包括日本、朝鲜半岛、中国大陆和台湾地区、东南亚和大洋洲，以及印度”。② 澳大利亚政府发布的2017年《外交政策白皮书》将印太地区定义为经东南亚连接的东印度洋到太平洋区域，包括印度、北亚和美国。③ 印度新德里国家海事基金会执行董事库拉纳也认为“印度洋—太平洋”一词限定在印度洋区域和西太平洋区域范围所组成的一个独特的区域结构，其中涵盖了东亚和东南亚临近的海域。④

第三种观点认为，印太地区涵盖从西太平洋到北印度洋的所在地区。这一观点最具代表的是澳大利亚国立大学印度与印度洋研究问题专家大卫·布鲁斯特。在布鲁斯特看来，印度洋和太平洋是一个日益相互依存的地理战略空间，它实际上是一个新的心理地图。印太地区应将西太平洋和北印度洋的大部分地区视为一个单独的空间，而不是马六甲海峡或东盟西部边缘的两个空间。布鲁斯特认为，“推动这一想法的因素包括中国和印度的战略利益扩大到其他国家的核心利益领域，以及亚洲

① Vivek Mishra, *India and the rise of the Indo - Pacific*, The Diplomat, September 30, 2013, https://the diplomat. com/2013/09/india - and - the - rise - of - the - indo - pacific/.

② Michael Auslin, *Security in the Indo - Pacific Commons: Towards a Regional Strategy*, A Report of the American Enterprise Institute, American Enterprise Institute for Public Policy Research, December 2010, pp. 4 - 8.

③ Australian Institute of International Affairs, *2017 Foreign Policy Paper*, November 23, 2017, https://www. fpwhitepaper. gov. au/foreign - policy - white - paper.

④ Gurpreet S. Khurana, *The "Indo - Pacific" Concept: Retrospect and Prospect*, National Maritime Foundation, February 2, 2017, http://www. maritimeindia. org/View%20Profile/636215922419657386. pdf.

沿岸国家之间日益增强的经济相互依赖”。[①] 事实上，许多战略分析家正在推动这一概念，美国、印度、澳大利亚和印度尼西亚的政治领导人也越来越多地认为需要超越亚太地区和印度洋地区之间的传统心理分歧。

第四种观点认为，印太地区包含印度洋和太平洋海域及沿岸的整个地区。根据2017年美国《国家安全战略报告》，印太地区所指向的地区是从印度的西海岸一直延伸到美国的西海岸。[②] 美国外交事务专家查尔斯·伊金斯将“印度洋—太平洋”定义为印度洋和太平洋及其沿岸国家的整个地理区域，即从非洲东海岸的印度洋一直延伸到美国西海岸的东太平洋。[③] 与此同时，澳大利亚洛伊研究所的罗里·梅德卡尔夫认为，印太地区应该是一个更为宽泛的广袤区域，包括美国在内的太平洋东岸地区和整个印度洋地区。[④] 韦宗友认为，相对于以西太平洋区域为重心的亚太概念，印太概念涵盖的地理范围更为宽泛。虽然美国等其他国家官方和战略界谈论的印太概念主要是指从西太平洋到西印度洋的广阔海域及其沿海国家，但从宽泛意义上来说应该涵盖印度洋和太平洋两大洋以及它们所毗邻的沿海国家。[⑤]

除了上述观点外，中国学者通过综合归类划分，对印太地区进行了广义和狭义的不同界定。季澄和宋德星认为，如果单纯从地缘角度分析，印太涵盖的地理范围分为狭义和广义两种。狭义的印太地区包含除西印度洋地区以外的广大印度洋和除东太平洋以外的太平洋地区，而广

---

① David Brewster, “Dividing Lines: Evolving Mental Maps of the Bay of Bengal,” *Asian Security*, Vol. 10, No. 2, 2014, pp. 163 – 164.

② The White House, *National Security Strategy of the United States of America*, December 20, 2017, pp. 45 – 46.

③ Charles Ikins, “What's Next in the Indian Ocean,” *Australian Defence Force Journal*, No. 186, 2011, pp. 14 – 15.

④ Rory Medcalf, *Australia's Place in the “Asian Century”*, The Diplomat, November 4, 2012, https://the diplomat. com/2012/11/australias – place – in – the – asian – century/.

⑤ 韦宗友：《美国在印太地区的战略调整及其地缘战略影响》，《世界经济与政治》2013年第10期，第141页。

义的印太地区则包含整个印度洋和包括美国在内的亚太地区。[①] 吴兆礼则对印太地区所覆盖的地理空间范围进行了狭义和广义的更为明确的界定。他认为，狭义的印太地区是指整个亚洲—太平洋地区和东印度洋地区，即从西伯利亚东部边缘地带向南延伸，经日本、朝鲜半岛、中国大陆与台湾地区和东南亚，一直延伸至大洋洲和印度，但不包括印度以西的印度洋地区；广义的印太地区是指从西太平洋到西印度洋的广袤区域，范围远至非洲东海岸或美国在内的太平洋东岸地区和整个印度洋地区。[②]

综上所述，无论是包含西太平洋或东太平洋的印太地区，还是涵盖西印度洋、东印度洋、北印度洋的印太地区，或者再到广义的印太地区和狭义的印太地区，学术界对于印太地区的界定划分体现出地理空间联系的不同理解。尽管学者们对“印太”概念的地理空间界定仁者见仁、智者见智，但都体现了印度洋—太平洋地区融合为同一地缘空间单位的趋势。一般来说，现在已有确定的区域界限只是人们建构出来的结果，而事实上所谓的划分地区之间并非完全分离，而是彼此相互联系。为此，本书以上述研究的基本界定为基础，将印太地区限定为从非洲东海岸的西印度洋地区到涵盖整个亚洲—太平洋的广袤地区。

二、印太地区的地缘政治属性

目前，印度洋—太平洋地区已发展为世界上具有活力的地缘政治区域和全球地缘政治的重要支点。[③] 印太地区由83%的海域和17%的陆地所组成，覆盖了全球52%的面积，拥有世界近60%的人口，是全世界

---

① 季澄、宋德星：《印太视域下的中、美、印海上地缘博弈——表象与实质》，《亚太安全与海洋研究》2017年第5期，第33页。

② 吴兆礼：《“印太”的缘起与多国战略博弈》，《太平洋学报》2014年第1期，第30页。

③ Chas W. Freeman, Jr, *Indo – Pacific Dynamics in Trans – Pacific Perspective*, Remarks to The George Washington University's Elliott School of Foreign Affairs Conference on Power, Identity, and Security: Regional Cooperation and the U. S. Role, Washington, D. C., April 16, 2012, https://chas-freeman.net/indo – pacific – dynamics – in – trans – pacific – perspective/.

人口最为集中的地区。人口密度高，加上自然灾害、气候变化、意识形态激进主义和人口迁移等不稳定因素，给该地区的区域治理带来巨大压力。印太地区也是世界经济的中心，有美国、中国、日本等世界居前的几大经济体，全球九大港口也均位于此地区。此外，印太地区还是全球军事化程度最高的地区，不仅拥有世界最强的军事力量和规模最大的海军国家，而且世界上已宣布持有核武器的五个国家也在此区域，该地区还有日本、韩国等五个国家与美国签署军事同盟条约。① 政治、经济和军事复杂的地区形势赋予了印太地区特有的地缘政治属性。

随着中国和印度等亚洲新兴国家的迅速崛起，印太地区的地缘价值更加显著提升，印太地区的地缘政治属性呈现出新的特点：

第一，印太地区权力格局的重组。2008 年国际金融危机爆发以来，以美、欧为代表的西方国家实力受到严重削弱，以中、印为代表的亚洲新兴国家迅速崛起，国际战略重心开始从传统的大西洋逐渐向印度洋—太平洋地区转移。在此背景下，中国和印度的共同崛起引发了印度洋和太平洋地区的权力重组，这一地区的地缘政治结构也随之发生深刻复杂的变化。一方面，中国和印度经济规模的提升加剧了向外部扩展的张力；另一方面，印太地区需要进一步重组区域大国之间的权力关系以适应地缘政治空间的变化。虽然俄罗斯、日本等其他主要大国以及澳大利亚、韩国、印度尼西亚和伊朗等中等国家在一定程度上对印度洋和太平洋地区的地缘结构产生影响，但美国、中国和印度的权力关系将是决定印太地区地缘政治结构最为核心的力量。

第二，中国与印度地缘战略空间延伸。在传统的西方模式中，印度和中国通常会与当前和以往大国崛起的方式大致相同，主要是通过传统的物质和军事力量的积累。② 当前，中国和印度正通过这种权力的积累使自身实力变得强大、重要和具有更大影响力，而这种动态对更广泛的

---

① U. S. Senate, *Statement of Admiral Samuel J. Locklear, U. S. Navy Commander, U. S. Pacific Command before the Senate Armed Services Committee on U. S. Pacific Command Posture*, April, 16, 2015, https://www.armed-services.senate.gov/imo/media/doc/Locklear_04-16-15.pdf.

② Chris Ogden, *China and India: Asia's Emergent Great Powers*, *Cambridge*, United Kingdom: Polity, 2017, pp. 1-2.

地缘政治格局和力量平衡产生潜在影响。全球化和贸易的逻辑意味着中国和印度今天比以往任何时候都更依赖海洋。中印两国在世界经济中的整合程度越高，两国在海上的利益就越大。也就是说，中国和印度的安全利益不局限于其本土和所在区域，由于两国拥有庞大的人口体量，经济发展前景将更多依赖于获得全球其他地区的重要资源和市场。根据有关数据统计，中国严重依赖石油进口，其中近 80% 来自穿越印度洋—太平洋海域的中东和非洲油轮。从以往贸易规模和发展态势来看，中国与中东的双边贸易在 2020 年达到 5000 亿美元。与此同时，中国与非洲的贸易每年都有 20% ~40% 的增长，中国是非洲五大投资国之一，在非洲提供软贷款和项目发展规模也继续以两位数的速度增长。[①] 由此可见，印度洋地区已经成为支撑中国经济快速发展的主要生命线。

印度与亚太地区之间的贸易和投资关系也在不断增强。印度与东盟在 2015 年达成自由贸易协定，印度—东盟贸易额年增长 10%，超过 720 亿美元，双方的贸易和经济关系发展潜力巨大，超过 1000 亿美元大关已不再是遥不可及。[②] 中国目前是印度最大的贸易伙伴，两国的贸易额达到 845 亿美元，尽管中印是陆地邻国，但海上交通则是大部分货物运输的主要渠道。[③] 另外，印度与澳大利亚也开始重新运营一条被长期忽视的印度洋—太平洋海上贸易航线，印澳之间的贸易规模随之不断扩大。[④] 鉴于经济利益不断向印度洋以外的西太平洋延伸，印度的地缘战略空间也开始向西太平洋扩展。从拉奥政府的“向东看”政策再到莫迪政府的“东向行动”政策，都可以看作是印度迈向成为马六甲以

---

① Rory Medcalf, “The Indo – Pacific: What’s in a Name?” *The American Interest*, Vol. 9, No. 2, 2013, pp. 58 – 66.

② Surojit Gupta, *Indo – Asean Trade Rises* 10% *to* $72*bn in FY*17, *But is Long Way*, The Times of India, January 26, 2018, https://timesofindia.indiatimes.com/business/india – business/indo – asean – trade – rises – 10 – to – 72bn – in – fy17 – but – is – long – way – off – potential/articleshow/62657555.cms.

③ 中华人民共和国商务部综合司、商务部国际贸易经济合作研究院：《2017 年印度货物贸易及中印双边贸易概况》，https://countryreport.mofcom.gov.cn/record/view110209.asp?news_id = 58276。

④ Rory Medcalf, “The Indo – Pacific: What’s in a Name?” *The American Interest*, Vol. 9, No. 2, 2013, pp. 58 – 66.

东更具影响力大国的一部分。[①]

第三，地缘政治下地区秩序的深刻变化。随着中国在亚太地区的迅速崛起，美国奥巴马政府将战略重心从中东转移到亚太地区，试图通过军事、经济和外交三个方面同时强化美国在亚太地区的存在，以平衡中国在这一地区日益增长的经济、政治、军事影响力。[②] “亚太再平衡”战略是美国遏制中国崛起的重要工具，奥巴马政府试图通过加强与日本、澳大利亚等盟国的安全合作以及加大在南海地区干涉力度，以维持其在亚太地区力量平衡的主导地位。然而，在美国看来，奥巴马政府这一战略不仅未能成功遏制中国在该地区及全球的地缘政治和经济优势，反而见证了中国在亚太地区日益增长的影响力以及地缘空间向印度洋的进一步拓展。[③] 在此情况下，美国在印度洋—太平洋地区被削弱的存在感与日俱增。特朗普上台后，美国的对外战略再次进行调整，特朗普政府在“亚太再平衡”战略基础上推出“自由开放”的“印太战略”，实质上反映了美国遏制中国崛起，保护美国在该地区的领导地位以及重塑有利于美国战略利益的地区政治、经济安全秩序的决心。[④]

印度自21世纪以来迅速崛起为新兴大国中的重要一员，同时被国际社会广泛认为是具有巨大潜力的崛起大国。[⑤] 崛起中的印度不断通过强化实施“东向”战略，将自身定位为重要的地区参与者，以扩大在区域和全球地缘战略影响。[⑥] 中国向印度洋地区的战略延伸，同样引起

---

① Chietigj Bajpaee, “Dephasing India’s Look East/Act East Policy,” *Contemporary Southeast Asia*, Vol. 39, No. 2, 2017, p. 349.

② Nicholas D. Anderson and Victor D. Cha, “The Case of the Pivot to Asia: System Effects and the Origins of Strategy,” *Political Science Quarterly*, Vol. 132, No. 4, 2017, pp. 597 – 598.

③ Robert S. Ross, “The Problem with the Pivot: Obama’s New Asia Policy Is Unnecessary and Counterproductive,” *Foreign Affairs*, Vol. 91, No. 6, 2012, pp. 70 – 82.

④ Josh, Rogin, “Trump’s Indo – Pacific Strategy: Where’s the Beef?” *The Washington Post*, June 6, 2018, https://www.washingtonpost.com/news/josh – rogin/wp/2018/06/06/trumps – indo – pacific – strategy – wheres – the – beef/? utm_term =.689ab0a78fef.

⑤ Harsh V. Pant, “A Rising India’s Search for a Foreign Policy,” *ORBIS: FPRI’s Journal of World Affairs*, Vol. 53, No. 2, 2009, p. 264.

⑥ Amitendu Palit, “India’s Act East and Implication for Southeast Asia,” *Southeast Asian Affairs*, Vol. 12, No. 2, 2016, pp. 81 – 82.

印度的警惕和担忧。为此，印度对中国的“一带一路”倡议持抵制态度，认为“一带一路”倡议根本上就是将印度在该地区甚至全球的经济和战略利益排除在外。[①] 为确保在印太地区的战略存在，阻止中国掌控印度洋关键海路及妨碍所谓的“自由贸易”，印度努力寻求制衡中国在该地区的影响力和领导力，并着手与美国在印太地区的战略合作，谋求所谓的“自由地区秩序”，以确保印度在印度洋传统的战略优势。在美印两国看来，目前印太地区的秩序之争表现为以中国为首的“非自由霸权”区域秩序和以美印为主导的基于“自由规则”的秩序之争。[②] 正因如此，中、美、印这种地区秩序的博弈深刻影响着印太地区地缘政治形势的变化。

第四，区域多边合作机制重心的转移。印度洋和太平洋在地缘上的融合对地区多边合作机制产生了重要影响，区域多边合作机制的重心呈现出由亚太地区向印太地区转移的发展态势。由于东南亚被视为新兴的自由开放印太地区的中心部分，东盟以及相关多边合作机制的地位和作用更加凸显。[③] 传统上，亚太地区包含众多具有广泛影响力的区域多边合作机制，其中最成功和最具创新精神的是亚太经济合作组织和东南亚国家联盟。[④] 虽然印度洋与太平洋地缘上的联系日趋紧密，但作为亚洲第三大经济体的印度仍然被排除在亚太经济合作组织这个重要的群体之外。因此，亚太经济合作组织不仅不能体现出完整的亚太地区经济格局，而且也无法重塑自身的发展活力，这一组织整体区域的影响力也在

---

① Blanco Pitlo Lucio and Karambelkar Amruta, “India's Perception and Response to China's One Belt, One Road Initiative: Views from Indian Mainstream Media,” *Asian Politics & Policy*, Vol. 7, No. 4, 2015, pp. 667 – 671.

② Brahma Chellaney, *A New Order for the Indo – Pacific*, The Asia Times, March 11, 2018, http: //www. at – imes. com/article/new – order – indo – pacific/.

③ Prashanth Parameswaran, *ASEAN's Role in a U. S. Indo – Pacific Strategy*, Wilson Center, September 2018, https: //www. wilsoncenter. org/sites/default/files/2018 – 09 _ aseans _ role _ parameswaran. pdf.

④ S. D. Muni, *East Asia Summit and India*, ISAS Working Paper, No. 13, October 2006, p. 2.

相对地减弱。[1] 相反，更适应目前印度洋—太平洋区域发展的多边机构是那些在东盟周围建立起来的机制。始于2005年的东亚峰会，现已经扩展到包括中国、印度、美国、日本和俄罗斯等国家，不仅打破区域合作的地缘限制，同时创造出印度洋与太平洋区域共同合作的新模式。[2] 此外，环印度洋联盟是印度洋地区唯一重要的多边合作机制，不仅包含印度、澳大利亚等印度洋沿岸国家，同时也包括中国、美国以及日本等太平洋国家的对话伙伴国。因此，环印度洋联盟在实现印度洋—太平洋机制化建设方面显然已发挥着重要的作用。[3]

值得注意的是，除了印太地区范围内的大多边合作机制外，美国目前正在印太范围内联合日本、印度以及澳大利亚等盟友和伙伴，试图积极构建一种适合于战略需要非正式的小多边合作机制，主要表现为安全合作机制，包括美印澳三边合作、美日澳三边合作以及美日印澳四方合作等战略安全合作。美国希望通过构建多层次的小多边安全合作机制，灵活地应对从印度洋到太平洋不同区域间的安全威胁与挑战，加强美国与盟国及伙伴国之间、盟国之间或盟国与伙伴国之间的军事合作与协调，提升防务能力和集体应对威胁的能力。

三、印太地区的地缘经济属性

近年来，世界经济重心逐渐向印度洋—太平洋地区转移，印太地区已经成为推动全球经济发展的新引擎。一方面，亚太地区以中国为代表的经济稳健增长和印度洋地区以印度为代表的新兴经济体的崛起，不仅

---

① Kevin Rudd, *Why Asia – Pacific Economic Cooperation Need India?* HUFFPOST, November 19, 2015, https://www.huffingtonpost.in/kevin – rudd/why – apec – needs – india _ b _ 8596636.html.

② Alan Burns, *U. S. Joint East Asia Summit: Implication for Regional Cooperation*, *An Interview with Ann Marie Murphy*, The National Bureau of Asia Research, November 17, 2011, https://www.nbr.org/publication/us – joins – east – asia – summit – implications – for – regional – cooperation/.

③ Mark Beeson, "Institutionalizing the Indo – Pacific: The Challenges of Regional Cooperation," *East Asia: An International Quarterly*, Vol. 35, No. 2, 2018, p. 95.

推动印度洋—太平洋地区海上贸易的发展，同时也加强了印度洋与太平洋两大区域的经济贸易互动；另一方面，亚太经济合作组织以及东盟等印太区域经济合作和经济一体化的蓬勃发展，加速了亚太地区与印度洋地区在经济上的密切联系。在此背景下，印太地区的地缘经济属性也呈现出新的特点。

第一，印太地区正在成为全球经济发展的新引擎。目前，印度洋—太平洋已发展成为当前全球经济最为活跃的地区，这一地理区域既有美国这一传统的世界第一经济强国，还有中国、印度这两大正在崛起的经济大国，同时也包括日本、韩国和澳大利亚等发达经济体。根据世界银行统计，在过去 30 年中，亚洲占全球经济总量的比重从 10% 上升至 30%，2017 年这一比重已达 36.27%。[①] 全球经济一体化以及中印的共同崛起，推动亚太与印度洋地区在经济上逐渐融合为一体，这也使得印度洋的重要性持续上升。受亚洲地区经济增长的驱动，印度洋正超过大西洋和太平洋成为世界最繁忙、最具战略意义的贸易走廊。数据表明，作为贸易航线编织网的第三大洋，全球 1/3 的大宗货物和约 2/3 的石油运输都经过印度洋。[②] 印度洋控制着载有世界一半集装箱船的主要海上通道，70% 的石油产品运输需通过印度洋经由中东运往太平洋地区。其中全球 40% 的原油贸易通过霍尔木兹海峡；40% 的全球贸易运输经过马六甲海峡，每年约有 10 万艘油轮运载高达全球 70% 的石油产品通过马六甲海峡，该海峡每年的商船通行量占全世界的 1/3，吞吐量分别为苏伊士运河和巴拿马运河的 6 倍和 17 倍。印度洋的石油航线尤其是西方发达国家和许多发展中国家仰赖的“战略生命线”。[③]

第二，印太地区的区域经济合作和区域经济一体化不断深化。亚太经济合作组织是亚太地区最大的区域经济合作组织，该组织的 21 个成

---

① World Bank, *Gross Domestic Product* 2017, World Development Indicators Database, September 21, 2018, http://databank.worldbank.org/data/download/GDP.pdf.

② U. S. Senate, *Statement of Admiral Samuel J. Locklear, U. S. Navy Commander, U. S. Pacific Command before the Senate Armed Services Committee on U. S. Pacific Command Posture*, April, 16, 2015, https://www.armed-services.senate.gov/imo/media/doc/Locklear_04-16-15.pdf.

③ 夏立平：《地缘政治与地缘经济双重视角下的美国“印太战略”》，《美国研究》2015 年第 2 期，第 40 页。

员共拥有约28亿人口，经济总量为42万亿美元，占世界经济总量的59%和世界贸易总量的49%。1989—2012年，亚太地区的贸易总额增长7倍，超过了世界其他地区，其中2/3的贸易额发生在成员经济体之间。[①] 2014年，亚太经济合作组织领导人非正式会议北京峰会决定开启亚太自由贸易区进程，体现出亚太经济合作组织成员推动区域经济一体化的坚定决心。近年来，印度积极谋求成为亚太经济合作组织成员，并得到美国、中国、俄罗斯、日本及澳大利亚等主要成员国的支持。随着印太地区的地缘整合，未来印度的加入不仅将促进印度洋地区与亚太地区经济的进一步融合，而且对亚太经济一体化也会产生影响。东南亚国家联盟也是重要的区域一体化组织。2011年东盟十国发起被称为“区域全面经济伙伴协定”的区域合作组织，由中国、日本、韩国、印度、澳大利亚、新西兰和东盟的6个成员国共同参加，它的目标是通过削减关税及非关税壁垒，建成占全球总量1/3、覆盖太平洋和印度洋众多重要经济体的世界最大自贸区，无疑对推动印太地区一体化进程具有深刻影响。[②] 此外，环印度洋联盟作为印度洋地区唯一的区域合作组织，包括21个印度洋沿岸成员国以及中国、美国等7个对话伙伴，对促进印度洋地区的持续增长和均衡发展，以及加强与亚太地区的经济联系同样发挥着重要作用。[③]

第三，中印崛起使得地区国家间经济贸易联系日趋紧密。中国对印度洋地区经济贸易的高度依赖加速了印度洋和太平洋两大区域融合的进程。中国作为世界第二大经济体，在印度洋地区拥有重要的经济利益。除能源外，中国与非洲、中东国家，尤其是伊朗、巴基斯坦等国有着广泛的经济贸易联系。在整个非洲，目前有超过1600多家中国企业在此投资，非洲是中国除中东外第二大原油进口来源地，2017年中非贸易

---

① Asia - Pacific Economic Cooperation, *About APEC Achievement and Benefits*, https://www.apec.org/About - Us/About - APEC/Achievements - and - Benefits.

② Association of Southeast Asian Nations, *Regional Comprehensive Economic Partnership*, https://asean.org/? static_post = rcep - regional - comprehensive - economic - partnership.

③ The India Ocean Rim Association, *About IORA*, http://www.iora.int/en/about/about - iora.

额达1700亿美元，是2000年的16倍以上，中国已连续9年稳居非洲第一大贸易伙伴。① 在中东地区，中国约有50%的石油进口来自该区域，中东地区一直是中国日益增长的能源需求提供者，在中国十大原油进口国中，中东国家占了6个。从经贸方面看，目前中国不仅是伊朗最大的贸易伙伴、土耳其的第二大贸易伙伴，同时也是9个阿拉伯国家的最大贸易伙伴和整个阿拉伯地区的第二大贸易伙伴，双方经贸关系日趋紧密。② 在南亚地区，巴基斯坦是中国重要的战略合作伙伴，两国已签署自由贸易协定，中巴经济走廊也正在稳步推进，包括港口建设、能源管道、交通基础建设、产业合作等重点领域的多个经济合作项目促进了中国与巴基斯坦乃至印度洋地区的互联互通。③ 此外，中国与斯里兰卡、孟加拉国以及马达加斯加等印度洋国家保持着良好的经济合作关系，显示出中国同印度洋国家区域经济互动的纵深发展。④

印度与亚太地区经贸联系频繁紧密，也促进了印度洋与太平洋两大区域的经济互动。在东南亚，印度自实施“东向”战略以来，将加强与东南亚国家的经贸联系视为对外政策的主要方向。目前，印度已与东盟签署自由贸易协定，双边的贸易额从1993年的29亿美元增加到2018年的800多亿美元，东盟已成为印度的第四大贸易伙伴，印度—东盟贸易额占印度对外贸易总量的10%。印度对东盟国家的直接投资也超过100亿美元，并向东盟成员国提供10亿美元贷款，双边的经贸关系得到进一步强化。⑤ 在东亚地区，中国是印度最大的贸易国，2017年两国

---

① Ministry of Commerce, People's Republic of China, *Statistics on China - Africa Bilateral Trade in* 2007, January 26, 2018, http://english.mofcom.gov.cn/article/statistic/lanmubb/AsiaAfrica/201803/20180302719613.shtm.

② 赵雅婧、王有鑫：《“一带一路”背景下中国与中东的经济合作》，《阿拉伯世界研究》2016年第2期，第32—32页。

③ ［巴］阿马德·拉希德·马利克著，陈晓鹏译：《中巴经济走廊的经济前景》，《太平洋学报》2017年第5期，第92—98页。

④ FDI Team, *China's Strategic Objectives in the Indian Ocean Region*, Future Direction International, May 23, 2011, http://www.futuredirections.org.au/publication/workshop-report-chinas-strategic-objectives-in-the-i-ndian-ocean-region/.

⑤ The Ministry of External Affair, Government of India, *ASEAN Multilateral Division* "*India - ASENA Relations*," http://mea.gov.in/aseanindia/20-years.htm.

间贸易首次突破800亿美元大关，保持快速发展的势头，中印之间经济结构和要素禀赋的差异，使得两国经贸合作空间巨大。① 另外，印度分别于2009年和2011年与韩国和日本签订“全面经济伙伴协定”。自协定生效以来，印度与韩国的贸易额从2008年的156亿美元上升到2017年的208亿美元，两国的目标是在2030年将贸易额增加50%以上，达到500亿美元。② 此外，印度与日本的双边贸易额从2011年开始保持稳步增长，日本是印度最大的援助国及主要的直接投资对象国，约有1305家日本公司在印度设有分支机构，日本在印度的直接投资达到4650亿日元，两国在高铁、核电等基础设施和区域连接项目上的合作日趋密切。③ 在南太平洋地区，印度与澳大利亚的经贸关系日趋紧密。印度是澳大利亚的第五大贸易伙伴，印度与澳大利亚的双边贸易额在过去的10年里翻了一番，达到近200亿美元。澳大利亚一份名为《至2035年的对印经济战略》报告明确提出选择印度作为未来20年优先经济合作伙伴的战略目标。④

综上所述，作为世界独特的海洋地理空间，印度洋—太平洋具有重要的地缘空间属性、地缘政治地位及地缘经济价值，这些特点共同决定了印太地区在国际政治领域的战略重要性及未来发展前景。鉴于地缘结构趋于整体化及全球战略中日益增长的重要性，印度洋—太平洋地区不仅引发国际社会关注，同时也成为世界各国战略研究的重要区域。

---

① 中华人民共和国商务部：《国别数据，2017年1月—12月印度贸易简讯》，https：//countryreport. mofcom. gov. c – n/new/index110209. asp。

② Manoj Kumar, *India – South Korea Aim to More Than Double Trade to ＄50 Billion*, Reuters, July 11, 2018, https：//in. reuters. com/article/india – southkorea – trade/india – south – korea – aim – to – more – than – double – trade – to – 50 – billion – idINKBN1K10H6.

③ Ministry of Foreign Affairs of Japan, *Japan – India Relations* (*Basic Data*), September 25, 2017, https：//www. mofa. go. jp/region/asia – paci/india/data. html.

④ Natasha Bhaskar, *Australia's New Strategy in Navigating the India Economic Challenge*, Observer Research Foundation, August 31, 2018, https：//www. orfonline. org/expert – speak/43734 – navigating – india – economic – challenge – australia – new – strategy/.

第二节　印太地区的战略框架

印度洋和太平洋作为各自独立的地理单元长期处于分离的状态。随着世界大航海时代的到来，最早生物地理学和人种学的研究将印度洋和太平洋结合起来，因而两个地区被整合成一个海洋生态体系。此后，地缘政治话语的传播使印度洋—太平洋从生物地理区域逐渐转变为战略区域。21 世纪以来，伴随印度洋—太平洋地区战略地位和价值的不断显现，“印太”概念在地缘政治和战略对话中逐渐流行起来，越来越多地被有关国家的决策者、分析人士和学者所使用，并演化成为一些国家的区域战略框架。美国在积极推动“印太战略”规划和实施的同时，联合印度、日本、澳大利亚等印太地区的主要国家，着手通过建立“印太联盟”合作体系，以塑造有利于其战略利益的印度洋—太平洋地区政治经济安全架构。

一、“印太”概念的起源与演变

历史上，印度洋与太平洋由于没有任何地缘上的联系而被长期割裂，分属于各自的地理单元系统。但从传统海洋范畴来看，“印度洋—太平洋”一词并非新鲜的术语，它长期被认为是海洋科学中独特的生物地理区域。自 19 世纪 50 年代，“印太”一词开始被用于民族志研究，当时“印太群岛居民”是识别印度尼西亚人民的一种方法。① 随着世界大航海时代的到来，“印度洋—太平洋”作为海洋科学术语开始出现。通过历史文献考察，收藏于英国自然博物馆的《关于 1881—1882 年英国皇家海军“警报号”航行期间在印度洋—太平洋地区进行动物学收

① Rory Medcalf, *A Term Whose Time Has Come: The Indo - Pacific*, The Diplomat, December 4, 2012, https://thediplomat.com/2012/12/aterm - whose - time - has - come - the - indo - pacific/.

集的报告》，最早将印度洋和太平洋划分为统一的区域，包括美国大陆南部海域、澳大利亚东北海域和托雷斯海峡以及位于塞舌尔群岛和马达加斯加岛之间的西印度洋岛屿群。[①] 作为海洋科学的地缘概念，印太地区主要是海洋生态系统的地理生存空间范围。这个海洋生物地理区域，包括印度洋的热带水域、西太平洋和中太平洋以及连接上述水域的印度尼西亚海域，但不包括太平洋和印度洋的温带和极地区域、东太平洋热带区域及美洲的太平洋海岸。早期印度洋—太平洋地区的海洋生物研究主要蕴含海洋鱼类、软体动物以及海洋贝壳类生物的科学发现和探索。[②] 此外，一些社会学者也在印度洋—太平洋地区进行了人种学研究，语言学家詹姆斯·罗根于1850年撰写的《印度群岛的民族学：对印度洋—太平洋岛民的大陆关系进行调查》一书，对印度洋—太平洋地区岛屿的特定种族进行了详细的研究，通过考察各部落语言与发展状况和文明程度之间的联系，建立起印度洋—太平洋地区彼此互动的桥梁和纽带。[③]

随着印度洋—太平洋地区地缘联系的日益紧密，“印度洋—太平洋”一词开始出现在不断演变的地缘政治话语中。20世纪初，德国地缘政治学家卡尔·豪斯霍夫在《太平洋的地缘政治》一书中首先提出印太地区的概念。豪斯霍夫认为，“世界权力中心已从大西洋转移到太平洋，很快就会位于印度洋和太平洋之间”，他主张德国、俄罗斯、中国、印度和日本组建联盟来反对殖民海上强国英国、法国和美国。[④] 1948年世界粮农组织在建立渔业区域理事会时，将其中一个命名为印度洋—太平洋渔业委员会，是国际组织首次将印度洋和太平洋地区进行

---

① British Museum（Natural History）, *Report on the Zoological Collections Made in the Indo－Pacific Ocean during the Voyage of H. M. S. "Alert" 1881－2*, London: Printed by Taylor and Francis, 1884.

② 赵青海：《“印太”概念及其对中国的含义》，《现代国际关系》2013年第7期，第14页。

③ James Richardson Logan, *The Ethnology of the Indian Archipelago: Embracing Enquiries into the Continental Relations of the Indo－Pacific Islanders*, National Library Board Singapore, 1850.

④ Karl Ernst Haushofer, *An English Translation and Analysis of Major Karl Ernst Haushofer's Geopolitics of the Pacific Ocean*, Lampeter: Edwin Mellor, 2002, p. 141.

地缘整合。[①] 20 世纪 50 年代至 70 年代，澳大利亚学者首先从国际安全和国际战略的角度提出“印太”的语义。20 世纪 50 年代，“印太”一词被用于讨论澳大利亚周边领土的非殖民化问题。[②]在此后的 1965—1966 年，澳大利亚国际事务研究所和澳大利亚国立大学联合举办的两次研讨会上讨论了印太地区核扩散和联邦责任安全问题。[③] 在 20 世纪 70 年代，“印太”一词被用于描述确保澳大利亚安全的“印太平衡”。[④]尽管“印太”概念在多个不同场合被提及，但此后的 30 年间，国际上对于这一概念的讨论却陷入沉寂状态。

直到 21 世纪初，澳大利亚邦德大学詹姆斯·弗格森博士在演讲中对印度洋—太平洋地区与澳大利亚的关系进行详细阐述，“印太”概念回到学者的视野之中。[⑤] 2005 年，新加坡东南亚研究所迈克尔·理查森教授在一篇论文中指出，“将印度、澳大利亚和新西兰纳入东亚峰会，象征着一个更加统一的‘印度洋—太平洋’地区，一个紧密结合的‘印度洋—太平洋’地区将会增加这一地区的稳定和增长”。[⑥] 2006 年 10 月，印度和日本两国智库在印度国防分析研究所举办了一场关于强化印日两国战略与安全合作以应对中国崛起的研讨会，在这次讨论中

---

① Debate, “Indo – Pacific: An Emerging Geopolitical Construction India's Interest, Stakes and Challenge,” *Indian Foreign Affairs Journal*, Vol. 9, No. 2, 2014, p. 93.

② I. M. Cumpton, “Consolidation by Conference?” *Australian Outlook*, Vol. 10, No. 2, 1956, pp. 61 – 64.

③ Australian Institute of International Affairs and The Australian National University, Defence Studies Project, *Proceeding of the Seminar on Nuclear Dispersal in Asia and the Indo – Pacific Region*, Canberra: Australian Institute of International Affairs and The Australian National University, 1965; Australian Institute of International Affairs and The Australian National University, Defence Studies Project, *Proceeding of the Seminar on Commonwealth Responsibilities for Security in the Indo – Pacific Region*, Canberra: Australian Institute of International Affairs and The Australian National University, 1966.

④ H. G. Gelber, “Nuclear Arms and the Pacific,” *Australian Outlook*, Vol. 25, No. 3, 1971, pp. 295 – 308.

⑤ R. James Ferguson, *The Indo – Pacific Region*, The Department of International Relations, SHSS, Bond University, Queensland, Australia, 2000, http: //www. international – relations. com/wbip/WBlec1. htm.

⑥ Michael Richardson, “Australia – Southeast Asia Relations in the East Asia Summit,” *Australia Journal of International Affairs*, Vol. 59, No. 3, 2005, p. 363.

“印太”概念被首次提及和讨论。[①] 2007 年印度学者库拉纳发表的《海上通道安全：印度与日本合作的前景》一文最初从学术论文层面对“印太”概念进行了阐释和探讨。[②] 自 2010 年开始，澳大利亚学者罗伊·梅德卡夫、迈克尔·卫斯理，美国学者迈克尔·奥斯林、瓦尔特·洛曼，印度学者夏亚姆·萨兰、拉贾·莫汉以及中国学者赵青海、张力等人开始在学术论文中使用“印太”概念。[③] 此后，“印太”概念成为学术界普遍讨论的热点学术话题。尽管“印太”一词已越来越多地取代以前常用的术语“亚太”，但由于“印太”的概念不是纯粹描述性的或价值中立的概念，在不同的区域国家间有时存在分歧，“印太”这一语义也被视为是一个政治术语。[④]

二、“印太战略”及其“联盟”合作体系

“印太”一词从海洋科学领域进入地缘政治领域，反映出国际权力格局的深刻变化。从 2007 年开始，以美国、印度、澳大利亚和日本等为主要代表的印度洋—太平洋区域国家开始热捧“印太”一词，通过将传统割裂的印度洋地区和太平洋地区进行地缘整合，试图将印太地区

---

① 章节根、李红梅：《澳大利亚对“印太”战略的认知、原因及应对》，《印度洋经济体研究》2018 年第 3 期，第 42 页。

② Gurpreet S. Khurana, “Security of Sea lines: Prospects of India – Japan Cooperation,” *Strategic Analysis*, Vol. 31, No. 1, 2007, pp. 139 – 153.

③ Rory Medcalf, *A Term Whose Time Has Come: The Indo – Pacific*, The Diplomat, December 4, 2012; Michael Wesley, “Irresistible Rise of the Indo – Pacific,” *Australian Literary Review*, May 4, 2011; Michael Auslin, *Security in the Indo – Pacific Commons: Towards a Regional Strategy*, A Report of the American Enterprise Institute, American Enterprise Institute for Public Policy Research, December 2010; Walter Lohma, *Shaping U. S. 's Future in the Indo – Pacific*, The Heritage Foundation, April 20, 2011; Shyam Saran, *Mapping the Indo – Pacific*, Indian Express, October 29, 2011; C. Raja Mohan, *India and Australia: Maritime Partners in the Indo – Pacific*, Asia Link, November 1, 2011; 赵青海：《“印太”概念及其对中国的含义》，《现代国际关系》2013 年第 7 期，第 14—22 页；张力：《“印太”构想对亚太地区多边格局的影响》，《南亚研究季刊》2013 年第 4 期，第 1—7 页。

④ Felix Heiduk and Gudrun Wacker, *From Asia – Pacific to Indo – Pacific: Significance, Implementation and Challenges*, German Institute for International and Security Affairs, 2020, p. 7

纳入各自的战略发展框架。特别是特朗普就任美国总统后，“印太”概念迅速升级为美国的国家战略实践，美国与印度、澳大利亚和日本等国在“印太战略”框架下的战略合作也取得新的进展。

（一）“印太战略”成为日美印澳的国家战略

一般认为，最早对印太概念进行官方使用和阐述的是时任日本首相的安倍晋三。2006 年 8 月，安倍晋三在开启第一个首相任期之前，就曾倡议将印度洋和太平洋地区视为一个单独的战略实体，并以澳大利亚、印度、日本和美国为中心，支持自由贸易的民主联盟共同领导。[①] 2007 年 8 月，安倍晋三访问印度期间首次阐述了“印度洋—太平洋”的地缘概念，强调太平洋和印度洋正在形成一种自由和繁荣的动态耦合，印度洋和太平洋交汇地区塑造了新的更为辽阔的亚洲。[②] 2013 年 2 月，安倍晋三在美国战略与国际研究中心演讲中首次使用了“印太”的概念，认为在亚太地区或印太地区变得越来越繁荣时，日本必须仍然是贸易投资、知识产权、劳工环境等规则的主要推动者。[③] 2015 年 1 月，日本外相岸田文雄访问印度时发表题为《印度洋—太平洋时代特别伙伴关系》的演讲时，再一次提及“印太”概念。岸田文雄指出，“印度洋—太平洋地区将自由和繁荣的海洋联系在一起，已经成为全球繁荣中心，印度洋—太平洋地区和平与繁荣不仅对日本和印度而且对整个世

---

① Michael D. Swaine, “Creating an Unstable Asia: The U. S. ‘Free and Open India – Pacific’ Strategy,” Carnegie Endowment for International Peace, titled *A Counterproductive Cold War With China: Washington's Free and Open Indo – Pacific' Strategy Will Make Asia Less Open and Less Free*, was published in Foreign Affairs, March 2, 2018, http: //carnegieendowment. org/2018/03/02/creating – unstable – asia – u. s. – free – and – open – indo – pacific – strategy – pub – 75720.

② Ministry of Foreign Affairs of Japan, *Confluence of the Two Seas' Speech by H. E. Mr. Shinzo Abe, Prime Minister of Japan at the Parliament of the Republic of India*, New Delhi, India, August 22, 2007, https: //www. mofa. go. jp/region/asia – paci/pmv0708/speech – 2. html.

③ Prime Minister of Japan and His Cabinet, Speeches and Statement by the Prime Minister, *Japan Is Back*, Speech by Prime Minister Shinzo Abe at the Center for Strategic and International Studies, February 22, 2013, https: //japan. kantei. go. jp/96_abe/statement/201302/22speech_e. html.

界都变得重要。”① 同年12月，安倍晋三访问印度期间与印度总理莫迪共同发表题为《日印展望2025：特殊全球战略合作伙伴》的宣言，并在两国首脑声明中首次使用“印太”概念，双方一致同意致力于在印度洋—太平洋地区实现和平、开放、公平、稳定及以规则为基础的秩序，共同努力促进印度洋—太平洋地区和世界的和平与繁荣。② 2016年8月，安倍晋三在肯尼亚内罗毕举行的第六届东京非洲发展国际会议开幕式发表讲话，正式提出了日本自由、开放的“印太战略”，强调日本有责任促进太平洋和印度洋以及亚洲与非洲的融合，使之成为一个重视自由、法治和市场经济，不受武力或胁迫、繁荣的地区。③ 2017年9月，安倍晋三再次对印度进行访问，日印两国签署《迈向自由、开放和繁荣的印度洋—太平洋》联合声明，再次强调日本自由、开放的“印太战略”，即尊重主权和国际法、通过对话解决分歧、大小国家都享有航行和飞越自由，以及建立可持续发展、自由、公平、开放的贸易投资体系。④ 2018年1月，日本外务大臣河野太郎在访问巴基斯坦、斯里兰卡和马尔代夫南亚三国期间，进一步解释了日本自由、开放的“印太战略”，强调希望进一步加强与印度洋地区国家在海上安全及相关领域合作，努力构建和平、繁荣和法治的海洋秩序。⑤

日本作为印太地区的主要国家之一，不仅积极倡导和构建有利于自身利益的“印太战略”，同时也积极推动美国在“印太战略”构建上发

① Ministry of Foreign Affairs of Japan, *Policy Speech by Foreign Minister Fumio Kishida Special Partnership for the Era of the Indo – Pacific*, January 18, 2015, https：//www. mofa. go. jp/s_sa/sw/in/page3e_000291. html.

② Ministry of Foreign Affairs of Japan, *Japan and India Vision 2025 Special Strategic and Global Partnership Working Together for Peace and Prosperity of the Indo – Pacific Region and the World*, December 12, 2015, https：//www. mofa. go. jp/s_sa/sw/in/page3e_000432. html.

③ Ministry of Foreign Affairs of Japan, *Address by Prime Minister Shinzo Abe at the Opening Session of the Sixth Tokyo International Conference on African Development*, Nairobi, Kenya, August 27, 2016, https：//www. mofa. go. jp/afr/af2/page4e_000496. html.

④ Ministry of Foreign Affairs of Japan, *Japan – India Joint Statement：Toward a Free, Open and Prosperous Indo – Pacific*, September 14, 2017, https：//www. mofa. go. jp/files/000289999. pdf.

⑤ Ministry of Foreign Affairs of Japan, *Foreign Minister Kono Visits Pakistan, Sri Lanka and Maldives*, January 3 – 7, 2018, https：//www. mofa. go. jp/s_sa/sw/page3e_000799. html.

挥主导作用。日本的“印太战略”试图在美国主导的“印太战略”框架下，以日美同盟体系为主导，积极构建印太地区海上经济、政治、安全新秩序，配合美国及其主导的“印太秩序”对中国形成战略上的制衡，建立有利于自身战略利益的印太框架。① 一方面，日本与美国形成共同合力，积极拉拢印度加快实施“东向”战略，以强化在西太平洋的力量存在，平衡和牵制中国在这一地区的力量增长和迅速崛起；另一方面，日本作为美国“印太战略”的重要支点，通过强化与印度、澳大利亚等其他印太支点国家的政治军事关系，在印度洋和太平洋两洋区域，以小多边海上合作形式，建立多个以“自由、规则、法治”为基础，拥有共同意识形态的“小联盟”和伙伴关系网，使日本成为印太地区“中等强国”和“摇摆国家”的领导力量，进而成为印太地区重要的一极，以维护和拓展日本在该地区的国家利益。

美国小布什政府和奥巴马政府并未表示明确支持安倍晋三提出的“自由开放”的“印度洋—太平洋”概念，但事实上美国在政策上已经将印度洋和太平洋进行概念上的整合，统一到美国国家大战略的系统之中。在小布什政府后期，美国于2007年公布的《21世纪海权合作战略》将太平洋和印度洋同时视为美国未来“持续保持战斗力”的两个大洋，并整合统一到美国的海洋战略之中。② 奥巴马政府虽然没有明确支持安倍晋三的倡议，但同时出台“亚太再平衡”战略，潜移默化地对印度洋和太平洋地区进行重组。2010年美国国务卿希拉里在夏威夷发表演说，首次提到了“印度洋—太平洋”概念，强调鉴于印太盆地对于全球贸易和商业的重要性，美国将扩大与太平洋和印度洋地区国家的海军合作。③ 此后，奥巴马政府从官方的讲话、听证会以及报告等多种方式对“印太”概念进行表述，特别是美国海军于2015年发布的《21

---

① 葛建华：《试析日本的“印太战略”》，《日本学刊》2018年第1期，第70—84页。

② U. S. Department of the Navy, *A Cooperative Strategy for 21st Century Seapower*, October 17, 2007, https://www.hsdl.org/? view&did = 479900.

③ U. S. Department of State, *America's Engagement in the Asia - Pacific Region*, Remarks Hillary Rodham Clinton, Secretary of State, Kahala Hotel, Honolulu, Hawaii, October 28, 2010, https://2009 - 2017. state. gov/secretary/20092013clinton/rm/2010/10/150141. htm.

世纪海上力量合作战略》正式明确提出了“印太”的概念。[①] 从战略角度来说，奥巴马政府实施所谓的“亚太再平衡”战略实际上就是美国“印太战略”的初级版本。[②] 特朗普上台后不仅改变以往政府对于安倍晋三提出自由开放印太概念谨慎的态度，更是开始全力支持“印太战略”的推广和实施。2017 年 11 月，特朗普在访问亚洲五国和出席越南岘港亚太经济合作组织领导人峰会期间，正式提出了美国的“印太战略构想”，表示美国将与盟国积极合作推进自由开放的印度洋—太平洋地区。[③] 此后，特朗普政府相继出台《国家安全战略报告》《国防战略报告》以及《核态势评估报告》，为特朗普政府的“印太战略”提供了具体支持和明确指导。此后，美国的“印太战略”逐渐迈向战略的实施阶段，构建自由和开放的印太地区成为美国“印太战略”的目标设想。

美国是“印太战略”的主要领导者。特朗普政府提出“印太战略”，显示出美国对于印度洋的高度重视，同时也表明美国对于亚太地区权力结构变化的战略调整。在美国看来，随着中国的迅速崛起，中国对亚洲—太平洋和印度洋的影响力与日剧增，美国在这一地区的领导地位将受到严重挑战。[④] 印太地区这一概念的出现使美国能够在日益多极化的印度洋—太平洋地区创造有利于美国的区域权力分配和地位分配。[⑤]“印太战略”表明美国将在印太地区综合使用政治、外交、军事、

---

① U. S. Navy, Marine Corps, Coast Guard, *A Cooperative Strategy for 21st Century Seapower*, March 13, 2015, http://www.navy.mil/local/maritime/150227 – CS21R – Final.pdf.

② Mr. Vikram Nehru, *The Rebalance to Asia: Why South Asia Matters*, Carnegie Endowment for International Peace, March 13, 2013, https://carnegieendowment.org/files/VikramNehru – Testimony.pdf.

③ Demetri Sevastopilo, *Trump Gives Glimpse of "Indo – Pacific" Strategy to Counter China*, Financial Time, November 10, 2017, https://www.ft.com/content/e6d17fd6 – c623 – 11e7 – a1d2 – 6786f39ef675.

④ Brad Glosserman, *The Indo – Pacific: A U. S. Perspective*, Italian Institute for International Politics Studies, June 4, 2018, https://www.ispionline.it/en/pubblicazione/indo – pacific – us – perspective – 20692.

⑤ Manjeet S. Pardesi, "The Indo – Pacific: A 'New' Region or the Return of History?" *Australian Journal of Internatioanl Affairs*, Vol. 74, No. 2, 2020, pp. 124 – 146.

经济等手段与中国进行激烈的战略竞争。① 也就是说，美国“印太战略”的主要目标就是基于“美国优先”的现实主义原则，在印太框架内通过与日本、印度以及澳大利亚建立战略联盟体系，不断扩大美国在这一地区的政治军事影响力，以“印太战略”转型积极塑造有利于美国国家利益的“印太未来秩序”，全面遏制中国在印太地区的崛起，从而维护在这一地区的霸权主义秩序和全球领导地位。

印度作为印度洋沿岸的重要国家，在印度洋地区有着广泛的利益。近年来，印度对外战略向西太平洋的延伸和拓展，使得印度对“印太”概念一直持有积极态度。自2011开始，“印度洋—太平洋”的概念开始从学界和战略界转移到印度官方的外交政策话语之中，印度前外交官员亚姆·萨兰最早提及了印度洋和太平洋的相通性。② 2012年2月，印度外交秘书兰詹·马塔伊在美国战略与国际研究中心发表演讲时将亚太地区改称为印太地区，被外界普遍认为是印度政界首次使用“印太”概念。③ 2012年12月，印度总理曼莫汉·辛格在印度—东盟纪念峰会发表演说时第一次使用了“印太”一词。辛格强调，一个稳定、安全和繁荣的印度洋—太平洋地区对于印度和东盟自身的进步和繁荣至关重要。④ 此后，莫迪政府多次提及“印度洋—太平洋”概念，并逐渐形成符合印度自身国家利益的“印太战略构想”。2018年6月，莫迪通过香格里拉安全对话会上的演讲，对印度的“印太战略”构想进行了正式的描述。莫迪特别肯定了印度对印太地区的自由、开放、包容地区的愿景，认为印太地区不是“针对任何国家”的集团和同盟，强调印太地

---

① Gurpreet S. Khurana, “Trump's New Cold War Alliance in Asia is Dangerous,” *New Perspectives Quarterly*, Vol. 35, No. 1, 2018, pp. 7 – 10.

② Shyam Saran, *Mapping the Indo – Pacific*, Indian Express, October 29, 2011, https：//indianexpress. com/a – rticle/opinion/columns/mapping – the – indopacific/.

③ Embassy of India, Washington, D. C., USA, *Speech by Foreign Secretary of India, Mr. Ranjan Mathai at the Center for Strategic and International Studies, February* 6, 2012 *on Building on Convergences: Deepening India – U. S. Strategic Partnership*, https：//www. indianembassy. org/archives_details. php? nid = 1713.

④ Ministry of External Affairs, Government of India, *Opening Statement by Prime Minister at Plenary Session of India – ASEAN Commemorative Summit*, December 20, 2012, https：//www. mea. gov. in/Speeches – Stat – ements. htm? dtl/20981/.

区需要一个尊重“主权和领土完整”以及“所有国家平等”的“以共同规则为基础的秩序”。[①] 显然，印度的“印太战略”在大的地区战略构架上与美国等国家有着相似的看法，但同时印度的“印太战略”构想也保留着自身的独特性。

“印太战略”可以看作是印度“扩展邻国”和“向东看”早期概念和政策的延伸，从根本上讲是其“东进”战略的一个变体。[②] 印度通过积极倡导“印太”概念，为更进一步融入亚太地区事务提供了可乘之机。“印太战略”契合印度一直以来追寻在东南亚乃至东亚地区扩展地缘战略利益的需求，可以将其在东南亚地区的战略存在和利益诉求合理化。更为重要的是，印度通过加强与美国、日本及澳大利亚的海上安全合作，可以弥补在海洋领域发挥作用时意愿与能力上的差距，进一步将政治、军事影响力由印度洋延伸拓展至太平洋。[③] 此外，印度的“印太战略”推动与其大国梦想密不可分。美国的“印太战略”构想将印度作为重要战略支点，无疑公开提升了印度在印太地区无可替代的战略地位。印度可凭借美国在“印太战略”框架下拉拢之势，加强与印太地区各国的战略合作，通过制衡中国在印度洋地区的力量存在，充分发挥印度的地区主导作用，这也是印度体现大国意志、实现大国梦想的重要步骤。印度的“印太战略”还在初始阶段，正如有的学者所指出，“‘印太战略’构想是否会对印度的外交政策产生长期影响，还取决于它是否符合与日本、美国、澳大利亚和东盟国家建立更紧密伙伴关系的预期，同时不疏远中国和削弱印度的战略自主权”。[④]

---

① Ministry of External Affairs, Government of India, *Prime Minister's Keynote Address at Shangri – La Dialogue*, June 1, 2018, https: //www. mea. gov. in/Speeches – Statements. htm? dtl/29943/Prime + Ministers + Keynote + Address + at + Shangri + La + Dialogue + June + 01 + 2018.

② Chietigj Bajpaee, “Embedding India in Asia: Reaffirming the Indo – Pacific Concept,” *Journal of Defence Studies*, Vol. 8, No. 4, 2014, p. 100.

③ 周方银、王婉：《澳大利亚视角下的印太战略以及中国的应对》，《现代国际关系》2018 年第 1 期，第 33—34 页。

④ Priya Chacko, “The Rise of the Indo – Pacific: Understanding Ideational Change and Continuity in India's Foreign Policy, ” *Australian Journal of International Affairs*, Vol. 68, No. 4, 2014, p. 449.

长期以来，澳大利亚的外交政策将澳大利亚与亚太地区联系在一起，尤其是亚太区域合作始终在澳大利亚政府对外政策中处于首要位置。[①] 随着印度洋战略地位的不断提升，澳大利亚也开始对印度洋地区有所关注，并逐渐将印度洋纳入自身的对外战略框架体系。[②] 早在2009年，《澳大利亚国防白皮书》中就曾指出，“2030年之前印度洋在澳大利亚海洋战略和国防规划中的中心地位将与太平洋并驾齐驱”。[③] 2012年10月，澳大利亚发布《亚洲世纪中的澳大利亚白皮书》，首次在官方文件中提到印度洋—太平洋战略弧的概念，认为印度洋—太平洋在澳大利亚的未来外交政策中可能会有更大的位置，虽然目前只是一个次要内容，但未来将成为澳大利亚战略利益的重点。[④] 2013年5月，澳大利亚政府颁布的《澳大利亚国防白皮书》广泛使用了“印度洋—太平洋”概念。在展望澳大利亚的战略前景时，该白皮书提出，通过东南亚连接印度洋和太平洋拥有一条新的印度洋—太平洋战略弧线，为此澳大利亚的优先战略将调整为从印度到东南亚再到东北亚的弧线，包括该地区所依赖的海上交通线。[⑤] 2016年《澳大利亚国防白皮书》明确将“印太”概念作为澳大利亚的重要战略框架，认为澳大利亚的安全和繁荣取决于一个稳定的印度洋—太平洋地区和一个基于规则的全球秩序。[⑥] 2017年11月，澳大利亚政府发布继1997年和2003年之后首份《外交政策白皮书》，该白皮书对澳大利亚构建开放、包容和繁荣的“印度洋—太平洋”战略进行了较为详尽的阐释，其中包含澳大利亚对印太地区形势的

---

① 宋伟：《试论澳大利亚的印太体系概念与战略路径选择》，《上海交通大学学报（哲学社会科学版）》，2016年第2期，第14—15页。

② David Scott, “Australia's Embrace of the ‘Indo – Pacific’: New Term, New Region, New Strategy?” *International Relations of the Asia – Pacific*, Vol. 13, No. 3, 2013, pp. 427 – 435.

③ Commonwealth of Australia, *In the Asia Pacific Century*: *Force* 2030, Canberra: Department of the Prime Minister and Cabinet, 2009, p. 36.

④ Commonwealth of Australia, *Australia in the Asian Century White Paper*, Canberra: Department of the Prime Minister and Cabinet, 2012, p. 74.

⑤ Commonwealth of Australia, *Defence White Paper 2013*, Canberra: Department of Defence, 2013, pp. 7 – 28.

⑥ Commonwealth of Australia, *Defence White Paper* 2016, Canberra: Department of Defence, 2016, p. 33.

判断、与地区国家的关系走向以及印太地区未来秩序的构想。①

澳大利亚是“印太”概念的主要倡导国家之一，也是最早将印太地区纳入国家官方战略框架的国家。印太地区的地缘政治和经济因素以及身份认同的叙事框架，促使澳大利亚重新发现了印太区域的重要意义。② 澳大利亚的“印太战略”目标是在印度洋—太平洋地区建立一个“和平”地区，通过维持一个开放和稳定的安全和经济秩序，使其所追求的利益不受任何外界的限制。此外，澳大利亚寄望借助以美国为主导的印太联盟体系，充分发挥“中等强国”的作用，延伸和拓展地缘战略利益空间，通过在地区秩序的建构方面发挥重要作用，以提升自身在地缘政治舞台上的关键地位。③ 一方面澳大利亚重点谋求与美国扩大和深化联盟合作，将美国视为印太地区的主导和中心力量；另一方面，澳大利亚同时致力于与中国建立强有力的建设性关系。此外，澳大利亚积极推动与该地区日本、印度、韩国以及印度尼西亚等主要国家更紧密地合作，确保自身成为东南亚领先的安全、经济和发展伙伴。澳大利亚在国际参与中还注重多边主义合作，多边主义已成为澳大利亚参与印度洋—太平洋地缘政治问题的重要部分。

综上所述，“印太战略”正在成为美国、印度、日本以及澳大利亚国家战略框架的重要组成部分。美、印、日、澳是“印太战略”最为核心的四个国家，四国合作成功与否直接关系到各自“印太战略”的目标效果。美日印澳四方在印太地区的共同战略愿景包含三个方面：一是坚持以规则为基础的区域秩序原则，特别是在解决海洋领土争端方面；二是通过自由化区域贸易制度和航行自由来促进自由贸易，这对于通过印度洋和太平洋运输大量商品的安全通行至关重要；三是向东南亚和东亚国家提供安全保证，确保该地区的自由和开放。需要指出的是，

---

① Australian Institute of International Affairs, *2017 Foreign Policy Paper*, November, 23, 2017, https://www.fpwhitepaper.gov.au/foreign-policy-white-paper.

② 许少民：《澳大利亚“印太”战略观：内涵、动因和前景》，《当代亚太》2018 年第 3 期，第 127—134 页。

③ Brendan Taylor, “Is Australia's Indo-Pacific Strategy an Illusion?” *International Affairs*, Vol. 96, No. 2, 2020, pp. 95-109.

以上三个目标的共同指向都是与反对中国而在印太地区建立所谓新的秩序相呼应。国际舆论普遍认为，美日印澳四国通过塑造印度洋—太平洋地区的安全架构，已然正在朝着建立共同战略合作的联盟体系方向发展。

（二）“印太战略”的实施有赖于美日印澳四方的合作

美、日、印、澳四国战略合作最早可以追溯到 2007 年。2007 年初，日本首相安倍晋三提议在美国、日本和澳大利亚现有三边安全对话的基础上，将印度纳入美日印澳四边安全对话，得到其他三个国家的一致赞同。当年 5 月，美日印澳四个国家的政府代表在马尼拉东盟地区论坛会议期间首次聚集，举行了首次四方安全对话，会议之后四国举行了马拉巴尔大规模的联合海上演习。然而不久之后，受安倍晋三辞职以及澳大利亚新任总理陆克文退出等因素影响，四方安全对话于次年解散。[①] 2012 年 12 月，再次当选日本首相的安倍晋三曾提出建立以美国、日本、印度和澳大利亚为核心的“民主国家间的安保钻石构想”，强调太平洋的和平、稳定和航行自由与印度洋的和平、稳定和航行自由密不可分。日本作为亚洲古老的海上国家之一，应该与澳大利亚、印度和美国一道在保护两个地区的共同利益方面发挥更大的作用。[②] 为此，安倍晋三再次提出召开美日印澳四方会议的倡议。但由于利益目标的差异，四个国家一直谨慎地深化合作，并未形成任何类似于多边制度机制的正式安排，三边和双边安全对话成为这几个国家间合作的主要形式。

特朗普上台后，美国“印太战略”的出台实施为美日印澳四边合作的重启奠定了基础。与此同时，印度、日本和澳大利亚相继推出本国的“印太战略”构想，也为美日印澳四国加强彼此间的合作，构建四

---

① Sophie Eisentraut and Bart Gaens, *The U. S. – Japan – India – Australia Quadrilateral Security Dialogue*: *Indo – Pacific Alignment or Form in the Ocean*? Finnish Institute of International Affairs, Brief Paper, May 2018, https://www. fiia. fi/en/publication/the – us – japan – india – australia – quadrilateral – security – dialogue.

② Shinzo Abe, *Asia's Democratic Security Diamond*, Project Syndicate, December 27, 2012, https://www. project – syndicate. org/commentary/a – strategic – alliance – for – japan – and – india – by – shinzo – abe? barrier = accesspaylog.

方战略新的合作体系提供了潜在可能。在中断10年之后，美国、日本、印度和澳大利亚重新启动了四方安全对话。2017年11月，美日印澳四国官员在菲律宾马尼拉举行首次正式官方会晤，就印太地区的共同利益议题展开讨论，内容涵盖维护印度洋—太平洋地区以规则为基础的秩序，包括航行自由和飞越自由、尊重国际法以及和平解决争端；在审慎融资的基础上，增加符合国际法和标准的连通性；协调印度洋—太平洋地区的反恐和海上安全工作；进一步合作遏制朝鲜核和导弹计划以及非法行为。四国同意在共同“民主”价值观的原则基础上致力于深化合作，以进一步加强构建印度洋—太平洋地区基于规则的秩序。[①] 同年12月，特朗普政府发布的美国《国家安全战略报告》中指出：“鉴于中国寻求取代美国在印度洋—太平洋地区的主导地位，扩大国家驱动的经济模式范围，并重新塑造有利的地区秩序，美国欢迎印度成为全球领先强国和更强大战略与国防合作伙伴，将寻求增加与日本、澳大利亚和印度的四边合作。”[②]

2018年1月，美、日、印、澳等国在印度首都新德里举行区域防务论坛“瑞辛纳对话会”，四国讨论了与其他亚洲“民主国家”共同确保印度洋—太平洋地区自由主义规则以及保护航行自由地区秩序的问题。[③] 这次对话会被外界普遍看作是由美、日、印、澳组成的四国联盟将进一步拥有自身实际内容的预示。6月，美、日、印、澳磋商会在新加坡举行，四个国家重申共同支持一个自由、开放和包容的印度洋—太平洋地区，确认共同致力于维护和加强印度洋—太平洋地区以规则为基础的秩序，同意与该区域的国家和机构合作，促进印度洋—太平洋区域

---

① U. S. Department of State, *Australia – India – Japan – U. S. Consultation on the Indo – Pacific*, Washington, D. C., November 12, 2017, https://www.state.gov/r/pa/prs/ps/2017/11/275464.htm.

② The White House, *National Security Strategy of the United States of America*, December 20, 2017, pp. 25 – 46.

③ Observer Research Foundation, *Raisina Dialogue*: *Conference Report* 2017, January 17 – 19, 2017, https://www.orfonline.org/wp-content/uploads/2017/09/Raisina_Report_2017-WEB.pdf.

和平与繁荣的共同愿景。[①] 11 月，美日印澳四国的高级官员再次在新加坡会晤，就印度洋—太平洋地区进行磋商。四国重申了在印太地区维护和加强基于规则秩序的共同承诺，进一步强调了四个国家对该地区的互补愿景，其基础是所谓共同支持一个自由、开放和包容的印太地区，以促进对国际法的普遍尊重、航行自由和飞越自由以及可持续发展。此外，四国还重点讨论了海上、反恐、防扩散和网络问题等方面的区域安全合作，同时就印太参与和倡议进行定期磋商达成一致。[②] 2019 年 5 月，美印日澳四国高级官员再次在泰国曼谷举行会议，就推进所谓自由、开放和包容性的印度太平洋地区的集体努力进行再次磋商。除了重申共同致力于维护和促进该地区以规则为基础的秩序外，四国还讨论了基础设施投资、区域灾害应对、网络安全及海上安全等问题。[③] 同年 9 月，美印日澳四国在美国纽约举行首次部长级对话，提出促进所谓印太地区的“人权和良治”，维护美国主导的印太秩序。2020 年 10 月，美日印澳四国在日本东京召开第二次部长级会议，除强调加强抗击新冠肺炎疫情和经济合作外，四国外长还就加速推进“印太战略”合作达成一致共识。

“四方对话”是美日印澳四国为统一认知、协调行动、加强合作而重启的对话平台，实际上反映出亚洲地缘政治正在以印太区域建构为特征所发生的内在变化。[④] “印太战略”是美国担忧中国在崛起过程中挑战其在印度洋—太平洋地区秩序主导地位的现实回应，同时预示着通过重塑自由开放的印太秩序来平衡中国崛起是美国拉拢印度、日本和澳大利亚的主要目标，而四国在防范中国崛起方面则表现出日益增长的战略一致性。尽管这种没有正式的联盟结构或许将以一个松散的合作战略体系框架而存在，但四方安全合作的重新开启也标志着美国、日本、印度

---

① Ministry of Foreign Affairs of Japan, *Japan – Australia – India – U. S. Consultations*, June 7, 2018, https://www.mofa.go.jp/press/release/press4e_002062.html.

② U. S. Department of State, *U. S. – Australia – India – Japan Consultations*, November 15, 2018, https://www.state.gov/r/pa/prs/ps/2018/11/287374.htm.

③ U. S. Department of State, *U. S. – Australia – India – Japan Consultations*, May 31, 2019, https://www.state.gov/us – australia – india – japan – consultations – the – quad/.

④ 张洁：《美日印澳“四边对话”与亚太地区秩序的重构》，《国际问题研究》2018 年第 5 期，第 59—60 页。

和澳大利亚的印太地缘战略的进一步融合，尤其体现了四国联合平衡中国在印度洋—太平洋地区崛起的战略意图。正如有的学者指出的那样，“美日印澳印太战略体系的独特之处在于其成员在军事和经济上足够强大，能够抵抗各种形式的中国扩张和影响力，同时提供必要的‘肌肉’，以捍卫所谓自由和开放的印度洋—太平洋地区潜在挑战者的基础”。①

本章小结

本章主要对印太地区以及这一地区战略框架进行研究，目的是为美国“印太战略”出台实施和美国与印度在印太地区海上合作提供前期基础及内容支撑。本章首先对印太地区的地理空间进行明确界定，将印太地区限定为从非洲东海岸的西印度洋地区到涵盖整个亚洲—太平洋的广袤地区；对印太地区的地缘政治和地缘经济属性进行了阐释，认为印太地区的地缘政治属性呈现出权力格局重组、中国与印度地缘战略空间延伸、地区秩序发生深刻变化以及区域多边合作机制重心转移等新的特点；印太地区的地缘经济属性表现出印太地区正在成为全球经济发展的新引擎、印太地区的区域经济合作和区域经济一体化不断深化以及印太地区国家间经济贸易联系的日趋紧密等新变化。本章还对印太地区的战略框架进行系统性分析，追踪论证了“印太概念”的起源与演变，详细阐述了“印太战略”及其战略合作体系，其中包括美国、印度、日本、澳大利亚等印太主要区域国家的“印太战略”构想以及四方安全合作的发展情况。

① Jeff M. Smith, *The Return of the Indo－Pacific Quad*, The National Interest, July 26, 2018, https：// nationalinterest. org/feature/return－indo－pacific－quad－26891.

第二章　美国“印太战略”布局与美印战略互动

从美印关系解冻到印度洋纳入国家海上战略，从“亚太再平衡”实施再到“印太战略”的形成，美国的战略布局围绕印度洋和太平洋这一区域依次展开。通过历史考察，美国“印度政策”的变化始终都与美国全球大战略调整密切相关。美国“印太战略”的出台不仅加强了美国与印度的战略互动关系，同时也为两国海上安全领域的进一步合作奠定了现实基础。

第一节　美国印度洋的战略转向

二战结束后，美国海军是一支号称存在于大西洋和太平洋的两洋海军，印度洋在美国整体战略布局中则处于从属的地位。冷战结束后，美印关系开始逐步解冻，两国关系的改善为美国加强全球海上军事布局提供了有利契机。在此背景下，美国海军的全球战略进行了大范围调整，并积极加强在印度洋及其沿岸地区的战略存在。进入 21 世纪，随着世界主要大国战略聚焦从传统的大西洋—太平洋地区向印度洋—太平洋地区转移，印度洋在美国的战略地位与之明显抬升，逐渐取代大西洋成为美国新的“第二大洋”。

一、冷战后美印关系逐渐解冻

冷战期间，由于苏联和印度关系亲密，美国与印度之间存在着隔阂、怀疑和积怨，两国关系一直处于冷淡状态。20 世纪 50—60 年代，美印的经济联系主要表现为美国在联合国善后救济总署框架内对饥荒时代的印度开展食物援助。期间，美国企图利用工业和技术援助的经济杠杆获得与印度的政治和安全合作，但遭到印度国内的强烈抵制。此后，印度逐渐与苏联建立紧密的政治经济关系，妥善解决了自身食物短缺危机，导致印度与美国的经济联系几乎中断。[①] 直到 1991 年，在苏联解体和印度实施经济自由化政策两大因素推动下，美印两国经济接触和联系才相对有所提升。

美国比尔·克林顿上台后，鉴于印度成功的经济改革和在南亚印度洋地区的强大影响力，美国一些智库学者和政客向美国政府提交了有关分析报告，敦促并呼吁美国优先发展与印度的战略合作关系。[②] 在此背景下，美印两国的经济联系开始日益密切，1993 年由美国一些大型跨国公司组成的印度利益集团加强了美印之间的经济联系，美国逐渐发展成为印度最大的投资和贸易伙伴，美印两国朝建立“商业同盟”的方向而努力。在经济日趋紧密的影响带动下，美印在增强两国政治互信上也取得显著成果，印度总理纳拉辛哈·拉奥于 1994 年 5 月对美国进行正式访问，美印建立起更广泛的政治合作框架，两国一致认为民主、尊重人权和经济自由化是后冷战时期全球稳定和繁荣的基础，并谋求在大规模杀伤性武器、环境恶化、人口增长、贫困及国际恐怖主义等全球性问题方面开展合作。[③]

---

① Dennis Kuhru, *India and the United States: Estranged Democracies, 1941 - 1991*, Washington, D. C.: National Defence University Press, 1992, p. 79.

② Selig S. Harrison and Geoffrey Kemp, *India and American After the Cold War*, Washington, D. C.: Carnegie Endowment for International Peace, 1993; Berta Gomez, *Panel Urges to Give Priority to India*, Textline: 262566, File date/ID, January 13, 1993.

③ Ramtanu Maitra and Susan Maitra, “Rao's Meeting with Clinton Opens Door to U. S. - India Collaboration,” *Executive Intelligence Review*, Vol. 21, No. 23, 1994, pp. 36 - 37.

受冷战后国际环境和两国战略导向变化的影响，美国和印度两国的防务安全关系也有相应提升。在海湾危机期间，印度对伊拉克武力占领科威特表示强烈谴责，并改变以往不同政策，允许美国 C－141 军事运输机在孟买的萨哈尔机场补给燃料，印度此举得到美国有关方面的高度赞赏，美国开始主动提出加强美印防务合作的层级。1991 年 4 月，美国太平洋司令部司令克劳德·基克莱特提出一项旨在提高美印防务合作水平的提案，建议通过建立研讨会及设立指导委员会等方式，加强美印两军之间的防务合作。基克莱特的建议得到美印两国政府的采纳和落实，双方军方高级将领互访逐渐增多，美印防务部门也相继建立包含两国陆、海、空三个层面的联合指导委员会，为两军的互相观摩、联合培训军事人员及战略研讨交流提供了重要平台。特别是两国军方分别于 1992 年 5 月和 1994 年 9 月在印度洋海域举行联合军事演习，开启了美国与印度海上防务安全合作新的一页。1995 年 1 月，美国国防部长威廉·佩里对印度进行访问，此访问最大的亮点就是美印两国共同签署了《美印防务关系协议》，该协议决定两国建立防务合作机制，包括两军之间的磋商及联合军事演习、军事训练、国防研究和武器生产。① 与此前军事合作相比，《美印防务关系协议》提高了美印两国军事合作的层次和范围，标志着美印军事合作进入到一个新阶段。

1998 年 5 月，印度和巴基斯坦相继进行了一系列核试验，印巴两国成为事实上的有核国家。印巴核试验为包括美国在内的世界各国所震惊，这一举动不仅对南亚地区的和平与稳定构成严重威胁，同时也加剧了全球对核武器扩散和潜在使用核武器的担忧。迫于国内外形势的双重压力，克林顿政府宣布对两个国家实施惩罚性制裁。② 在此期间，虽然美印两国在核安全问题上出现严重的对立和分歧，但克林顿仍意识到美

① John F. Burns, *U. S. – India Pact on Military Cooperation*, The New York Times, January 13, 1995, https://www.nytimes.com/1995/01/13/world/us-india-pact-on-military-cooperation.html.

② Steven Lee Myers, *Nuclear Anxiety: The Policy; Clinton to Impose Penalties on India over Atomic Tests*, The New York Times, May 13, 1998, https://www.nytimes.com/1998/05/13/world/nuclear-anxiety-policy-clinton-impose-penalties-india-over-atomic-tests.html.

国同印度这一南亚主导国家保持亲密关系的重要性，在卸任前开始软化对印度的立场，并抛出“重印轻巴”的“新南亚政策”。2000 年 3 月 20—25 日，克林顿对印度、巴基斯坦及孟加拉国南亚三国进行访问，克林顿在访问印度期间极力拉拢印度，积极推进、改善与印度的关系。在政治上，克林顿和印度总理瓦杰帕伊签署关于《美国—印度关系：21 世纪的愿景》的联合声明，表示美国和印度决心在两国之间建立一种更为紧密、更高质量的新型伙伴关系。[①] 在经济上，克林顿率领包括美印商业委员会在内的 160 人陪同团共同访问印度的海德拉巴和孟买，目的就是能够在印度寻求商业和投资机会。期间，美印就两国商贸及投资领域合作举行内阁级对话，双方签订了高达 40 亿美元的商业合同；美国进出口银行承诺向印度提供 10 亿美元贷款以支持印度的中小企业，印裔美国人将再筹集 10 亿美元在印度建立私人技术机构；美国国际开发署提供 500 万美元帮助印度农村地区的学校和企业建立网络。[②] 除此之外，美国与印度在科技、农业、能源、环保等领域达成多项重要协议，克林顿还承诺取消自印巴核试验后对印度经济和外交的相关制裁。在安全方面，美印决定重启在印巴核试验期间一度中断的军事防务合作，美国表示将继续加强两国军事合作，包括向印度提供军事培训人员和相关经费。印度表示将不再进行新一轮的核武器试验，同时加入全球防核扩散体系。两国一致同意将加强打击恐怖主义和应对区域安全挑战放在重要议事日程。[③]

克林顿政府的“新南亚政策”完全扭转了此前美印之间隔离疏远的局面，使美印两国之间的经贸合作、政治合作和防务安全合作等各个层面都得到了前所未有的提升，从而奠定了后冷战时期美印关系的现实基础。至克林顿任期结束之时，美国与印度的关系已发生翻天覆地的变

---

① The American Presidency Project, *Joint Statement on United States – India Relations: A Vision for the 21st Century*, March 21, 2000, http://www.presidency.ucsb.edu/ws/?pid=58271.

② 舒旭东：《从克林顿的南亚之行看美国“南亚政策”的调整及影响》，《南亚研究季刊》2000 年第 2 期，第 39—40 页。

③ Acronym Institute for Disarmament Diplomacy, *President Clinton's Visit to South Asia*, March 2000, http://www.acronym.org.uk/old/news/president-clintons-visit-south-asia-march-2000?page=show.

化，两国关系由最初敌对关系逐渐发展成为战略伙伴关系，并继续保持着稳定上升态势，为美印两国进一步全方位合作提供了新的方向。有西方学者认为，“如果没有克林顿政府对于美印关系正常化的努力，那么此后小布什政府时期的美印关系就很难出现友好的氛围”。[①] 在此背景下，印度及印度洋地区正在以更快的速度进入美国全球战略中的既定轨道，开启了21世纪美印关系的新篇章。

二、将印度洋正式纳入美国海上战略范畴

克林顿的继任者乔治沃克·布什（小布什）早在总统竞选时就明确提出要进一步推进改造美印关系，承诺新政府将对印度采取积极友好政策。就任总统后，小布什加速了与印度关系的进程。2001年4月，印度外长辛格访问美国，小布什打破美国以往的外交惯例，在双方尚未约定的情况下，邀请辛格进行长达4个小时的闭门会谈，此举成为小布什落实推进美印关系的良好开端和显著标志。[②] 此外，小布什政府出台了将美印关系和美巴关系分离的“去连字符”政策，该政策打破了美国处理与南亚主要国家关系的既往模式，并将印度视为崛起中的世界大国，为美国实现新的全球地缘政治目标提供了现实可能。[③]

“9·11”恐怖袭击事件发生后，反恐成为小布什政府的主要战略方向。鉴于印度处于反恐的地缘政治前沿，小布什政府在防核扩散问题上开始做出妥协，不仅解除印巴核试验之后对印度施加的制裁，而且同印度建立了战略伙伴关系，在国际上支持印度的大国地位。印度也表现出积极的态度，主动加强与美国的反恐安全合作，采取包括向美军提供军事基地、给予相关军事情报支持以及方便美军进出印度领空和领海等

---

① Carina Van de Wetering, *Changing US Foreign Policy toward India: US – India Relations since the Cold War*, New York: Palgrave Macmillan, 2016, p. 83.

② 张贵洪：《布什政府的南亚政策与中国的安全环境》，《南亚研究》2003年第2期，第26页。

③ U. S. Department of States, *Background Briefing by Administration Officials on US – South Asia Relations*, Washington, D. C., March 25, 2005, https://2001 – 2009. state. gov/r/pa/prs/ps/2005/43853. htm.

积极举措。[1] 2001 年 12 月，美印恢复了中断三年的“防务政策小组”对话，双方表示将继续在军事演习、情报共享、防务磋商及打击核扩散方面加强合作。[2] 2002 年 9 月，小布什政府发布的首个《国家安全战略报告》将印度标榜为 21 世纪伟大的民主国家之一，强调美国政府将持续努力改造美印双边关系。[3] 2004 年 1 月，小布什与印度总理瓦杰帕伊签署《美印战略伙伴关系后续步骤》，双方同意扩大民用核活动、民用空间方案和高技术贸易三个具体领域合作，两国还表示将扩大相关导弹防御的对话范围。[4] 这一“三步曲”或“四重奏”被视为两国关系转型里程碑和未来发展蓝图。同年 5 月，印度成立以莫汉·辛格为总理的新一届政府，辛格政府继承了以往政府的对美政策，重视同美国发展战略伙伴关系。此后不久，辛格在联合国大会期间与小布什举行了上任以来的首次美印首脑会晤，两国签署《美印伙伴关系：合作与信任》的联合声明，强调美印将进一步发展战略伙伴关系，通过扩大防务合作加强彼此信任，为全球的安全和繁荣做出贡献。[5]

如果说小布什的第一个任期将美印关系推向前所未有的新高度，那么小布什的成功连任预示着他将沿着此前道路继续加强美印两国的关系。2005 年 3 月，美国国务院发言人介绍小布什政府新的南亚政策时指出，美国将与印度展开战略对话，按照印度的国防需求，扩大目前美印高科技合作小组合作，以致力于美印防务合作生产。美国将积极回应当前印度投标和竞购下一代多用途战斗机的工作。与此同时，美国已经

---

① David M. Malone and Rohan Mukherjee, “India – US Relations: The Shock of the New,” *International Journal*, Vol. 64, No. 4, 2009, p. 1059.

② Sumit Ganguly, *Brian Shoup and Andrew Scobell, US – Indian Strategic Cooperation into the 21st Century: More Than Words*, New York: Routledge, 2006, p. 178.

③ U. S. Department of State, *The National Security Strategy of the United States of America*, Washington, D. C., September 2002, https://www.state.gov/documents/organization/63562.pdf.

④ U. S. Department of State, *United States – India Joint Statement on Next Steps in Strategic Partnership*, Washington, D. C., September 17, 2004, https://2001-2009.state.gov/r/pa/prs/ps/2004/36290.htm.

⑤ Embassy of India, Washington, D. C., USA, *U. S. – India Partnership: Cooperation and Trust*, New York, September 21, 2004, https://www.indianembassy.org/archives_details.php?nid=468.

准备好与印度讨论更基本的国防转型问题，包括在指挥和控制、预警和导弹防御等领域的系统体系变革。① 同年 6 月，印度国防部长普拉纳布·慕克吉与美国国防部长唐纳德·拉姆斯菲尔德在美国弗吉尼亚阿灵顿签署了《美印防务关系新框架》，这个协议是美国和印度在过去成功经验基础上构建的新框架，为未来 10 年美印防务关系制定了路线图。② 7 月，印度总理辛格对美国进行国事访问，访问期间美印发表了关于两国关系的联合声明，两国一致同意建立"全球伙伴关系"，并就两国关系发展的共同愿景和共同目标达成共识。③ 这一声明不仅表明印度在加强区域和全球安全方面日益重要的作用，而且也展现出美国提升印度全球大国地位的坚定决心。2006 年 3 月，小布什对印度进行回访，此次访问是美印深入推进战略伙伴关系的重要体现，标志着美印关系的成功转型。④ 需要特别指出的是，小布什此行最重要的成果是美印两国达成了《美印民用核能合作协议》，其核心内容是印度将民用与军用核能分开，美国承诺向印度提供核燃料和技术。⑤ 该协议的签署标志着美印核能合作进入了新的阶段，不仅为印度的核大国地位提供了一定的合法性，同时也凸显出美国将印度作为地区主要大国纳入其全球战略布局的动机意图。

小布什政府对加强美印关系持续的努力为美国将印度洋纳入国家海上战略铺平了道路，也为美印两国之间的海上合作拓展了空间。2006 年 3 月，美国与印度签署《美印海上合作框架》，该协议规定了美国和

---

① Ashley J. Tellis, "The Merits of Dehyphenation: Explaining U. S. Success in Engaging India and Pakistan," *The Washington Quarterly*, Vol. 31, No. 4, 2008, p. 22.

② Institute for Defence Studies and Analyses, *New Framework for the US – India Defense Relationship*, Arlington, VA, June 28, 2005, https://idsa.in/resources/documents/Ind – US – Def – Rel – 28.06.05.

③ U. S. Department of State, *Joint Statement by President George W. Bush and Prime Minister Manmohan Singh*, Washington, D. C., July 18, 2005, https://2001 – 2009. state. gov/p/sca/rls/pr/2005/49763. htm.

④ U. S. Department of State, *U. S. – India Joint Statement*, New Delhi, India, March 2, 2006, https://2001 – 2009. stat – e. gov/p/sca/rls/pr/2006/62418. htm.

⑤ Annpurna Nautiyal, "Current Trend in India – U. S. Relations: Hope for a Secure Future," *Strategic Insights*, Vol. 5, No. 4, 2006, pp. 1 – 13.

印度在海洋安全领域合作的目标和采取的措施，是首个美印关于海上合作的官方文件。[①] 2007 年 10 月，美国发布《21 世纪海权合作战略》，该战略文件是美国相关重要分析人士向美国海军、海军陆战队和海岸警卫队高级将领组成的执行委员会提交的 5 份不同海上战略备选方案的综合版本。有分析认为，《21 世纪海权合作战略》有四大显著特征：一是该文件认为“预防战争与赢得战争同样重要”，这实际上承认建立在武力之上的方式对一些敌人是无效的、不切实际的；二是海上部队必须明确优先事项，美国不能同等重视世界上的每一个地区，也不能对全球每个区域做出同样迅速有力的反应，美国将把力量集中到中东和亚太等重点地区；三是海上部队必须寻求长久合作伙伴关系，那些被认为是军事存在的附加效益比短时间内迅速响应的实际需求拥有更大优势；四是美国海上部队是“仁慈力量”，美国海军的重要任务是为各国公民获得实实在在的利益，尤其是救灾和人道主义援助行动方面。[②]

值得特别注意的是，《21 世纪海权合作战略》中指出，太平洋和印度洋是未来美国将“持续保持战斗力”的两个大洋，美国海军需要建立伙伴关系以平衡自身在太平洋和印度洋的战略存在。在西太平洋和阿拉伯湾/印度洋地区，美国可信的战斗力量将持续不断地发挥作用，在保护自身切身利益的同时，向盟友保证美国将继续致力于地区安全，阻止和劝阻潜在对手和同行竞争对手。美国将在印度洋—太平洋地区促进和维持与更多国际伙伴的合作关系，因为扩大与其他国家的合作关系，将有助于海洋领域的安全与稳定。[③]《21 世纪海权合作战略》将美国的海军部署重点由传统的大西洋和太平洋地区转移到太平洋和印度洋地区，为美国与印度建立长期海上伙伴关系奠定了理论基础。作为小布什政府发布的最后一个海洋战略性文件，该战略文件可视为小布什政府后

---

① Ministry of External Affairs, Government of India, *Indo - U. S. Framework for Maritime Security Cooperation*, New Delhi, India, March 2, 2006, https: //mea. gov. in/bilateral - documents. htm? dtl/6030/IndoUS + Framework + f - or + Maritime + Security + Cooperation.

② ［美］詹姆斯 · R. 福尔摩斯、安珠 · C. 温特、吉原恒淑著，鞠海龙译：《印度二十一世纪海军战略》，人民出版社 2016 年版，第 160—161 页。

③ U. S. Department of the Navy, *A Cooperative Strategy for 21st Century Seapower*, October 17, 2007, https: //www. h - sdl. org/? view&did = 479900.

期美国海洋战略思想转型的一种早期尝试，是未来美国海上发展的战略宣言。除此之外，作为一个美国政府交接的过渡性文件，《21世纪海权合作战略》也为美国继任总统参与未来的海洋事务指明了方向。

第二节 “亚太再平衡”战略与“印太战略”隐现

早在1900年，时任美国国务卿约翰·海伊就曾宣称，“地中海是过去之海，大西洋是现在之海，而太平洋则是未来之海”。[①] 100多年后，太平洋地区早已成为全球最具发展活力的地区，海伊所言比以往任何时候都更有预见力。2009年1月，巴拉克·奥巴马就任美国第44任总统。鉴于美国国内政治和国际环境的现实考量，奥巴马上台后便开始对美国的全球战略布局进行新一轮调整，出台了加强美国在亚太地区军事部署的“亚太再平衡”战略。尽管奥巴马政府时期“亚太再平衡”战略占据主导地位，印度洋和太平洋的政策分别以不同的角色体现在“亚太再平衡”之中，但印度洋—太平洋战略正逐渐隐现在美国的全球大战略中，为下一阶段美国全球战略发展提供新的指引。

一、“亚太再平衡”战略

小布什政府任期即将结束之时，美国正经历前所未有的内外困境。一方面，源于美国国内次贷危机，进而在2008年爆发的全球金融危机，使美国国内经历自20世纪30年代以来最严重的金融危机和经济衰退；另一方面，小布什政府发动伊拉克和阿富汗两场战争，美国国防开支的大幅增加导致国内财政赤字和国家债务的持续增加，战争的消极影响也使美国在国际社会的形象和软实力受到严重损害。[②] 与此同时，中国在

① R. F. Watters, T. G. Mc Gee and Ginny Sullivan, *Asia Pacific: New Geographies of the Pacific Rim*, Vancouver, B. C.: UBC Press, 1997, p. 4.

② 张东冬：《美国国家实力的衰落与国际权力格局的变化》，《国际展望》2018年第2期，第41—42页。

21世纪之后牢牢抓住十年战略机遇期，经济实力和综合国力快速提升，在亚太地区的迅速崛起在一定程度上削弱了美国在本地区的绝对影响力。在小布什执政后期，一些美国的亚洲问题专家就认为，小布什政府对伊拉克和阿富汗的战略规划削弱了美国适应亚太地区重大政策转变的能力，特别是在应对中国实力增长、印度崛起以及由东盟领导的亚洲政治和经济一体化等方面缺乏有效的应对措施。①

早在2008年大选期间，奥巴马就指责小布什政府为美国带来两场长期战争、创纪录的赤字以及自大萧条以来最严重的经济危机。② 他进而认为，“要重振美国全球实力和地位，就必须改革美国的外交政策”。③ 奥巴马上台初期，鉴于对外战略正处在规划待调整阶段，其亚洲外交主要集中在传统上接触中国、加强美日同盟、妥善处理朝鲜问题及重新评估地区贸易协议等几个方面。2009年2月，美国国务卿希拉里打破此前外交惯例，在奥巴马就职一个月内便出访亚洲，向外界传递出美国重视亚洲的强烈信号。此后，希拉里在出席东盟地区论坛期间宣称美国将“回归亚太”，并强调奥巴马政府将致力于广泛、深入和持续地参与亚太地区的事务。④ 希拉里的讲话意味着美国不会因在伊拉克和阿富汗的战争而忽视亚太地区，反而打算扩大和深化在该地区的伙伴关系。同年11月，奥巴马开启就任以来的首次亚洲之行，并在此行第一站日本发表关于亚洲政策的演讲，奥巴马指出，“太平洋地区的未来与美国利害攸关，美国寻求在这一地区巩固已有的同盟并建立新的伙伴关

---

① Jeffrey A. Bader, *Obama and China's Rise*: *An Insider's Account of America's Asia Strategy*, Washington, D. C.: Brooking Institution Press, 2012, pp. 1 – 5.

② The Commission on Presidential Debates, *The Third Obama – Romney Presidential Debates*, October 22, 2012, http://www.debates.org/index.php?page=october-22-2012-the-third-obama-romney-presidential-debate.

③ Barack Obama, Renewing American Leadership, *Foreign Affairs*, Vol. 86, No. 4, 2007, pp. 2 – 16.

④ Robert Burns, *Clinton Declares the US is "Back in" Asia*, The Associate Press, July 21, 2009, http://www.sandiegouniontribune.com/sdut-clinton-asia-072109-2009jul21-story.html.

系，发展与新兴国家的关系，特别是处理好与中国的关系”。[①] 此次演说是奥巴马关于美国亚洲政策的第一个重要声明，为奥巴马政府向亚太地区的战略转移做好了前期准备。

此后不久，南海争端的日益激烈为美国重返亚太提供了工具和借口。自 2009 年开始，面对中国的迅速崛起和持续发展，菲律宾、越南等有关南海争端国对能否保住其非法控制的南海岛礁产生严重焦虑。为巩固和扩大南海非法权益主张，这些国家加大在南海岛礁扩建等单边行动力度，不断推动南海问题扩大化和国际化。随着南海问题的持续发酵，美国对外关注点开始日益向这一地区倾斜。2010 年 7 月，希拉里在出席东盟地区论坛期间表达出美国对于南海地区局势的关切，强调美国与所有国家一样，在航行自由、开放进入亚洲海洋公域以及尊重南海的国际法方面享有国家利益。[②] 这一讲话为美国进一步强化在亚太地区的战略存在提供一定的法理借口，不仅表明美国寄望在东亚继续扮演重要的战略角色，而且也标志着美国在出台新亚洲战略的道路上又向前迈进了一步。此后，希拉里在夏威夷就美国的亚太政策发表演讲，表示美国将进一步“重返亚太”的范围扩展到整个亚洲—太平洋地区，强调美国与亚太地区的命运紧密相连。[③]

2011 年 10 月，希拉里在美国《外交政策》期刊上发表《美国的太平洋世纪》一文，普遍被外界视为是美国“重返亚太战略”的官方陈述。文章主要涉及美国在亚太地区加强联盟伙伴关系，深化与地区新兴大国的工作关系，重新参与亚太地区多边机构事务，扩展亚太地区的贸易和投资，在亚太盟国持续存在及维护地区安全和稳定，努力促进区域的人权和民主等六个支柱，这些支柱构成美国对“前沿部署”外交的

---

① The White House, *Remarks by President Barack Obama at Suntory Hall*, Tokyo, Japan, November 14, 2009, https：//obamawhitehouse. archives. gov/the – press – office/remarks – president – barack – obama – suntory – hall.

② U. S. Department of State, *Remarks at Press Availability*, Hillary Clinton, Hanoi, Vietnam, July 23, 2010, https：//2009 –2017. state. gov/secretary/20092013clinton/rm/2010/07/145095. htm.

③ U. S. Department of State, *America's Engagement in the Asia – Pacific Region*, Remarks Hillary Rodham Clinton, Secretary of State, Kahala Hotel, Honolulu, Hawaii, October 28, 2010, https：//2009 –2017. state. gov/secretary/20092013clinton/rm/2010/10/150141. htm.

持久承诺。[①] 事实上，希拉里文章所呈现的六个支柱与后冷战时期美国历届政府的亚洲政策有着异曲同工之处，同时表明奥巴马政府将会投入更多精力和时间更深入地落实这些政策。同年 11 月，奥巴马在澳大利亚议会发表演讲时对外界宣布了美国的新亚洲战略。奥巴马在讲话中强调，“美国将把军事重心从中东转移到亚洲，进一步加强在亚太地区的军事存在，通过坚持核心原则，与盟友和伙伴密切合作，在塑造整个地区和未来方面发挥长期作用”。[②] 就现实而言，奥巴马关于重返亚太的表述体现出美国在亚太地区所采取的周边安全、地区繁荣和区域人权三个核心原则。在奥巴马看来，重返亚太包含美国在亚太地区对安全、繁荣和人权的三方面承诺。[③]

美国“重返亚太”政策一出台便得到国际社会的普遍关注，这一概念被外界曾一度解读为是美国从中东和欧洲地区撤离而向亚洲地区转移。美国政府为了避免误解，迅速予以澄清，强调美国从未离开过亚洲，“重返亚太”的实质是“亚洲的再平衡”，确保美国在这一地区的责任和地位。[④] 2012 年 6 月，美国国防部长莱昂·帕内塔在新加坡香格里拉安全峰会上发表演讲，全面阐述和解释了美国的“亚太再平衡”战略。帕内塔指出，美国一直是太平洋国家，命运与这个地区密不可分。美国将亚太地区作为战略的优先事项，致力于一套根本性共同原则，包括促进国际规则和秩序原则，维护该地区和平与安全，深化和扩大双边和多边伙伴关系，加强和调整美国军队在该地区的持久存在，并对在亚太地区投射力量和运营所需能力进行新的投资，以此捍卫美国在

---

① Hillary Rodham Clinton, “America's Pacific Century,” *Foreign Policy*, Vol. 189, No. 1, 2011, p. 57.

② The White House, *Remarks by President Obama to the Australian Parliament*, Canberra, Australia, November 17, 2011, https://obamawhitehouse.archives.gov/the-press-office/2011/11/17/remarks-president-obama-australian-parliament.

③ Nicholas D. Anderson and Victor D. Cha, “The Case of the Pivot to Asia: System Effects and the Origins of Strategy,” *Political Science Quarterly*, Vol. 132, No. 4, 2017, pp. 597-598.

④ Hugo Meijer, *Origins and Evolution of the US Rebalance toward Asia*, New York: Palgrave Macmillan, 2015, pp. 32-33.

亚太地区的利益。[①] 国际舆论普遍认为，帕内塔对美国“亚太再平衡”战略的阐释是美国战略转向太平洋地区的宣言，尤其是要求重新平衡部署美国军队，在2020年前将大部分战舰转移到亚太地区，将会进一步遏制中国作为全球性大国在这一地区的迅速崛起，提升美国在太平洋地区的影响力。[②]

至奥巴马第一任期结束前，从“重返亚太”到“亚太再平衡”，奥巴马政府基本完成了这一时期美国对外战略的新一轮调整，而此轮战略调整也被外界普遍视为是冷战后美国最重要的全球战略调整之一。“亚太再平衡”战略可以理解为美国旨在恢复传统的利益平衡并将重点放在美国的安全政策上，向盟友和伙伴保证美国将继续致力于亚太地区的稳定。这一战略是一个集合政治、军事、经济等多层次的综合战略，向外界展示出美国全方位回归亚太地区的战略导向。[③] 在奥巴马的第二个任期内，美国政府在对外政策上基本上遵循“亚太再平衡”的战略规划，坚定不移地将美国战略重心置于亚太地区。美国外交战略向亚太地区的转移预示太平洋地区在新时期美国战略中的地位更加凸显，成为主导美国外交政策新的战略方向。

二、提升印度洋价值与“印太战略”隐现

“亚太再平衡”战略强调美国战略重点向亚太地区转移，但随着印度洋地区战略价值的日益提升，印度洋的重要性并没有被排除在美国大战略的视野之外。正如奥巴马上任时所指出的那样，“美国大战略在21

---

① U. S. Department of Defense, *Remarks by Secretary Panetta at the Shangri – La Dialogue in Singapore*, June 2, 2012, http://archive.defense.gov/transcripts/transcript.aspx? transcriptid = 5049.

② Richard Weitz, *Pivot Out*, *Rebalance In*, The Diplomat, May 3, 2012, https://the diplomat.com/2012/05/pivot – out – rebalance – in/.

③ 金灿荣、刘宣佑、黄达：《“美国亚太再平衡战略”对中美关系的影响》，《东北亚论坛》2013年第5期，第4—6页。

世纪的成败将在很大程度上取决于印度—亚洲—太平洋地区的发展”。[①] 美国印度洋战略一直从属和包含在奥巴马政府的“亚太再平衡”战略之中，美国在重视亚太地区发展的同时，也潜在地提升印度洋的战略价值，印度洋—太平洋地区正逐渐成为一个整体隐现在美国的对外战略之中。

2009 年 5 月，美国前驻印度特使罗伯特·布莱克威尔在印度首都新德里发表关于《美印关系的未来》演讲，对地缘政治环境变化及美印两国关系的未来发展进行阐述和展望。布莱克威尔认为，“美国和印度在未来几十年将共同拥有一个非常光明的未来，美印两国需要在印度洋地区加强两军之间的军事教义、部队规划、武器获取、互操作性、联合演习、情报交流和威胁评估等方面互动”。[②] 布莱克威尔的演说一方面对于小布什政府时期改善美印关系的持续努力做出积极的评价和总结；另一方面也为奥巴马政府初期的美印关系做出战略性谋划。同年 7 月，希拉里访问印度，美印两国签署包括《民用核合作协议》《终端用户监督协议》《新技术保护协议》等多份重要合作协议，这些协议的签署为美印进一步加强在印度洋地区的合作提供了技术保障。[③]

此后，美国智库新美国安全中心于 2010 年 1 月发布一份题为《公域竞争：多极世界美国权力的未来》的研究报告，该报告认为美国战略界长期以来对印度洋的关键价值重视不够。鉴于印度洋日益增长的商业、能源和战略的重要性以及中印两国在印度洋业已展开的战略竞争，美国应该加强与印度、日本等国的战略合作，限制中国海上军事扩张，

① Douglas T. Stuart, *The Pivot to Asia: Can It Sever the Foundation for American Grand Strategy in the 21st Century*, Carlisle, PA: United States Army War College, 2016, pp. 1 – 2.

② Robert D. Blackwill, *The Future of US – India Relations*, Financial Times, May 6, 2009, https: //www. ft. com/content/1ec735fe – 3a12 – 11de – 8a2d – 00144feabdc0.

③ Center for Strategic & International Studies, *Hillary Clinton's Visit to India*, July 23, 2009, https: //www. csis. org/analysis/hillary – clintons – visit – india.

同时避免与中国发生海上冲突，确保印度洋的海上安全。[①] 不久，美国国防部发布的《四年防务评估报告》对美国在印度洋地区的战略利益进行详细论述。报告指出，美国在维护整个印度洋地区稳定方面存在巨大利益，印度洋为全球贸易、国际能源安全和地区稳定提供了至关重要的海上通道。为了对未来防务计划提供有益指导，美国需着眼于国家利益、目标和态势，对该地区进行评估。该报告也对美国与印度在印度洋地区的合作进行详细阐述，指出随着经济实力、文化传播和政治影响力的增加，印度在全球事务中将扮演更加重要的角色。这种日益增强的影响力，加之其与美国享有共同的民主价值观、开放的政治体制和对全球稳定的承诺，将为美印合作提供诸多机会。印度的军事能力正通过日益增加的军购获得快速提升，包括远程海上监视、海上拦截与巡逻、空中拦截和战略空运。印度通过打击海盗、维和行动、人道主义救援和救灾等活动，已在全球范围内建立起较强军事影响力。随着军事能力的不断增长，印度势必将为印度洋及印度洋以外区域提供安全保障，进而为亚洲地区的安全稳定做出积极贡献。[②]

2010 年 10 月，希拉里在夏威夷发表题为“美国介入亚太”的演说，首次提到了“印太”概念。希拉里指出，“鉴于印太盆地对于全球贸易和商业的重要性，美国将扩大与太平洋和印度洋地区国家的海军合作，根据政治可持续性、运营弹性和地理位置分散性的防务态势三项原则，重新调整在印太地区的军事部署，通过加强与印度、新加坡、菲律宾、泰国及新西兰和澳大利亚等国家的海上军事合作，以加强打击恐怖分子和应对人道主义灾难的能力，从而应对这一地区更加复杂的海洋环

---

① Robert D. Kaplan, “Power Plays in the India Ocean: The Maritime Commons in the 21st Century,” in Abraham M. Denmark and James Mulvenon, eds., *Contested Commons: The Future of American Power in a Multi-polar World*, Washington, D. C.: Center for a New American Security, 2010, pp. 180-191.

② U. S. Department of Defense, *Quadrennial Defense Review Report*, February 2010, https://dod.defense.gov/Portals/1/features/defenseReviews/QDR/QDR_as_of_29JAN10_1600.pdf.

境”。[①] 这是奥巴马政府官方首次对印度洋—太平洋地区的概念和战略重要性进行公开阐释。此后，希拉里在《美国的太平洋世纪》一文中对印太概念进行更为详尽的阐述。文章指出，从印度洋穿过马六甲海峡到太平洋的海域包含世界上最具活力的贸易和能源路线。该地区从印度次大陆延伸到美洲西部海岸，横跨太平洋和印度洋两个大洋，这些大洋越来越多地通过航运和战略联系起来。如何将印度洋和太平洋之间日益增长的联系转化为一个运作概念是美国需要回答的问题。美国将更好地支持人道主义任务，与更多盟友和伙伴合作以应对威胁或破坏地区和平与稳定的行动。[②] 希拉里的讲话和文章将印度洋统筹到美国重返亚太的战略规划之中，进一步凸显出美国提升印度洋价值的战略目标。

此后，美国国防部于2012年1月发布《维持美国的全球领导地位：21世纪国防优先任务》军事战略报告，该报告最大的亮点之一就是突出印度洋地区的重要性，将印度洋与西太平洋一道视为美国利益的战略重心。该报告提出，美国的经济和安全利益与从西太平洋和东亚延伸到印度洋地区和南亚弧形地带的发展有着千丝万缕的联系。美国将通过对亚太地区进行再平衡，发展与亚洲盟国和伙伴关系，为亚太地区的安全提供坚实基础。美国还致力于与印度建立长期战略伙伴关系，以支持印度作为地区经济支柱及拥有更广阔的印度洋地区安全保障能力。[③]同年5月，美国国防部长帕内塔在美国海军学院毕业典礼上发表致辞，再次提及包括印度洋在内的海洋对于美国战略的重要性。他提到，“作为一个正在回归海洋的国家，美国必须面对的一个关键项目就是维持和增强太平洋海域的军事力量，美国未来繁荣与安全取决于西太平洋和东亚延伸到印度洋和南亚的弧线，推进这一地区和平与安全的能力，对美国和美

---

① U. S. Department of State, *America's Engagement in the Asia－Pacific Region*, Remarks Hillary RodhamClinton, Secretary of State, Kahala Hotel, Honolulu, Hawaii, October 28, 2010, https://2009－2017. state. gov/secretary/20092013clinton/rm/2010/10/150141. htm.

② Hillary Rodham Clinton, "America's Pacific Century," *Foreign Policy*, Vol. 189, No. 1, 2011, p. 57.

③ U. S. Department of Defense, *Sustaining U. S. Global Leadership*: *Priorities for 21st Century Defense*, January 3, 2012, http://archive. defense. gov/news/Defense_Strategic_Guidance. pdf.

军来说是不可逃避的现实”。①

2013 年 3 月，美国海军上将、美军太平洋总部司令塞缪尔·洛克利尔在关于美国太平洋司令部和美国战略司令部态势的听证会上进一步谈到，美国未来的繁荣将主要由印太地区的事态和发展来定义。印度洋—亚太地区从加利福尼亚延伸到印度，面积占地球表面的 50% 以上，地区人口超过全球 50%，该地区具有文化、社会、经济和地缘政治多样性。虽然今天的印度洋—亚太地区相对平静，也存在一些可能影响安全环境的威胁挑战，但有效地参与印度洋—亚太地区需要美国持续不断的努力。② 同年 6 月，美国海军分析中心发布《长期沿海地区项目》报告，报告的最后部分提出应将印度洋—太平洋沿岸作为一个综合战略实体的地缘战略逻辑。该报告认为，美国会重新平衡到一个以印度洋—太平洋沿岸为重点的更强大的海洋方向，这将把印度洋整合到亚太战略之中。美国也在投资与印度的长期战略伙伴关系，以支持印度作为地区经济支柱和在广阔的印度洋地区安全保障的能力。未来 10—15 年，美国的战略方向可能会发展成为类似印度洋—亚太这样的定位。③ 此外，奥巴马政府发布的第二个《四年防务评估报告》，突出强调美国将支持“亚太再平衡”战略，不仅加强在亚太海上军事力量的部署，同时强化在印度洋等地区的军事存在，特别是深化与印度的战略合作伙伴关系。与 2010 年美国《四年防务评估报告》相比，新的防务报告更加突出“亚太再平衡”在美国战略布局中的首要作用，通过提出美国在印度洋地区的接触行动，推动“亚太再平衡”战略取得实效。将亚太地区和印度洋地区看作有效互动的统一体，不仅有助于美国战略利益目标的实

---

① U. S. Department of Defense, *U. S. Naval Academy Commencement*, Leon E. Panetta, Annapolis, MD, May 29, 2012, http: //archive. defense. gov/speeches/speech. aspx? speechid = 1679.

② The U. S. Indo – Pacific Command, *The Posture of the U. S. Pacific Command and U. S. Strategic Command Transcript*, House Armed Services Committee, March 5, 2013, http: //www. pacom. mil/Media/Speeches – T – estimony/Article/565165/transcript – the – posture – of – the – us – pacific – command – and – us – strategic – command – trans/.

③ Michael A. McDevitt, *The Long Littoral Project: A Maritime Respective on Indo – Pacific Security, Summary Report*, VA: Center for Naval Analysis, June 2013, https: //www. cna. org/CNA_files/PDF/IRP – 2013 – U – –004654 – Final. pdf.

现，同时也利于美国在印太地区战略规划的整体布局。

2015 年 3 月，美国海军发布《21 世纪海上力量合作战略报告》不仅正式明确“印太”这一概念，而且表示将增加美国在印太地区的军事力量部署，以实现美国在此地区的战略目标。该报告指出，从美国的西海岸到非洲的东海岸囊括了 10 个世界上人口最多国家中的 8 个，对美国及盟国和伙伴的重要性日渐增长，美国的经济和安全同经由印度洋和太平洋的大量贸易息息相关。印度洋—亚洲—太平洋地区海域的经济重要性、安全利益和地理位置决定保护美国利益和维持对该地区稳定的长久承诺，这将会越来越多地依赖海上军事力量。随着战略关注点转移到印度洋—亚洲—太平洋地区，美国将增加在此地区的舰船、飞机和海军陆战队等军事部署，扩大在印度洋—亚洲—太平洋的海上军事存在，以便更好地应对海上安全挑战，确保印度洋和太平洋地区的繁荣、安全和稳定。①

美国太平洋司令部司令、海军上将哈利·哈里斯在美国 2016 年度“国防高峰会”上表示，印度洋—亚洲—太平洋地区是美国未来最重要的地区。美国仍然是该地区须选择的安全合作伙伴，美国的战略存在保证了该地区国家的和平与繁荣，任何人都不应该怀疑美国捍卫自身领土、人民或利益的决心。美国、印度、日本和澳大利亚应当组建区域民主多边联盟，以对抗东南亚和南亚的暴力极端主义威胁。② 2017 年 1 月，美国海军发布水面部队《重返海洋控制》战略白皮书，提出根据美国现实需要实现和维持海洋控制，保持美军在全球海洋的机动能力。据此要求美军采用“分布式杀伤”作战概念，扩大战场区域，增加敌方目标选择与打击的难度，为美国海军力量投送行动创造更为有利条件。由于多条关键海上交通线连接印度洋和太平洋，取得两洋关键水域

---

① U. S. Navy, Marine Corps, Coast Guard, *A Cooperative Strategy for 21st Century Seapower*, March 13, 2015, http://www.navy.mil/local/maritime/150227 – CS21R – Final.pdf.

② Jim Garamone, *Indo – Asia – Pacific Region Remains "Most Consequential" to America, PACOM Chief Says*, *U. S. Indo – Pacific Command*, November 16, 2016, http://www.pacom.mil/Media/News/News – Article – View/Article/1006313/indo – asia – pacific – region – remains – most – consequential – to – america – pacom – chief – says/.

的控制权至关重要。[①] 这个文件是奥巴马政府任期结束前发布的海军战略文件，所述美国海军战略转型为美国向印度洋—太平洋地区的转向提供了战略性支持。

综上所述，奥巴马政府时期美国的外交战略主要是沿着“重返亚太”到“亚太再平衡”的方向不断发展变化。然而，正如有的学者所言，“虽然在奥巴马政府时期美国并没有明确阐明‘印太战略’，但随着印太地区国家间互动的增加以及地区安全形势与安全环境的变化，印度洋和太平洋相关地区越来越成为一个地缘政治和地缘经济整体，‘印太’概念作为一种战略思维实际上已融入美国战略规划和战略实践之中”。[②] 显而易见，奥巴马政府时期这种战略视野的变化为美国整个对外战略的转变提供了路径参考，具有较强的现实指导意义。

第三节 从“亚太再平衡”战略正式转向“印太战略”

2016 年 11 月，共和党人唐纳德·特朗普成功击败此前呼声最高的民主党人希拉里成为新一任美国总统。特朗普上台后随即对美国的外交战略重心进行调整，由此前的亚太地区正式转向到印度洋—太平洋地区，逐步形成美国的新亚洲战略，即印度洋—太平洋战略。

一、特朗普的“印太战略”构想

特朗普就任总统后，美国进一步提升印度及印度洋在美国战略布局中的地位，并开始将印度洋—太平洋地区作为推动外交战略新的地缘框架。2017 年 6 月，印度总理莫迪访问美国，与特朗普举行首次会谈，会谈后美印发表的联合声明指出，“双方继续强化安全和防务合作，将

---

① U. S. Department of the Navy，*Surface Force Strategy*：*Return to Sea Control*，January 9，2017，https：//www. public. navy. mi－l/surfor/Documents/Surface_Forces_Strategy. pdf.

② 仇朝兵：《奥巴马政府时期美国的“印太战略”：基于美国大战略的考察》，《美国研究》2018 年第 1 期，第 37 页。

两国关系提升到新的高度”。[①] 莫迪访美不仅表明美国对印度崛起的重视，同时也反映出美国地缘战略思维发生根本变化。此后不久，美国国防部长詹姆斯·马蒂斯访问印度，这是特朗普上台后美国内阁高官首次访问印度，马蒂斯此行的重点是推进落实两国间的军售项目，可以看作是美国特朗普政府转向印度洋地区的关键行动。10 月，美国国务卿雷克斯·蒂勒森在美国战略与国际研究中心发表关于美印关系的演说。蒂勒森谈到，太平洋和印度洋几个世纪以来始终都将美国与印度两个国家联系在一起，在展望未来百年美印关系的时候，印度洋—太平洋这个对两国共同历史都至关重要的地区应继续保持自由和开放。特朗普和莫迪比其他任何领导人都更希望致力于建立一个强劲的伙伴关系，美印两国的战略趋同正在日益加强。世界重心正在转移到印度洋—太平洋的中心地带，包括整个印度洋和西太平洋以及相关沿岸国家的印度洋—太平洋地区将成为 21 世纪全球最重要部分，印度和美国必须以自由开放的印度洋—太平洋为目标，促进地区更大的繁荣和安全。[②] 蒂勒森的演讲通过积极向外推销兜售美国的“印太”概念，表明美国构建印度洋—太平洋地区战略的新动向。

2017 年 11 月，特朗普开启上任以来的首次亚洲之旅，本次亚洲之行包括访问日本、韩国、中国、越南和菲律宾 5 个国家并参加在越南举办的亚太经济合作组织领导人峰会。外界普遍认为，作为特朗普就任后首次亚洲之行，其最重要任务就是在本区域阐述他的亚洲政策或重点阐述美国对“自由开放的印度洋—太平洋”的想法。[③] 正如外界所预料的一样，特朗普在日本横田空军基地对美军官兵发表演讲时首次正式提出

---

① The White House, *Remarks by President Trump and Prime Minister Modi of India in Joint Press Statement*, June 26, 2017, https://www.whitehouse.gov/briefings - statements/remarks - president - trump - prime - minister - modi - india - joint - press - statement/.

② U.S. Department of State, *Defining Our Relationship With India for the Next Century*, Remarks by Rex W. Tillerson, Secretary of State, Center for Strategic & International Studies, Washington, D.C., October 18, 2017, https://www.state.gov/secretary/20172018tillerson/remarks/2017/10/274913.htm.

③ 游润恬：《特朗普亚洲行首站初谈印太战略》，《联合早报》，2017 年 11 月 6 日，https://www.zaobao.com.sg/ - znews/international/story20171106 - 808660。

“印度洋—太平洋”概念，表示美国将与盟国积极合作推进建设自由开放的印度洋—太平洋地区。此后，特朗普访问越南期间在亚太经济合作组织论坛工商领导人峰会上所作的印度洋—太平洋战略演讲，向国际社会展现出美国“印太战略”构想的最高层次愿景。特朗普首先回顾美国自独立以来与印度洋—太平洋地区国家的合作历史以及这一地区所发生前所未有的变化和成就，强调美国长期以来一直是印度洋—太平洋地区的朋友、伙伴和盟友，呼吁印太地区国家与美国重新建立伙伴关系，努力加强印度洋—太平洋各国之间的友谊和商业联系，共同促进彼此的繁荣与安全，建立一个和平、繁荣、自由的印度洋—太平洋地区。这也被他称为“印度洋—太平洋梦想”。①

虽然包括特朗普本人在内的美国政府高级官员多次提及“印太”一词及印度洋—太平洋地区的战略重要性，但外界对于印太政策的印象仍还停留在官方话语之中。将“印太”概念从官方的话语直接上升到国家战略的主要标志是2017年底到2018年初特朗普政府发布的三个国家战略报告。《国家安全战略报告》首次将印度洋—太平洋地区进行地缘上的整合，同时作为美国全球战略的重要组成部分。该报告指出，印太地区从印度西海岸一直延伸到美国西海岸，是世界上人口最多、经济最活跃的地区。印太地区国家需要美国在该地区的持续领导力，建立自由开放的地区秩序。美国欢迎印度崛起成为具备全球领导力大国和美国更为强大的战略和防务伙伴，支持印度在本地区不断发展的关系，同时也将继续寻求扩大与日本、澳大利亚和印度的四方合作。② 美国国防部公布的《国防战略报告》取代了美国此前的《四年防务评估报告》，成为美国国防部更为详尽和具有深远影响的战略指导性文件。该战略报告对美国加强印太地区的军事部署及扩大印度洋—太平洋联盟和伙伴关系进行较为详细的阐述，认为“一个自由和开放的印度洋—太平洋地区为

---

① The White House, *Remarks by President Trump at APEC CEO Summit, Da Nang, Vietnam*, November 10, 2017, https://www.whitehouse.gov/briefings-statements/remarks-president-trump-apec-ceo-summit-da-nang-vietnam/.

② The White House, *National Security Strategy of the United States of America*, December 20, 2017, p. 46.

所有利益攸关方提供繁荣和安全，美国将加强在印度洋—太平洋地区的联盟和伙伴关系，建立一个能够遏制侵略、维护稳定和确保自由进出共同区域的网络安全架构”。[①] 紧接着公布的美国《核态势评估》报告对美国过去在更良性的核环境下和更温和的大国关系中制定的核政策与规定做出评估，重点是确定保护美国所需要的核政策、核战略以及相应的核能力，表示美国将根据正式的核威慑承诺，继续为亚太等地区的盟国和伙伴提供安全保障。[②] 舆论普遍认为，以上三个国家战略报告从国家整体安全、国家防务安全和国家核安全三个不同的角度为特朗普政府的“印太战略”实施提供了理论支持和应用指导。

二、“印太战略”迈向实施阶段

在推出三个国家战略报告之后，特朗普政府的“印太战略”开始逐步过渡到政策正式实施阶段。2018 年 4 月，美国国务院负责东亚和太平洋事务的助理国务卿黄之瀚在华盛顿通过媒体向外界详细阐释了美国自由开放的“印太战略”内涵。黄之瀚谈到，就美国对印度洋—太平洋地区的政策而言，特朗普政府考虑推出“印太”概念是十分重要的一年，本届政府接下来的几年任期将继续致力于印太地区政策的制定和实施。自由和开放对印太地区的战略意义影响深远，是美国实施“印太战略”构想最重要的两个精髓。“印太”概念的产生表明，南亚特别是印度在太平洋、东亚和东南亚发挥关键作用的历史和当前事实，以及印度在该地区发挥着越来越重要的作用，不仅符合美国利益，而且也反映了整个地区利益。[③] 黄之瀚的讲话通过强调“自由”和“开放”两个

---

① U. S. Department of Defense, *Summary of the 2018 National Defense Strategy*, January 19, 2018, https: //dod. defense. gov/Portals/1/Documents/pubs/2018 – National – Defense – Strategy – Summary. pdf.

② U. S. Department of Defense, *Nuclear Posture Review*, February 2018, https: //media. defense. gov/2018/Fe – b/02/2001872877/ – 1/ – 1/1/EXECUTIVE – SUMMARY. PDF.

③ U. S. Department of Defense, *Briefing on the Indo – Pacific Strategy*, Special Briefing by Alex N. Wong, Deputy Assistant Secretary, Bureau of East Asian and Pacific Affairs, Washington, D. C., April 2, 2018, https: //www. state. gov/r/pa/prs/ps/2018/04/280134. htm.

概念，对特朗普政府的“印太战略”给出了比较明确的解释。

随后的5月30日，美国正式将它位于夏威夷的太平洋司令部重新命名为印度洋—太平洋司令部。印度洋—太平洋司令部管辖范围从美国西海岸一直延伸到印度西海岸，显然已成为美国最大的海外司令部。印度洋—太平洋司令部的建立除美国地缘政治目的外，同时也有地缘经济合作计划。时任美国国防部长马蒂斯在更名仪式上的讲话中指出，正是源于印度洋和太平洋连通性日益增强，美国才将太平洋司令部改名为印度洋—太平洋司令部。2018年美国《国防战略报告》十年来首次涉及印度洋—太平洋战略，它承认太平洋地区的挑战，并表明美国对印度洋—太平洋地区的坚定决心和持久承诺。美国将继续大力投资印度洋—太平洋地区的稳定，支持以自由和开放规则为基础的国际秩序，使该地区能够不断发展壮大。美国也将始终从实力的立场出发寻求和平，继续进一步加强现有联盟体系并在该地区建立新的伙伴关系，维持这一对全球和平至关重要海洋区域的稳定。① 国际舆论认为，美国军方将太平洋司令部改名为印度洋—太平洋司令部在很大程度上凸显了印度对于美国日益增长利益的重要性，司令部的重新命名也意味着美国与印度军事关系的显著提升。②

“印太战略”也成为新加坡国际战略研究所举办的第17届香格里拉对话会的主要议题，马蒂斯在会议期间着重阐述了美国的“印太战略”，这是美国官方对特朗普政府“印太战略”较为全面的一次表述。马蒂斯谈到，印度洋—太平洋对美国持续稳定、安全和繁荣至关重要，因为这一地区是美国的首要战场，美国在此有着重大安全、经济和发展投资的广泛利益。美国“印太战略”是更广泛安全战略的一个子集，而加深联盟和伙伴关系对于美国来说是一个优先事项，美国与这些国家

---

① U. S. Department of Defense, *Remarks at U. S. Indo – Pacific Command Change of Command Ceremony*, Secretary of Defense James N. Mattis, May 30, 2018, https: //dod. defense. gov/News/Transcripts/Transcript – View/Article/1535689/remarks – at – us – indo – pacific – command – change – of – command – ceremony/.

② Ideees Ali, *In Symbolic Nod to India*, *U. S. Changes Name of Pacific Command*, Reuters, May 31, 2018, https: //www. reuters. com/article/us – usa – defense – india/in – symbolic – nod – to – india – us – pacific – command – changes – name – idUSKCN1IV2Q2.

将基于共同原则，建立安全、可靠、繁荣和自由的印太愿景，包括扩大对海洋空间的关注、加强内部的联系、加强法治、民间社会和透明治理及私营部门主导经济发展等主题。美国将随时准备与所有国家合作，以实现这一愿景。[①]

此后，国务卿蓬佩奥于 7 月 30 日在美国商会举办的“印度洋—太平洋工商论坛”发表《美国对印度洋—太平洋地区经济前景的构想》讲话，对特朗普政府推动印度洋—太平洋地区自由和开放的战略设想进行系统阐释。蓬佩奥指出，印度洋—太平洋地区必须成为自由和开放的地区。所谓的“自由”在地区层面是指美国希望地区所有国家都能捍卫自己的主权以免受其他国家的胁迫，而在国家层面意味着这些国家国内良好的治理能力和国内公民可以享有基本权利和自由保证。当提及“开放”时，在地区层面是指所有国家都享有开放的海上和空中通道，和平解决领土和领海争端，经济上拥有公平对等的贸易和开放透明的投资环境。美国将按照“自由”和“开放”的原则继续为印太地区的繁荣和发展发挥重要的推动作用。[②] 有学者认为，“特朗普政府的‘印太战略’实质上就是在‘有原则的现实主义’和‘美国优先的国家安全战略’指导下，通过加强印太地区联盟和伙伴体系，构建‘美日澳印四边形安全合作机制’，形成有利于美国的印太地区经济关系”。[③] 10 月 11 日，美国负责南亚和中亚事务的第一副国务卿爱丽丝·韦尔斯在斯里兰卡举行的印度洋会议上发表关于驾驭印度洋地区挑战与前景的讲话。韦尔斯的讲话强调了美国推动印度洋地区安全繁荣共同愿景的承诺

---

① U. S. Department of Defense, *Remarks by Secretary Mattis at Plenary Session of the* 2018 *Shangri - La Dialogue*, Secretary of Defense James N. Mattis; John Chipman, Director - General and Chief Executive, IISS June 2018, https: //dod. defense. gov/News/Transcripts/Transcript - View/Article/1538599/remarks - by - secretary - mattis - at - plenary - session - of - the - 2018 - shangri - la - dialogue/.

② U. S. Department of State, *America's Indo - Pacific Economic Vision*, Remarks by Michael R. Pompeo, Secretary of State, Indo - Pacific Business Forum, U. S. Chamber of Commerce, Washington, D. C. , July 30, 2018, https: //www. state. gov/secretary/remarks/2018/07/284722. htm.

③ 夏立平、钟琦:《特朗普政府“印太战略构想”评析》,《现代国际关系》2018 年第 1 期，第 23—25 页。

所采取的两个明确路线：一是通过新投资支持海上安全，即与印度洋伙伴共同提升海上能力，促进更多信息交流，确保作为地区安全、稳定和繁荣生命线的海域自由和开放；二是支持私营行业更多参与其中，将此作为长期可持续和包容性发展的最佳且唯一的手段。①

2019 年 6 月，美国国防部发布首个《印太战略报告》。作为“印太战略”实施文件，该报告详细介绍了美国国防部在坚持维护自由开放的印度洋—太平洋地区的持久承诺，并在准备工作、伙伴关系和促进区域网络框架下阐明如何实现这一愿景。该报告还明确适用于印度洋—太平洋地区的美国国防战略，同时强调了盟国和合作伙伴在实现美国在自由开放印太地区共同愿景中的作用。② 实际上，作为特朗普政府此前国家安全报告和国防报告的延续，这份报告标志着美国“印太战略”的正式成型，同时也成为美国未来在印太地区前沿部署和战略行动的指导性文件。2019 年 11 月，美国在东亚系列峰会期间召集召开第二届印太工商论坛，并在论坛上发布关于印度洋—太平洋区域政府整体战略实施情况的进度报告，即《一个自由开放的印度洋—太平洋：推进共享愿景》。该报告详细介绍了两年来美国“印太战略”实施过程中所采取的外交、经济、治理和安全举措，体现出美国对印度洋—太平洋地区的持续承诺以及如何加强与相关国家关系的战略联系。③ 2020 年以来，虽然新冠肺炎疫情蔓延全球对美国按原定计划推进实施“印太战略”造成一定影响，但特朗普政府仍积极推动美日印澳四方合作机制建设，同时提出“太平洋威慑倡议”计划以及构建印太经济新秩序等新举措，进一步充实和完善了“印太战略”的内容。

---

① U. S. Department of State, *Remarks on Navigating Challenges and Prospects in the Indian Ocean Region*, Alice G. Wells, October 11, 2018, https://www.state.gov/p/sca/rls/rmks/2018/286595.htm.

② U. S. Department of Defense, *DOD Release Indo - Pacific Strategy Report*, May 31, 2019, https://dod.defense.gov/News/News - Releases/News - Release - View/Article/1863396/dod - releases - indo - pacific - strategy - report/.

③ U. S. Department of State, *A Free and Open Indo - Pacific: Advancing a Shared Vision*, November 4, 2019, https://www.state.gov/wp - content/uploads/2019/11/Free - and - Open - Indo - Pacific - 4Nov2019.pdf.

总体而言，“印太战略”是21世纪以来美国在对外战略不断调整过程中逐渐形成并得以发展的，为克林顿和小布什政府时期美印关系的发展提升为“印太战略”的形成奠定了前期基础，奥巴马政府的“亚太再平衡”战略实际上已经将印度洋纳入其战略轨道之中，而特朗普政府则顺势而为正式出台美国的“印太战略”，并对这一内涵进行更多的充实和发展。正如有的学者指出的那样，“特朗普政府的‘印太战略’正是自克林顿政府以来美国历任政府重视发展美印关系这一共识的延续，同时也是奥巴马政府‘亚太再平衡’战略的继承和发展”。① 特朗普政府将印度洋和太平洋作为一个地缘板块整合起来，这在美国大战略的发展历史进程中显然是史无前例的，不仅深刻影响印太地区地缘环境的变化，同时也对提升美印两国关系发展，特别是两国在这一区域的合作提供了更大空间。

第四节　印度对美国“印太战略”的回应

冷战时期，虽然美国对印度未曾有过进攻性的敌意和实质性的威胁，但印度一直担心美国在印度洋的军事存在将会对其构成严重威胁，极力反对美国在印度洋地区的军事存在。冷战结束后，美印关系的解冻为两国在印度洋地区从有限的竞争向战略伙伴的发展提供了有利契机。在美国印度洋—太平洋战略转向的过程中，印度也在不断调整自身的印度洋—太平洋地区政策，与美国的战略形成了有效对接。

一、印度的“印度洋战略”

作为一个濒临海洋的国家，印度对印度洋拥有较大的抱负和期许。印度的海洋战略也经历了一个从无到有、由近海到远洋的过程。总体来

① 仵胜奇、陶文钊：《特朗普政府“印太战略”前瞻》，《国际论坛》2018年第5期，第29—34页。

看，印度的印度洋战略本质上就是以完全控制印度洋为主要目标，使印度洋成为“印度之洋”。[①]

1947 年，印度摆脱英国殖民统治获得独立，独立后的印度取代英国，成为印度洋区域的主要力量。冷战爆发后，面对美苏两极争霸的紧张态势，印度采取了不结盟的对外政策，以此在印度洋地区获得一定的战略空间。作为印度洋地区的关键国家，此时印度的印度洋政策主要是试图构建以印度自身为中心的印度洋安全体系，旨在将美苏两个超级大国排除在印度洋之外。时任印度总理贾瓦哈拉尔·尼赫鲁曾指出，“无论哪个国家控制整个印度洋，印度的海上贸易都将失去独立而任其摆布”。[②] 可见，印度始终把印度洋视为关键要塞，在印度的战略实践中处于最为核心的地位。20 世纪 70 年代印巴战争爆发，美国趁机加强在印度洋的战略存在，印度则试图通过提出建立“印度洋和平区”的方式，实现主导控制印度洋的战略企图。由于此方案遭到包括美国和苏联等域外大国的强烈反对，印度这一针对域外大国在印度洋军事存在的提案因而遭到搁浅，印度海军的海上控制和投放能力受到很大限制。自 20 世纪 80 年代开始，印度洋地区有关国家局势发生显著变化，印度开始在印度洋地区谋求地区平衡者的地位，通过在解决地区有关国家间安全问题及印度洋领海争端方面发挥重要作用，旨在防止印度洋国家落入外部大国之手。[③] 此外，受战略利益驱动影响，印度与美国的关系开始有所变化，印度不再反对美国在印度洋地区的战略存在，美国不仅向印度提供防务技术支持，而且也事实承认印度在南亚及印度洋地区的主要角色。[④] 美印两国在印度洋地区的互动深刻反映了印度在印度洋地区新的政策导向，印度通过与美国在印度洋地区进行若即若离的鲜有合作，

---

① 胡志勇：《印度的“印度洋战略”对中国海上丝绸之路建设的影响》，《南亚研究季刊》2014 年第 4 期，第 2 页。

② Satyindra Singh, *Blueprint to Bluewater: The Indian Navy*, 1951 – 1965, New Delhi: Lancers International, 1992, p. 1.

③ Zorawar Daulet Singh, “Foreign Policy and Sea Power: India's Maritime Role Flux,” *Journal of Defence Studies*, Vol. 11, No. 4, 2017, pp. 25 – 26.

④ David Brewster, *India's Ocean: The Story of India's Bid for Regional Leadership*, London, UK: Routledge, 2014, pp. 168 – 169.

为国家本身带来了新的利益增长点。

冷战时期，美苏两个超级大国之间的全球博弈给印度这样的区域大国留下很小的战略空间，印度实现印度洋海上抱负的能力受到严重限制。20 世纪 90 年代，苏联解体以及冷战结束改变了印度的地区角色，为印度扩展印度洋的海上力量提供了新的机遇。为此，印度开始调整内外政策，其中最重要的行动之一就是重新审视此前印度洋战略的可行性。1991 年，印度开启适应经济全球化的自由经济改革，经济政策的变化导致海上贸易不断增多，使得印度更加依赖于印度洋的战略存在。印度国家海洋利益的地理范围也由领海岛屿开始向外围延伸，控制印度洋重要海上安全通道成为印度追求的主要目标。[①] 在此背景下，印度国内先后推出“古杰拉尔主义”的睦邻政策和“和平周边”的理念，通过降低周边国家对印度的感知威胁，重塑印度在印度洋地区的中心角色，以确保在印度洋地区的战略优势。[②] 与此同时，印度也改变不同以往的对外政策，与印度洋的域外大国开始频繁互动，试图发展新的防务合作关系，以确保在印度洋地区的核心利益。

2004 年 6 月，印度海军发布《印度海事学说》，该文件对印度海军和民众需要理解的普遍适用的海事概念进行了正式解释，同时明确了衡量印度海军的参量，并为今后海军的任务和角色提出战略规划。[③]《印度海事学说》是印度首个海军发展的指导性文件，这一文件将早期以海岸保护为中心的防御学说修订为主动竞争战略，旨在加强印度在印度洋地区的管控能力，使印度从“棕色”水域的海岸防卫力量向远涉重洋的“蓝水”舰队方向发展，无疑展示出印度海军的长远战略眼光。[④] 2007 年 5 月，印度海军公布《海洋自由：印度的海上军事战略》，这是

---

① Baljit Singh Mann, “Changing Dynamics of India’s Indian Ocean Policy,” *Maritime Affairs: Journal of the National Maritime Foundation of India*, Vol. 13, No. 2, 2018, pp. 12 – 13.

② Zorawar Daulet Singh, “Foreign Policy and Sea Power: India’s Maritime Role Flux,” *Journal of Defence Studies*, Vol. 11, No. 4, 2017, pp. 26 – 28.

③ Siraj Nizamani, “India’s Emerging Indian Ocean Strategy,” *Islamabad Policy Research Institute Journal*, Vol. XIV, No. 1, 2014, pp. 71 – 74.

④ Rahul Bedi, “A New Doctrine for India,” *Front Line*, Vol. 21, No. 14, 2004, https://www.frontline.in/static/html/fl2114/stories/20040716002104600.htm.

冷战后印度颁布的首个海上军事战略文件。该文件指出，“在任何情况下自由使用海洋都是印度国家所实现的主要目标，而海军在这个过程中发挥核心作用，因此印度海军可以作为促进印度洋地区和平、安全与稳定的中坚力量”。[①] 实际上，这一战略不仅突出海洋环境日益增长的重要性，同时也强调海洋安全对印度国家发展的中心作用，为印度海上力量的长足发展奠定了理论基础。

2009 年 2 月，印度对《印度海事学说》进行重新修订，修订后的学说对区域和全球地缘战略环境迅速变化，以及其所导致的海洋安全环境的复杂性做出反应，赋予印度海军提供沿海安全保障的角色和任务，并将国家海岸警察部队和海岸警卫队置于麾下，强调海上安全战略的协调一致。[②] 随着对海洋事务的日益重视，修订后的《印度海事学说》将有助于印度提高对海洋环境和利益的认识，进一步制订相应规划。2015 年 10 月，印度海军公布最新的海洋战略文件《确保海上安全：印度的海上安全战略》，此文件可以看作是 2007 年印度海上安全战略的修订版。[③] 修订后的战略文件对过去十年印度海上安全战略在印度海军动态环境中所发挥的积极作用表示肯定，同时也说明了修订此前文件的两个主要缘由，即印度海上威胁来源、类型和强度的增加以及未来海军任务范围的扩大。新战略通过整合印度海军的各种角色和手段，突出印度海军为海上力量核心的地位，改善印度海军在亚太地区的战略推广，同时确保在印度洋—太平洋地区的海上侧翼，利用印度与多个机构和国家的友好关系，加强海上合作与协调的潜力，为在海上领域与其他利益攸关

---

① Indian Navy, *Integrated Headquarters*, *Freedom to Use the Seas*: *India's Maritime Military Strategy*, New Delhi: Integrated Headquarters, Ministry of Defence, 2007, pp. 1 – 147.

② India Navy, *Indian Maritime Doctrine*, National Strategic Publication 1. 1, August 2009, https: //www. in – diannavy. nic. in/sites/default/files/Indian – Maritime – Doctrine – 2009 – Updated – 12Feb16. pdf.

③ India Navy, *Ensuring Secure Seas*: *India Maritime Security Strategy*, National Strategic Publication, October, 2015, https: //www. indiannavy. nic. in/sites/default/files/Indian_Maritime_Security_Strategy_Document_25Jan16. pdf.

方协同行动提供更广泛的框架。[①]

2009 年修订的《印度海事学说》和 2015 年修订的《确保海上安全：印度的海上安全战略》阐明了印度海军的海上战略前景，为印度扩展海上利益和开展行动做出总体规划。与此同时，两份文件也适时反映出印度崛起所带来的国家安全和国家利益变化。典型海洋特征和重要的地缘战略位置突出了印度对海洋环境的依赖，随着国家崛起及全球地缘政治经济变化，印度正在突破印度洋区域限制，向印度洋外的西太平洋延伸，扩大其在印度洋和亚太地区的影响力。由此看来，印度寄望于实现其作为印度洋—太平洋地区主要力量的梦想，印度洋或将与太平洋一道成为印度确保 21 世纪全球强国地位的最重要基石。

纵观印度的“印度洋战略”发展，可以清晰地看到印度循序渐进地由印度洋近海到远海，从远海延伸到印度洋外远洋的过程。这个过程也是印度获得印度洋战略优势，谋求实现海洋大国的地位，从而达到亚洲区域大国乃至世界强国目标的渐进步骤。正因如此，印度的“印度洋战略”演变具有明显的排他性、扩张性和强目的性的特征。[②] 尤其近些年来，随着印度经济的日益崛起，其在全球经济发展中的优势日渐明显，印度的战略价值和国际关注度也在不断提升。在此趋势下，印度开始从谋求经济利益逐渐向追求战略安全利益过渡，海洋战略发展规划也与之发生新的变化。

二、印度的“东向”战略

作为脱胎于大英帝国殖民统治的国家，印度一直保持着“向西看”的传统。随着冷战的终结，印度与苏联的准盟友关系发生明显变化，印

---

① Balaji Chandramohan, *India's Evolving Maritime Security Strategy and Force Posture*, Independent Strategic Analysis of Australia's Global Interest, Future Direction International, March 3, 2016, http://www.futuredirections.org.au/wp-content/uploads/2016/03/India%E2%80%99s-Evolving-Maritime-Security-Strategy-an-d-Force-Posture.pdf.

② 胡娟：《印度的印度洋战略及其对中国的影响》，《东南亚南亚研究》2012 年第 2 期，第 7—8 页。

度渐渐失去苏联这个主要贸易伙伴、武器供应商和石油补贴来源国。与此同时，印度从美苏之间的对抗中解放出来，着手与经济正在走向繁荣的东南亚国家发展经济联系。1991 年时任印度总理拉奥提出“向东看”政策，开始把东南亚地区视为印度拓展国际生存发展空间以及积极参与全球经济一体化的一个重点方向。“向东看”政策出台后，印度便开始着手发展与东盟国家的双边关系，逐渐融入地区合作机制之中。1992 年，印度成为东盟的部门对话伙伴国，1995 年成为东盟全面对话伙伴国，并于 1996 年加入东盟地区论坛。2000 年 7 月，印度与湄公河流域五国共同成立“湄公河—恒河合作组织”，开始建立以印度为核心的多边区域合作机制。这一时期，印度的“东向”政策在与东盟关系的发展上取得了显著成果。

拉奥提出的“向东看”政策在之后的瓦杰帕伊政府和辛格政府得以延续并有所突破。2002 年，瓦杰帕伊在新加坡东南亚研究所进行讲座时首次提出印度“向东看”政策应超出东南亚范围，进而面向亚太地区的倡议。瓦杰帕伊提到，“印度经济正迅速融入全球体系，印度与亚太主要经济体的联系日益紧密将加强本地区的发展、和平、安全与稳定；印度属于亚太共同体是一个地理事实和政治现实，它不需要任何区域组织的正式成员资格来承认或维持”。① 2003 年 9 月，印度外长亚什万特·辛哈在第二届印度—东盟商业峰会发表讲话，称印度“向东看”政策已进入到新阶段。② 此后，印度“向东看”政策的范围和领域有了新的界定：一是地理空间从印度洋扩大到太平洋地区；二是合作范围也

① Association of Southeast Asian Nations, *India's Perspective on ASEAN and the Asia Pacific Region Addressed by H. E. Shri Atal Bihari Vajpayee*, Prime Minister of India Annual Singapore Lecture, April 9, 2002, https://asean.org/? static_post = india - s - perspective - on - asean - and - the - asia - pacific - region - addressed - by - he - shriatal - bihari - vajpayee - prime - minister - of - india - annual - singapore - lecture - 9 - april - 2002.

② Ministry of External of Affairs, Government of India, *Remarks by Shri Yashwant Sinha External Affairs Minister of India at The Plenary Session Second India - ASEAN Business Summit*, September 4, 2003, https://mea.gov.in/Speeches - Statements.htm? dtl/4843/Remarks + by + Shri + Yashwant + Sinha + External + Affairs + Minister + of + India + at + The + Plenary + Session + Second + India + + ASEAN + Business + Summit.

从经济领域逐步扩展到政治和安全领域。[①] 由此而来，印度开始从与东南亚国家的经济合作扩展到与东亚的主要大国日本、韩国及南太平洋澳大利亚等中等强国的全方位接触。2002 年，印度与东盟建立“10 + 1”年度峰会机制，次年与东盟国家签署《印度与东盟全面经济合作框架协议》和《东南亚友好合作条约》，这标志着印度与东盟迈入经济、政治、安全等领域全方位合作的新阶段。2005 年，印度成为东亚峰会的创始成员国，并与日本建立战略伙伴关系；2009 年，印度与澳大利亚建立战略合作伙伴关系；2010 年同韩国正式建立战略伙伴关系，“东向”政策的实施取得实质性成果。2011 年，在上海合作组织阿斯塔纳峰会召开之前，印度正式提出加入上海合作组织。次年，印度与东盟升级为“战略伙伴关系”，印度“东向”合作的范围不仅由东盟扩展到亚太，而且合作领域也由经济领域为主发展到同亚太国家在各领域的全方位合作。

值得注意的是，2012 年 2 月，印度 8 位重要的公共知识分子和外交学者发布题为《不结盟 2.0：印度 21 世纪外交和战略政策》的报告，这一报告虽然不是政府文件，但有着强大的官方背景。报告确定了未来十年印度外交和战略政策的基本原则，其中对“向东看”政策表示积极肯定，指出印度需要大力发展海军建设，确保有能力实施对印度洋的控制。与此同时，印度仍要加大“向东看”的力度，与美国、日本、澳大利亚及越南等亚太国家发展更加紧密的关系，通过达成安全合作协议和开展定期联合海上演习，确保印度在西太平洋地区的战略利益，以实现印度成为亚洲大国的优先目标。[②] “不结盟 2.0”对印度的“向东看”政策给予充分肯定，为印度“东进”战略的进一步拓展提供政策建议，成为印度适应国内外新形势变化的战略行动指南。

2014 年 5 月，印度人民党总理候选人莫迪当选印度第 14 任总理。

① C. Raja Mohan, *Look East Policy*: *Phase Two*, The Hindu, October 9, 2003, https: //www. the hindu. com/2003/10/09/stories/2003100901571000. htm.

② Sunil Khilnani, Rajiv Kumar and Pratap Bhanu Mehta, et al. , *Nonalignment* 2. 0: *A Foreign and Strategic Policy for Indiain the Twenty – First Century*, Published 2012, Printed in India, https: //www. kcl. ac. uk/sspp/departments/kii/documents/NonAlignment20. pdf.

莫迪的竞选宣言就曾提出要建设一个“强大、自立、自信的印度”，誓言印度要在国际社会中获得应有的大国地位。就任总理后，莫迪开始逐步调整印度的内外政策，在对外战略中，将往届政府“向东看”的政策落实为“向东走”的行动，进一步推动印度大国战略目标的升级。① 莫迪的“东向行动”政策以东盟地区为中心，继续深化与东盟国家经济、政治、安全等全方位的合作。在此期间，莫迪相继访问日本、韩国、澳大利亚、中国以及斐济、蒙古国等国，在地域上突出与亚太国家关系发展的全覆盖。莫迪政府还积极参加地区秩序的构建，与美日澳等国建立小多边合作机制，加强地区防务安全合作，以南海问题为缘由进一步加强在西太平洋的军事部署，提升印度在亚太地区的安全存在。此外，印度还通过谋求加入亚太经济合作组织，将自身设定为亚太地区重要的一员，以此在亚太地区发挥更加积极的作用，塑造印度的亚洲大国地位。② 莫迪的“东向行动”政策与此前政府的“向东看”政策相比，战略目标更为明确，战略内涵更为丰富，“东向行动”也由原来的政策真正上升到国家的战略层面，表现出印度更强的战略导向。

印度实施“东向”战略最初的目标仅限于与经济较发达的东南亚国家发展经贸联系，进而推动印度国内的经济自由化改革。但随着印度经济的不断崛起，“东向”战略开始超出与东盟的地缘范围，向西太平洋扩展，同时也开始超越经济范畴，向政治、安全等领域延伸。③ “东向”战略不仅是一项经济政策，而是“印度对世界的看法以及印度在不断变化的全球经济地位中的战略转变”。④ 随着国际环境和印度自身实力的不断变化，印度的国家战略调整和地缘身份的认知也不断处于变化之中，不同阶段的“东向”战略正是这个大环境演变的结果，体现

① Ankit Panda, *Modi "Act East" at East Asia Summit*, The Diplomat, November 14, 2014, https://thediplomat.com/2014/11/modi-acts-east-at-east-asia-summit/.

② 李莉：《印度东进战略与印太外交》，《现代国际关系》2018 年第 1 期，第 39—41 页。

③ David Scott, "Strategic Imperatives of India As an Emerging Player in Pacific Asia," *International Studies*, Vol. 44, No. 2, 2007, pp. 123-140.

④ C. S. Kuppuswamy, *India's Look East Policy: More Aggressive, Better Dividends*, South Asia Analysis Group, Paper No. 1663, January 3, 2006, http://www.saag.org/papers17/paper1663.html.

了不同时期印度战略目标的不同。如果说早期“向东看”政策是印度走出经济困境、迈入多边舞台的战略选择，那么如今的“东向行动”政策则是印度经济崛起，迈向国际社会中心的重要举措。印度向亚洲—太平洋地区的不断拓展是印度经济崛起和国际影响力提升的结果，由此而来，印度洋与太平洋一道将成为印度走向世界财富与权力中心，以及确立21世纪世界强国地位的主战场。

印度以“向东看”和“向东行动”政策为导向的“东向”战略，不仅受到印度自身战略需求的推动，而且还受到印度洋—太平洋地区域内国家尤其是美国的支持。有学者认为，印度具有的优势战略形象有助于其实施“东向”战略，特别是印度可以作为这个重要地区的安全提供者。[①] 2010年11月，奥巴马访问印度期间在印度议会联席会议上发表演讲，强调美国和印度之间的关系将成为21世纪的决定性伙伴关系之一。随着印度在世界上占据应有的重要地位，美国和印度可以在亚洲进行合作。奥巴马鼓励印度不仅要“向东看”，而且希望印度“与东方接触”，因为这将增加地区所有国家的安全和繁荣。[②] 奥巴马的讲话是美国政界首次公开表达支持印度“向东看”政策向亚太地区进一步扩展，为印度进一步调整拓展国家对外战略方向提供了良好的外部条件。

2011年7月，希拉里对印度进行为期5天的访问，并参加在新德里举行的第二次美印战略对话。访印期间，希拉里在位于印度金奈的安娜百年国家图书馆发表《论美印关系：21世纪愿景》的演讲。希拉里在讲话中提到，由于所处的地缘位置，美国一直是太平洋大国，而印度横跨印度洋和太平洋，与美国一道是这些水域的管理者。美印两国所要考虑的首要问题就是共同塑造这一地区的未来，印度的“东向”战略恰恰帮助美国解决这一问题。希拉里明确表示，“美国将支持印度的‘东向’战略，美国鼓励印度不仅要向东看，还要参与东方、向东方行动，

① Subhash Kapila, *India's "Look East" and "Act East" Policies Reviewed* 2016, South Asia Analysis Group, Paper No. 6067, January 18, 2016, http://www.southasiaanalysis.org/node/1924.

② The White House, *Remarks by the President to the Joint Session of the Indian Parliament in New Delhi, India*, November 8, 2010, https://obamawhitehouse.archives.gov/the-press-office/2010/11/08/remarks-presi-dent-joint-session-indian-parliament-new-delhi-india.

印度和美国一样，在大西洋和太平洋地区看起来既像东方又像西方，它在南亚和中亚的领导地位至关重要，印度的领导力将有助于积极塑造亚太地区的未来”。[①] 总体来讲，美国对印度“东向”战略的支持使印度能够放下地域空间的包袱，超越印度洋地理范围的限制，从而获得向西太平洋纵深推进的难得机遇。

2013 年 7 月，美国副总统拜登在位于华盛顿特区的乔治·华盛顿大学发表关于美国亚太政策的讲话。在讲话中，拜登不仅强调美国推行在亚太地区更高的参与政策，即“亚太再平衡”战略，而且进一步表达了美国政府对印度的“向东行动”政策的期许和支持。拜登指出，美国与印度的关系是未来世纪明确的伙伴关系，其中主要的原因就是印度正越来越多地把目光投向东方，美国将印度视为东南亚乃至全球安全的一支力量。印度的“向东看”政策对美国来说是个好消息，美国将继续鼓励印度的“东向”战略，欢迎印度在亚太地区的积极参与以及在该地区发展新的陆路和海路贸易及运输联系的努力。[②] 美国政府对印度“东向”战略的公开支持为此后莫迪政府出台“东向行动”战略提供了重要保障。而在莫迪政府升级版的“东向行动”政策实施后，美国则进一步加强了与印度在印度洋，特别是太平洋地区的战略合作。

2015 年伊始，奥巴马在印度第 66 届共和国日期间访问印度，美印签署《美印亚太和印度洋地区联合战略愿景》。两国同意就推动区域经济一体化，保护海上安全和解决领土、海洋争端，反对恐怖主义、海盗行为和大规模杀伤性武器的扩散，以及加强区域对话等问题开展密切合作。[③]《美印亚太和印度洋地区联合战略愿景》是加强美印关系的一份重要文件，为两国在亚太地区和印度洋地区制定了合作议程。印度新德

---

① Hillary Clinton, *Remarks on India and the United States: A Vision for the 21st Century*, July 20, 2011, https://2009 - 2017. state. gov/secretary/20092013clinton/rm/2011/07/168840. htm.

② The White House, *Remarks by Vice President Joe Biden on Asia - Pacific Policy*, George Washington University, Washington, D. C., July 19, 2013, https://obamawhitehouse. archives. gov/the - press - office/2013/07/19/remarks - vice - president - joe - biden - asia - pacific - policy.

③ The White House, *U. S. - India Joint Strategic Vision for the Asia - Pacific and Indian Ocean Region*, January 25, 2015, https://obamawhitehouse. archives. gov/the - press - office/2015/01/25/us - india - joint - strategic - vision - as - ia - pacific - and - indian - ocean - region.

里观察研究基金会研究员达尔莎娜·巴鲁阿认为，“战略愿景的采用反映出印度在印度洋—太平洋地区发挥更大领导作用的热情，印度已经准备好在印太地区新兴的安全架构中发挥更积极的作用，美国支持印度在该地区发挥积极的作用为印度向东南亚地区的扩展铺平了道路”。[①] 2016 年 6 月，莫迪回访美国时，美印两国共同发表的联合声明指出，“美国承认印度为‘主要防务伙伴’，美国将促进与印度的技术分享，达到等同于最亲密盟友和伙伴的程度，积极从战略合作上推动印度‘东向’战略的有效实施”。[②]

特朗普当选美国总统后，美印关系继续得到稳步发展。特朗普政府对印度在印度洋和太平洋地区的战略价值更加重视，并继续强化印度在这一地区的战略存在。2017 年 1 月，特朗普当选总统后与莫迪的首次电话交谈中强调，“印度是美国应对全球挑战的真正朋友和伙伴，美国将进一步寻求在经济和国防等领域加强与印度之间的伙伴关系，并将与印度在南亚和中亚地区的安全问题上进行密切合作，确保在全球反恐斗争中并肩作战”。[③] 同年 6 月，莫迪应邀对美国进行特朗普就任总统后的首次访问。在联合新闻发布会上，特朗普称美国是印度的“真正朋友”，加强美国和印度之间的战略合作伙伴关系非常重要。莫迪表示，印度期待美印战略伙伴关系提升到新的高度，印度洋—太平洋地区的战略合作是美印的重要目标。为此，印度将继续加强与美国在印度洋—太平洋地区合作。[④] 随后在美印两国的联合声明中，两位领导人表示将扩

---

① Darshana M. Baruah, *India - US Joint Strategic Vision: A New Regional Role for Delhi?* February 2, 2015, RSIS, https://www.rsis.edu.sg/rsis-publication/rsis/co15020-india-us-joint-strategic-vision-a-new-regional-role-for-delhi/#.W7TsyWhKgdU.

② Vladimir Terehov, *Narendra Modi's American Visit and Its Result*, New Eastern Look, June 18, 2016, https://journal-neo.org/2016/06/18/n-modi-s-american-visit-and-its-results/.

③ The White House, *Readout of the President's Call with Prime Minister Narendra Modi of India*, January 24, 2017, https://www.whitehouse.gov/briefings-statements/readout-presidents-call-prime-minister-narendra-modi-india/.

④ The White House, *Remarks by President Trump and Prime Minister Modi of India in Joint Press Statement*, June 26, 2017, https://www.whitehouse.gov/briefings-statements/remarks-president-trump-prime-minist-er-modi-india-joint-press-statement/.

大和深化两国间的战略伙伴关系，推进共同发展目标。此外，美印两国领导人还强调，“美国和印度之间的密切伙伴关系对印度洋—太平洋地区的和平与稳定至关重要，美印将采取措施加强两国在印度洋—太平洋地区的伙伴关系”。①2020 年 2 月，特朗普首次对印度进行为期两天的国事访问，美印两国在《美印全面的全球战略伙伴关系愿景和原则》中强调，“美国和印度之间的密切伙伴关系对建立一个自由、开放、包容、和平与繁荣的印度洋—太平洋地区至关重要，美国赞赏印度作为印度洋地区安全、发展和人道主义援助的净提供者的作用，美印将共同致力于推动印太地区有效的发展解决方案”。② 国际舆论认为，特朗普和奥巴马政府在涉及印度一系列问题上的连续性，表明美印双边关系的日渐成熟，美印两国关系更广泛的发展指日可待。

可以说，印度“东向”战略与美国“亚太再平衡”战略及“印太战略”的利益目标在一定程度上不谋而合。美国鼓励印度落实“东向”战略，强化印度在亚太地区的战略存在，借印度之力实现美国在亚太地区的主导地位，对冲中国强大影响力的战略目标；而印度借助美国的战略支持，以美国的助力为桥梁，积极参与亚太地区的事务，进一步推进印度的大国战略梦想。与此同时，随着“印太”概念不断受到两国的追捧和推广，印度与美国开始在印度洋和太平洋地区实现双向的战略互动，印度的地缘空间和国际影响力已经得到有效的扩展，并将随着两国关系的继续升温而进一步深化。

三、印度的“印太战略”构想

“印太”概念的兴起和发展与印度有着密切联系，印度学界、战略

---

① The White House, *United States and India: Prosperity through Partnership*, Washington, D. C., June 26, 2017, https://www.whitehouse.gov/briefings－statements/united－states－india－prosperity－partnership/.

② The White House, Joint Statement: Vision and Principles for the United States－India Comprehensive Global Strategic Partnership, February 25, 2020, https://www.whitehouse.gov/briefings－statements/joint－statement－vision－principles－united－states－india－comprehensive－global－strategic－partnership/.

界和官方对于“印太”概念的阐释、认可、追捧，乃至战略构想也经历了一个渐进变化的过程。印度最早使用“印太”概念是印度海军军官格普利特·库拉纳。2007 年，库拉纳在印度国防研究与分析研究所《战略分析》期刊上发表《海上通道安全：印度与日本合作的前景》一文，从学术层面对“印太”概念进行了阐释和探讨。库拉纳在文中指出，印度洋—太平洋地区的主要海上通信线路是从阿拉伯半岛通过印度洋延伸到东北亚，这条主线路包括亚丁湾、波斯湾、斯里兰卡地区、东南亚海峡和西太平洋广大区域，在这些区域的延伸始终存在安全问题。印度洋—太平洋地区是可能存在冲突的区域，随之而来的对海上贸易和商业的潜在威胁也是如此。印度和日本的海上力量应发挥关键和有效的作用，密切两国在这一地区合作，促进各自重大利益的实现。[①] 库拉纳的这一论述被外界普遍认为是世界范围内学术文章中首次将“印太”概念作为地缘范畴进行系统探讨。在此之后，印度学术界对“印太”概念的论述逐渐增多，如印度战略学者拉贾·莫汉在《印度和澳大利亚：印度洋—太平洋的海事合作伙伴》一文中对印太地区的地缘价值及印度与澳大利亚的海事合作进行了论述。[②]

随着“印太”概念在区域范围内的兴起，这一概念也逐渐从学界外溢到战略界和政界，被印度一些战略家和官员所使用。在 2009 年香格里拉对话期间，印度前海军上将、前海军司令阿伦·普拉卡什指出“亚太”一词中的概念性矛盾。普拉卡什表示，作为印度人，每当听到亚太地区这个词时，都会感到被排斥，因为它似乎包括东北亚、东南亚和太平洋岛屿，终止于马六甲海峡，但马六甲海峡以西还有一片重要区域。相比之下，印度洋—太平洋地区的构建有助于克服这种概念上的排斥。尽管印度洋代表的不是印度，但将印度纳入亚洲海洋事务，将是一个重要的区别，因为印度洋地区是石油和天然气的关键海上通道，为西

---

① Gurpreet S. Khurana, “Security of Sea lines: Prospects of India – Japan Cooperation,” *Strategic Analysis*, Vol. 31, No. 1, 2007, pp. 139 – 153.

② C. Raja Mohan, *India and Australia: Maritime Partners in the Indo – Pacific*, Asia Link, November 1, 2011, https://asialink.unimelb.edu.au/asialink – dialogues – and – applied – research/commentary – and – analysis/india – and – australia – maritime – partners – in – the – indo – pacific.

太平洋沿岸国家的经济繁荣提供了动力。① 此后，印度前外交官员亚姆·萨兰在《印度快报》上发表题为《测绘印度洋—太平洋地图》的文章，强调印度洋海上交通密度不断增加，并沿着西太平洋沿岸辐射，创造出连接印度洋和太平洋的无缝海洋空间。从地缘政治的角度来看，印度洋—太平洋地区代表西太平洋在印度安全利益范围内的所要关注的领域。随着印度洋地区和全球形势变化，印度将不可避免地倾向于走入这个扩大的地缘政治和地缘经济空间中心。②

2012 年 2 月，印度外交秘书兰詹·马塔伊在美国战略与国际研究中心做题为《构筑融合：深化印美战略伙伴关系》的演讲，被外界普遍认为是印度政界首次使用“印太”概念，表明印度官方对于“印太”这一概念的战略认同。马塔伊指出，过去的二三十年间，美印关系无论是交往深度还是交往层次都有了很大提升，两国需要继续巩固和发展战略合作伙伴关系。印美伙伴关系对于建立一个稳定、繁荣和安全的亚太地区非常重要，或者正如一些人已经开始称之为印度洋—太平洋地区。这是一个前所未有的过渡和悬而未决的问题，但大多数人都清楚的是，21 世纪的许多重大机遇和挑战都在于这个地区。③ 同年 12 月，印度总理辛格在印度—东盟对话伙伴关系 20 周年纪念峰会全体会议上的致辞中强调，“印度与东盟的伙伴关系不仅是重申与邻国的关系，或作为经济发展的工具，而是我们关于建立一个稳定、安全和繁荣的亚洲及其周围印度洋和太平洋区域理想的一个组成部分，一个稳定、安全和繁荣的

---

① Gurpreet S. Khurana, *Trump's New Cold War Alliance in Asia is Dangerous*, The Washington Post, November 14, 2017, https://www.washingtonpost.com/news/theworldpost/wp/2017/11/14/trump-asia-trip/?utm_te-rm=.141e4449ed98.

② Shyam Saran, *Mapping the Indo-Pacific*, Indian Express, October 29, 2011, https://indianexpress.com/article/opinion/columns/mapping-the-indopacific/.

③ Embassy of India, Washington, D.C., USA, *Speech by Foreign Secretary of India, Mr. Ranjan Mathai at the Center for Strategic and International Studies, February* 6, 2012 *on Building on Convergences: Deepening India-U.S. Strategic Partnership*, https://www.indianembassy.org/archives_details.php?nid=1713.

印度洋—太平洋地区对于印度和东盟自身的进步和繁荣至关重要”。[①] 随后，印度驻美大使尼鲁帕马·拉奥在布朗—印度倡议研讨会上发表题为《美国亚洲枢纽：印度观点》的讲话中也提及“印太”概念。拉奥表示，“印度欢迎美国参与印度洋—太平洋地区，美印两国经济增长和繁荣的持续发展在很多方面都与该地区的增长和繁荣机会有关，印度和亚太地区是一个影响美印命运的空间，这一地区的安全和繁荣对美印双方都至关重要，希望印度洋和亚太地区发展成为一个合作区而不是竞争和统治区”。[②]

莫迪上台后把印度的“向东看”政策正式调整为“东向行动”政策，同时将印度的战略空间由西印度洋和东盟地区向西太平洋和东印度洋转移，为印度加强在印度洋—太平洋地区的战略存在奠定了政策基础。2015 年 1 月，奥巴马访问印度期间与印度签署《美印对于亚太和印度洋地区联合战略愿景》，表明印度官方正式确认将印度洋和太平洋视为地缘统一整体，并加强与美国在印度洋—太平洋地区展开广泛战略协作。此外，印度海军参谋长库马尔·多万也在修订的《印度的海上安全战略》中指出，“全球和区域地缘战略正经历着前所未有的变化，世界的目光从欧洲—大西洋到印度洋—太平洋的集中转变，以及全球对亚洲经济和军事实力的重新定位引发了印度洋地区政治、经济和社会的重大变化，同时也以有形的方式影响着印度的海洋环境”。[③] 此报告首次将太平洋地区划入印度海上安全的重要范畴，为印度海军在印度洋—太平洋地区发挥积极作用提供了法理依据。

---

① Ministry of External Affairs, Government of India, *Opening Statement by Prime Minister at Plenary Session of India - ASEAN Commemorative Summit*, December 20, 2012, https://www.mea.gov.in/Speeches-Stat-ements.htm?dtl/20981/.

② Watson Institute International &Public Affairs and Center for Contemporary South Asia, Brown University, *The Honorable Nirupama Rao: America's "Asian Pivot": The View from India*, February 5, 2013, https://watson.brown.edu/southasia/news/2013/honorable-nirupama-rao-america-s-asian-pivot-view-india-full-text-available.

③ India Navy, *Ensuring Secure Seas: India Maritime Security Strategy*, National Strategic Publication, October, 2015, https://www.indiannavy.nic.in/sites/default/files/Indian_Maritime_Security_Strategy_Document_25-Jan16.pdf.

2017 年 6 月，印度总理莫迪访问美国，与美国新任总统特朗普进行首次会见，莫迪此次访美的主要议程之一就是加强印度与美国在印度洋—太平洋地区的战略合作。出访期间，莫迪多次提及印度洋—太平洋概念，特别是印度将密切与美国在印太地区的合作，进一步加强美印两国印太伙伴关系的表述，显露出印度针对该地区积极发挥引领作用的战略意图。10 月 25 日，美国国务卿蒂勒森访印期间与印度外交部长苏斯马·斯瓦拉吉共同发表联合声明，为美印两国在印太地区的合作进一步拓展空间。斯瓦拉吉表示，“美印共同讨论了印度洋—太平洋地区的安全挑战和连通性问题，两国根据国际法重申航行自由、飞越自由和无阻碍商业的重要性，以实现一个自由、开放和繁荣的印度洋—太平洋地区”。蒂勒森强调，“美国支持印度成为地区的主导力量，并将继续为印度在印度洋—太平洋地区的安全能力提供支持，美国期待与印度在更广泛的印度洋—太平洋地区进一步开展合作”。①

印度的“印太战略”源于其早期的愿望，即与“东方”国家建立联系，支持其对经济繁荣的追求，但随着中国崛起带来的挑战越来越大，这种对“东方”或印度洋—太平洋地区的关注扩大和改变了印度战略重点方向，因此印度的“印太战略”更多地集中在安全上。② 2018 年 6 月，在第十七届香格里拉安全对话会上，莫迪对印度的“印太战略”构想进行了较为完整的政策阐述。③ 莫迪首先强调面对全球不确定性、新的主张和竞争，“回归大国竞争的时代”将是毁灭性和不必要的，合作和互联互通应该作为印度洋—太平洋地区的第一原则。其次，莫迪强调印度在印度洋—太平洋地区的重要作用。他表示，印度寻求一

---

① U. S. Department of State, *Press Availability With Indian External Affairs Minister Sushma Swaraj*, Rex W. Tillerson, Secretary of State, Ministry of External Affairs, Jawaharlal Nehru Bhawan, New Delhi, India, October 25, 2017, https：//www. state. gov/secretary/20172018tillerson/remarks/2017/10/275091. htm.

② Rajesh Rajagopalan, “Evasive Balancing：India’s Unviable Indo – Pacific Strategy,” *Internatioanl Affairs*, Vol. 96, No. 1, 2020, p. 93.

③ Ministry of External Affairs, Government of India, *Prime Minister’s Keynote Address at Shangri La Dialogue*, June 1, 2018, https：//www. mea. gov. in/Speeches – Statements. htm? dtl/29943/Prime + Ministers + Keynote + Address + at + Shangri + La + Dialogue + June + 01 + 2018.

种民主的“以规则为基础的国际秩序”，无论相对权力如何，“均等地适用于所有个人和全球公域”，印度的“东向”战略与东盟的对接正是这个理念的主要体现。此外，莫迪认为印度洋—太平洋地区并不是一个战略或一个拥有有限成员的俱乐部，这个词不针对任何一个国家，同时强调中印携手合作的重要性。① 印度的“自由、开放、包容”的印度洋—太平洋政策在很多方面与特朗普政府的“自由、开放的印度太平洋”政策有很大不同，充分表明了印度的印太战略构想区别于他国的“战略自治”。②

当前，印度正在积极推进“印太战略”构想的政策实践。虽然莫迪政府已经开始着手从经济、安全、地区合作等方面最大限度地为“印太战略”实施搭建平台，但对印度来说，受印度自身战略能力和地区大国博弈等一系列不利因素影响，其综合效果与预期仍相差甚远。③ 印度“印太战略”的主要目标是希望通过实施“印太战略”以达到自身的最大红利。2020 年以来，莫迪政府利用中美战略竞争加剧的有利时机，积极调整印度的外交战略，通过加强和扩展“四方机制”等印太安全合作，加速融入美国“印太战略”。尽管如此，印度较高的利益诉求和追求目标或许将使其战略效果面临长久的考验；但与此同时，印度仍通过有限的介入和若即若离的方式，保持一定的战略回旋空间。这种所谓的自身战略自主，也将为实现印度国家崛起和全球大国地位奠定坚实基础。

---

① Roncevert Ganan Almond, *The Struggle for the Indo – Pacific: In Search of Shangri – La*, The Diplomat, July 9, 2018, https://thediplomat.com/2018/07/the – struggle – for – the – indo – pacific – in – search – of – shangri – la/.

② Rahul R. Chaudhury, *Modi Spells Out Free, Open, Inclusive Indo – Pacific Policy*, The International Institute for Strategic Studies, August 7, 2018, https://www.iiss.org/blogs/analysis/2018/08/modi – free – open – inclusive.

③ 杨瑞、王世达：《印度与“印太战略构想”：定位、介入与局限》，《现代国际关系》2018 年第 1 期，第 46—52 页；王丽娜：《印度莫迪政府“印太”战略评估》，《当代亚太》2018 年第 3 期，第 97—114 页。

本章小结

本章重点讨论美国“印太战略”的演进及印度对美国“印太战略”的回应，为美国与印度在印太地区的海上合作提供战略分析框架。克林顿时期美印关系的全面解冻，印度洋在美国的战略地位随之明显提升，印度及印度洋地区开始被正式纳入美国全球战略之中。小布什上台后加速美国与印度关系的进程，积极将印度洋纳入美国的海上战略，美国的海军部署重点由传统的大西洋和太平洋地区转移到太平洋和印度洋地区。奥巴马政府出台了“亚太再平衡”战略，在确保美国在亚太地区维持主导权的同时，更是将印度洋地区纳入了美国整体战略规划之中。特朗普政府的“印太战略”被看作是对“亚太再平衡”战略的扩展和修正，其目的是加强美国在印度洋地区和太平洋地区的整体动态平衡，维持美国在该地区的战略主导地位。总的来说，美国战略谋划中的印度洋—太平洋地区，就是通过强化与印度的战略伙伴关系，将印度纳入美国的战略框架，遏制中国在印太地区日益增长的影响力，维护美国在印太地区的霸权优势地位。长期以来，印度是一个具有伟大抱负的民族国家，同时也自认为是印度洋地区的主要力量。在美国政府正式出台“印太战略”之前，印度官方、战略界和学界就已经倡导和鼓吹“印太”概念，期望印度通过“印太”概念融入亚太政治、经济、安全事务中，彰显印度的大国地位和战略重要性。莫迪政府将印度“向东看”政策转变为“东向行动”政策就是开始勾画印度的“印太战略”构想的第一步，印度版的印度洋—太平洋战略也可理解为是其在东南亚的“东向”战略的进一步延伸。印度与美国的“印太战略”形成有效的衔接，寄望借美国的“印太战略”推动与相关国家的战略互动，在地缘范围内实现自身利益的最大化，对冲平衡中国在印度洋地区的力量存在，全面提高印度在国际事务中的影响力。

第三章　美国与印度海上合作的主要领域

随着“印太”概念的流行及美国“印太战略”出台实施，美国与印度战略伙伴关系进一步加强，两国在印太框架内的战略合作呈现出更加紧密态势。美国和印度一直以来都以海洋国家自称，海上安全不仅关系到印度洋—太平洋地区稳定发展，同时也成为美国与印度在“印太战略”框架内合作的重点突破领域。在此背景下，美国与印度海上合作进一步巩固和深化，并以全方位的多种形式逐次展开。

第一节　美印海上防务合作

从小布什政府时期允许美印两国启动民用核能合作开始，美印防务合作特别是美印海上防务合作的方向和目标逐渐确立起来，成为两国关系发展中必不可少的一部分。随着印度洋在全球地缘政治中地位的迅速提升，美印两国在海洋领域的战略利益日渐趋同，特别是美国向印度洋—太平洋地区的战略转移，使得美印在这一地区合作的意图和愿望也在不断强化。① 目前，美印两国不仅签署一系列涉及海上安全的防务合作协议，不断建立和完善两国的防务机制，海上防务贸易合作也成为两国海上合作的重要议程。可以说，美印海上防务合作作为美印战略伙伴关系中最重要的方面，现已成为推动美印双边关系整体发展的最重要领域之一。

---

① Vivek Mishra, “Indo – US Security Cooperation: Implications for the Indian Ocean,” *Maritime Affairs: Journal of the National Maritime Foundation of India*, Vol. 13, No. 1, 2017, pp. 75 – 76.

一、签署防务合作协议

自20世纪90年代以来，美国和印度一直相互采取措施，建立防务合作框架。早在1995年，美国与印度就曾签署《美印防务关系协议》，为双边防务关系发展奠定了基础。进入21世纪，随着印度洋—太平洋地区地缘政治环境的迅速变化，美国与印度在这一地区的共同利益日益增多，美印两国相继签署一系列防务合作新协议，其中也同时包含海上防务合作的若干领域。

从小布什政府开始，由于印度维持印度洋地区和平与稳定以及塑造亚洲新力量平衡能力的不断增强，美国对印度的战略观念发生重大转变，与印度防务合作成为美国外交政策的优先事项。① 2005年6月，美国国防部长唐纳德·拉姆斯菲尔德和印度国防部长普拉纳布·慕克吉在华盛顿共同签署《美印防务关系新框架》。该协议是在1995年《美印防务关系协议》基础上为未来十年美印防务关系制定新的路线图。作为美印防务合作的核心方面，海上防务合作的主要目标是确保海上通道畅通以保护贸易的自由流动，打击海上恐怖主义和大规模杀伤性武器的扩散，维护印度洋—太平洋地区的安全和稳定等多个方面。②《美印防务关系新框架》通过规划美印防务合作的未来总体蓝图，确定了美印海上防务方面的优先合作领域，为美印进一步开展海上合作制定了议程。

自2005年签署新的国防合作框架，美国和印度在防务伙伴关系方面取得积极进展，在很大程度上推动了双边海上战略伙伴关系的发展。为与全球战略伙伴关系和国防关系的新框架相一致，美印两国在2006年3月签署《美印海上安全合作框架》，共同承诺在确保安全的海洋领域进行全面合作。该协议的重点内容是美国和印度将共同致力于加强海

---

① Stephen Blank, *Natural Allies? Regional Security in Asia and Prospects for Indo – American Strategic Cooperation*, Strategic Studies Institute US Army War College, 2005, p. 13.

② Institute for Defence Studies and Analyses, *New Framework for the US – India Defense Relationship*, Arlington, VA, USA, June 28, 2005, https://idsa.in/resources/documents/Ind – US – Def – Rel – 28.06.05.

上安全合作，应对可能破坏海上安全的威胁。两国一致同意将在防务政策小组、海军执行指导小组和军事合作小组的框架下定期举行海事安全政策和实施的讨论，预防和应对海上跨国犯罪行为，共同开展海上搜救行动，联合加强海洋污染防控，通过技术合作和国防贸易加强在海洋领域的合作能力。[①]《美印海上安全合作框架》是美印首个关于两国海上合作的政治文件，为未来两国海上合作确立了长远目标和发展方向。

随着美印战略伙伴关系得到全面深化，美国与印度的国防合作及参与在过去十年中也在显著提升，特别是海上防务合作的必要性更加凸显。2013 年 9 月，美印签署《美印防务合作联合宣言》，对继续实现 2005 年新框架协议中所规定的扩大防务合作全部愿景做出进一步规划。该宣言指出，"美国和印度拥有共同的安全利益，彼此处于最亲密伙伴关系的相同水平。两国签署的联合宣言适用于包括最先进的技术转让、贸易、研究、共同开发和国防物品及服务的共同生产，美国将进一步推动技术共享，为两国的先进防御技术及防务系统项目合作提供机会"。[②]《美印防务合作联合宣言》的出台标志着美印将进一步扩大海上防务合作的范围，两国的防务关系也提升到一个新的水平。

2014 年莫迪就任总理后，印度更加重视与美国的防务合作，特别是印度"东向"战略与美国"亚太再平衡"战略的汇合，更加突出了美印在涉及海上安全以及海洋领域意识方面合作的重要性。在此背景下，美印两国就延长并充实 2005 年签署的《美印防务关系新框架》达成共识。2015 年 6 月，美国国防部长阿什顿·卡特在访问印度之际与印度国防部长马诺哈尔·巴里卡共同签署《美印防务关系框架协议》。该协议规定，美印两国将进一步推动在多个安全领域的防务合作，其中包括两国将根据国际法原则加强海上安全合作，以及提高彼此保障合法

① Ministry of External Affairs, Government of India, *Indo – U. S. Framework for Maritime Security Cooperation*, March 2, 2006, https：//mea. gov. in/bilateral – documents. htm? dtl/6030/IndoUS + Framework + for + Maritime + Security + Cooperation.

② The White House, *U. S. – India Joint Declaration on Defense Cooperation*, September 27, 2013, https：//obama whitehouse. archives. gov/the – press – office/2013/09/27/us – india – joint – declaration – defense – cooperation.

商业活动自由和海上通信自由能力的合作。[①] 显然，新的框架协议为两国海上战略安全讨论提供了合作平台，同时也加强了美印两军海上联合防务的能力。

自美国实施“亚太再平衡”战略以来，奥巴马政府明显加快太平洋和印度洋战略整合的步伐，印度在美国的地缘战略地位和作用显著抬升。2015 年 1 月，奥巴马访问印度，美国与印度联合发布《美印亚太和印度洋地区联合战略愿景》。在这一文件中，美印两国确认保护海上安全和确保整个印太地区航行和飞行自由的重要性，呼吁按照普遍公认的国际法原则，通过一切和平手段解决领土和海洋争端，反对该地区域内域外的一切恐怖主义、海盗行为和大规模杀伤性武器的扩散，共同寻求亚太及印度洋地区的繁荣和稳定。[②]《美印亚太和印度洋地区联合战略愿景》是美印两国适应亚太及印度洋地区形势变化而制定的新文件，海上合作已成为两国防务合作的重中之重。

一般来说，美国与盟国和密切合作伙伴通常会签署四个基础性的防务合作协议，旨在促进军队之间的互操作性和高端技术的销售。这四个基础性的协议包括《一般军事信息安全协议》《后勤交流协定备忘录》《通信兼容性和安全协议》和《地理空间合作基本交流与合作协议》。[③] 自 20 世纪 90 年代以来，美印两国的防务合作不断升温，特别是“9·11”事件后印度对美国反恐支持及小布什政府解除美国对印度核试验制裁，双方友好行动加快了两国防务合作关系的进一步发展。2002 年 1 月，小布什政府与印度签署《一般军事信息安全协议》，允许美国政府及其公司与除私营商业公司之外的印度政府和国防生产部门共享机密信

---

① U. S. Department of Defense, *Framework for the India – US Defense Relationship*, June 3, 2015, http://archive.defense.gov/pubs/2015-defense-framework.pdf.

② The White House, *U. S. – India Joint Strategic Vision for the Asia – Pacific and Indian Ocean Region*, January 25, 2015, https://obamawhitehouse.archives.gov/the-press-office/2015/01/25/us-india-joint-strategic-vision-asia-pacific-and-indian-ocean-region.

③ Mark Rosen, JD, LLM, and Douglas Jackson, *The U. S. – India Defense Relationship: Putting the Foundational Agreements in Perspective*, The CNA Corporation, 2017, pp. 6 – 12.

息。[①] 该协议为印度和美国间更大程度的情报共享提供了便利，尤其加强了马拉巴尔双边海上军事演习等美印防务合作的密切联系。

《一般军事信息安全协议》签署后的十余年间美印防务关系有了长足发展，两国的全球战略伙伴关系得到进一步深化和扩展。但由于缺乏其他基础协议的支持和保障，两国防务合作的范围和领域始终受到一定限制。奥巴马总统上台后，基于“亚太再平衡”及美国印度洋战略变化考量，美国不仅提升了印度的战略地位，而且加快了与印度的防务合作进程。在此形势下，美国与印度于 2016 年 8 月在华盛顿正式签署《后勤交流协定备忘录》，协议允许两国武装部队之间交换后勤支援、物资和服务，包括食品、水、燃料、备件、维修、运输、通信和医疗服务，规定两国军方允许使用彼此的海陆空基地，以便对方进行补给、武器维修和军人休憩等后勤作业。[②] 该协议的签订不仅有助于印度军队，特别是印度海军扩大在海上领域的影响力，同时也为印度海军与美国及美国在印太地区的盟友举行联合演习提供了便利条件。

2017 年，特朗普就任总统后正式出台将太平洋和印度洋整合的“印太战略”，凸显出美国对印度和印度洋的高度重视，而美印两国尚未签订《通信兼容性和安全协议》和《地理空间合作基本交流与合作协议》则影响美国向印度出售诸如 P－8I 反潜巡逻机等防务平台建设，并限制美印两国军方之间的互操作性和数据存储。因此，与印度签署其他两项协议成为美国“印太战略”实施的重要目标。2018 年 9 月，美国与印度在新德里签署《通信兼容性和安全协议》，该协议规定印度军方可以使用来自美国的高端安全通信设备，并允许美印武装部队在所使用的平台交换实时加密信息。《通信兼容性和安全协议》的签署为美印间通信安全设备的转移提供了法律框架，使印度军事单位可以获得安全通用战术图片，印度海军和空军侦察机及战斗机可以在演习期间接收来

① Gp Capt (Retd) GD Sharma, *Indo – US Defence Cooperation*, New Delhi, India: Vij Publishing Group, 2012, pp. 23 – 24.

② Mahesh Ramaswamy and Asha Shivaswamy, “India’s Logistics Exchange Memorandum of Agreement: A Dysphoria in Disguise,” *International Area Studies Review*, Vol. 21, No. 3, 2018, pp. 275 – 277.

自美国和相关国家的数据或操作码。此外，协议将开放印度进口美国海上安全系统的可能性，为印度从美国获得武装无人机等武器铺平了道路。[①] 除上述三个基本协议外，美国与印度还在 2020 年 10 月签署《地理空间合作基本交流与合作协议》，该协议将允许美印之间实现共享地图和地理空间数据的安全信息，进一步提升了美印海上合作的范围和空间。

二、建立防务合作机制

建立防务合作机制是国家间防务合作的一种模式选择，对促进双边或多边安全合作具有极为重要的作用。防务合作机制是针对安全领域所达成的规范、原则及决策程序，不仅能够有效降低双方的交易成本，增强双边的战略互信，而且有利于双方迅速解决问题，增强长期合作的效果。随着美国与印度在印度洋—太平洋地区海上合作的深入推进，美印两国也在优化和完善原有防务合作机制的同时，建立了适应印太地区形势发展的新合作机制。

美印防务政策小组始于 1995 年，是指导美印战略防务关系关键的机制，主要建立在美国负责国防事务的副国务卿与印度国防秘书定期会晤基础之上，重点讨论两国间军事协调以及诸如反恐、海上航道安全等问题，下设军事合作（协调军事演习和交流）、安全合作（协调销售和许可）、联合技术（协调研究与发展）以及国防采购和生产（审查国防采购、技术/合作转让和国防相关行业合作）等多个对话小组。美印防务政策小组曾在印度核试验后中断，但在 2001 年重新恢复，此后作为美印防务合作的重要平台，为双方联合军事演习、防务销售和新议题交流等活动提供了机会。[②] 除促进就共同关心的问题进行对话外，美印防

---

① Ankit Panda, *What the Recently Concluded US – India COMCASA Means*, The Diplomat, September 9, 2018, https://the diplomat. com/2018/09/what – the – recently – concluded – us – india – comcasa – means/.

② Ashley J. Tellis, "The Evolution of U. S. – Indian Ties: Missile Defense in an Emerging Strategic Relationship," *International Security*, Vol. 30, No. 4, 2006, pp. 137 – 138.

务政策小组还为防务合作确定优先事项，并根据两国实际需要做相应调整。自2011年开始，美印防务政策小组将海上安全、人道主义援助/救灾和反恐合作列为优先事项。① 在美印海上联合军事演习及联合海军巡逻、美国向印度销售P-3反潜巡逻机和雷达系统武器以及美印海上防务技术与研发等方面发挥至关重要的作用。

美印国防贸易和技术倡议是由美国国防部副部长卡特于2012年提出的促进美印防务关系的机制。尽管美国和印度之间的防务合作是两国的战略优先事项，但国防技术和贸易合作的速度和范围受到美印不同行政程序和法律要求的阻碍。为此，美国国防部长帕内塔指示卡特采取行动，提高美国高层的监督和参与度，加强美印之间的防务合作。美印国防贸易和技术倡议不是条约或法律，而是一种灵活的机制，其目标是将美印防务关系转变为仅受独立战略决策限制的关系，通过两国共同开发和联合生产，探索新技术合作领域，提高和加快对防务贸易的共同承诺。② 美印在国防贸易和技术倡议框架下建立了包括海军系统、航母以及监视和侦查等7个跨越各种项目的联合工作组，并为两国的海上防务合作确定了各种项目，工作组定期开会讨论推进这些项目。2017年，美国国防授权法案宣布印度为“主要国防合作伙伴”，进一步为美印国防贸易和技术倡议扫清机制上的障碍。美国通过国防贸易和技术倡议向印度提供技术支持，不仅会大大提升印度海上防务武器系统的性能，而且也将进一步加强美印两国海上合作的广度和深度。

印度快速反应小组成立于2015年1月，是美国为加快与印度的防务关系而建立的首个国家特殊小组，目的是完成美印在国防贸易和技术倡议框架下正在实施的所有任务，加快两国高科技军事装备的共同开发和联合生产进程。该小组由负责收购、技术和物流的美国国防部副部长及其所在的国际合作办公室领导，包括代表美国国防部各个部门的7位高级官员，主要研究如何在没有任何行政障碍的情况下改变美印双边防

① U. S. Department of Defense, *Report to Congress on U. S. - India Security Cooperation*, November 2011, p. 2.

② Office of the Under Secretary of Defense for Acquisition and Sustainment, *U. S. - India Defense Technology and Trade Initiative*, https://www.acq.osd.mil/ic/DTTI.html.

务关系，通过从传统的买方—卖方之间交易转向更加灵活协作的方式，快速跟踪武器销售、军事交流、情报共享等美印防务合作，探索新的技术合作领域，扩大美印业务关系。① 就两国海上合作而言，美印两国在印度快速反应小组成立后已就共同开发和生产航母技术及下一代无人机等合作达成行动共识，此举在于加强印度海军的“蓝水”能力，同时将美印双边防务和战略伙伴关系提升到新的水平。

防长加外长的美印“2+2”对话是美印两国最新建立起来的防务和安全机制。随着印度洋—太平洋的地缘整合，印度的地缘战略重要性更加明显。特朗普上台延续了奥巴马政府的对印关系，并在“印太战略”的框架下试图加强与印度安全伙伴关系的战略互动。2017 年印度总理莫迪访美期间，特朗普就举行美印“2+2”会谈以及进一步加强双边战略沟通的跨领域防务和安全合作问题与莫迪达成共识。2018 年 9 月，美印举行首次“2+2”对话，参加对话人员包括美国国务卿蓬佩奥、国防部长马蒂斯，印度外长苏什玛·斯瓦拉吉、国防部长尼拉马拉·西塔拉曼。会后两国共同发布的联合声明对扩大两国海上安全和海洋领域意识的双边合作予以期望。两国决定开展包括海军在内的三军种联合演习，承诺开启美国海军中央司令部与印度海军之间的交流，强调深化西印度洋海上合作的重要性，一致同意致力于印太地区的安全合作。② 根据两国安排，美印“2+2”对话每年度在两国轮流举行，这一机制的建立标志着美印两国防务和安全合作的进一步升级，同时对美印两国在印度洋—太平洋地区的海上合作将具有非同寻常的意义。

三、提升防务贸易水平

国防贸易是美印防务合作最为明显的指标。美国是全球领先的武器

---

① Kathleen H. Hicks, Richard M. Rossow and Andrew Metrick, et al., *U. S. – India Security Cooperation: Progress and Promise for the Next Administration*, Washington, D. C.: Rowan & Littlefield, 2016, pp. 33–34.

② U. S. Department of State, *Joint Statement on the Inaugural U. S. – India* 2+2 *Ministerial Dialogue*, September 6, 2018, https://www.state.gov/r/pa/prs/ps/2018/09/285729.htm.

出口国，印度则是主要的武器进口国。对印度而言，若要实现印度洋—太平洋地区海洋强国目标，就必须进一步提高海军现代化水平，并持续推进海军现代化进程。与此同时，美国政府积极热捧印度作为“自由开放”的印太地区的稳定支柱，支持印度军事现代化成为美国战略的优先选择。美国和印度战略需求的一致性推动了两国将印太地区的共同愿景转化为实实在在的合作，而防务贸易合作则是重要的助推剂。事实上，扩大与印度的海上防务贸易不仅为美国国防公司开辟巨大市场空间，同时也为印度拥有先进的武器装备提供了一个新的平台。更重要的是，这些举措将有利于增强美国与印度军队之间的互操作性，进一步提升美印两国在印度洋—太平洋地区的海上合作水平。

长期以来，美国致力于加强与全球的盟友和伙伴关系，以满足这些国家合乎逻辑的自卫需求，并提高与美国军队协调运作的能力，以应对共同面临的区域安全挑战。① 美国武器出口的首要目标是提升合作伙伴和盟友的自卫能力，并在适当的时候促进这些国家与美国军方合作。② 印度是世界上最大的传统防御武器设备进口国之一，由于其国防制造业不发达，印度需要大量购买新武器来替换过时或破损的设备，从而提升自身在印度洋地区的防务能力。在美印战略考量相互契合的背景下，两国共同的战略利益为双边防务贸易提供了现实基础，海上防务贸易也迅速发生质的变化。

美国防务武器是印度国防市场一个相对较新的采购对象。在冷战时期，印度主要依靠苏联的防御武器。直到冷战后相当长一段时期，美印防务贸易才随着美印关系的升温及防务合作的加强而迅速展开。2002年，美国和印度就《防务采购与维修协议》草案达成一致，为印度向美国购买武器军备扫清了障碍。2003 年，印度以 1.9 亿美元的价格购买美国 12 架 AN／TPQ－37 远程火炮侦察雷达，开启了美国对印度的首

① U. S. Department of State, *U. S. Arms Sales and Defense Trade*, Bureau of Political－Military Affairs, February 4, 2019, https：//www. state. gov/t/pm/rls/fs/2019/288737. htm.

② Cara Abercrombie, *Removing Barriers to U. S. －India Defense Trade*, Carnegie Endowment for International Peace, January 10, 2018, https：//carnegieendowment. org/2018/01/10/removing－barriers－to－u. s. －india－defens－e－trade－pub－75206.

次军售。[①] 2005 年《美印防务关系新框架》签署后，两国防务合作关系发展开始由纸面迅速走向实践。2006 年，印度国会批准以 4400 万美元购买美国海军“特伦顿号”两栖运输舰。与此同时，印度还以 3900 万美元购买了这艘军舰载有的 6 架西科斯基 UH－3H“海王号”直升机。2007 年服役时，这艘被更名为“贾拉什瓦号”的军舰成为印度海军第二艘最大的军舰。“贾拉什瓦号”的投入使用不仅增强印度军队在南亚及印度洋地区的军事干预能力，而且全面提升了印度军队快速的海上作战水平。[②] 2008 年，印度从美国购买 6 架价值 10 亿美元的 C－130J“大力神”军事运输机，该机具有输送武装力量、执行空中打击以及执行海岸巡逻和搜索救援等多种用途，可整体提升印度在印度洋地区的军事能力。2009 年 1 月，印度海军向美国波音公司又采购 8 架价值 21 亿美元的 P－8I“海王星”远程海上巡逻机，以替代从俄罗斯进口的老式 Tupoley Tu－142Ms 机种。“海王星”远程海上巡逻机上配带雷神公司的 AN/APY－10 雷达，对印度在印度洋地区海上以及临海地区的侦察意义重大，而印度从美国引进这一机种更是意味着美印海军联合作战的互操作性的开始。[③]

为突出印度在印度洋—太平洋地区不断扩大的军事作用，进而服务美国的全球战略布局，奥巴马政府致力于构建更为紧密的美印防务关系，美印两国的防务贸易范围和规模呈现出不断增长的态势。2011 年，印度购买 10 架价值 41 亿美元的美国 C－17“环球霸王”军用运输机，同时向美国采购 21 枚 AGM－84L 鱼叉 II 反舰导弹及相关设备，印度海军在 P－8I“海王星”远程海上巡逻机上使用这种导弹，可有效提高防

---

① Cara Abercrombie, *Translating Defense Trade into Cooperation in the Indo－Pacific*, East Asia Forum, May 20, 2018, http://www.eastasiaforum.org/2018/05/20/translating－defence－trade－into－cooperation－in－the－indo－pacific/.

② K. Alan Konstradt and Paul K. Kerr, et al., *India: Domestic Issues, Strategic Dynamics, U. S. Relations*, Congressional Research Service, 2011, p. 85.

③ Rahul Bedi, "First P－8I Touches Down in India," *Jane's Navy International*, Vol. 118, No. 5, 2013, pp. 5－6.

止关键海上通信线路中断的能力。[①] 2014 年，印度国防部国防采办委员会批准购买总价值为 21 亿美元、共计 24 枚美国“鱼叉”反舰导弹，这些导弹与 Sihsumar 级潜艇相结合，能大大提升印度在印度洋地区的威慑力。2015 年 9 月，印度宣布就购买美国 15 架奇努克直升机和 22 架阿帕奇直升机（包括长弓火控雷达）达成为期 5 年 30 亿美元的交易协议。[②] 2016 年 7 月，美印国防贸易和技术倡议小组和联合技术小组在新德里举行会议。在此期间，印度与美国签署一份价值 11 亿美元的合同，购买另外 4 架波音 P－8I“海神”海上巡逻机。[③]

特朗普政府的“印太战略”将印度作为战略实施的重要支点，更加突出了与印度的海上防务贸易合作。2017 年 3 月，美国参议员约翰·科宁和参议院印度核心小组联合主席马克·华纳致函国防部长马蒂斯，敦促美国在印度建设一条 F－16 战斗机生产线，并批准向印度出口非致命性海上侦察无人机。此后，美国洛克希德公司和印度塔塔先进系统公司宣布签署一项协议，确认美国将在印度的一个基地共同生产最先进的F－16战斗机。[④] 近年来，印度海军一直在寻求持久续航能力的高空长航时无人机用于海上监视。2017 年 6 月，莫迪访美期间，印度向美国提出购买通用原子航空系统公司“海上卫士”无人机系统的意向，旨在提升印度的海上防务能力，促进美印共同的安全利益。[⑤] 不久，美国国务院批准向印度出售 22 架总价约 20 亿美元的“海上卫士”高空长

① The Economic Times, *US Welcomes India's Decision on 10 C－17 Globemmaster*, June 7, 2011, https://m.economictimes.com/industry/transportation/airlines－/－aviation/us－welcomes－indias－decision－on－10－c－17－globe－master/articleshow/8761069.cms.

② 慕小明：《美印防务合作升温：动因、进展与影响》，《当代世界》2016 年第 9 期，第 26 页。

③ Jeff Smith and Alex Werman, *Assessing US－India Defense Relations: The Technological Handshake*, The Diplomat, October 6, 2016, https://the diplomat.com/2016/10/assessing－us－india－defense－relations－the－technol－ogical－handshake/.

④ C. Christine Fair and Dan Shalmon, *India's Strategic Win: The Upside of the Lockheed Martin Deal to Produce F－16s in India*, Foreign Affairs, November 1, 2016, https://www.foreign affairs.com/articles/india/2016－11－01/indias－strategic－win.

⑤ The White House, *United States and India: Prosperity Through Partnership*, Foreign Policy, June 26, 2017, https://www.whitehouse.gov/briefings－statements/united－states－india－prosperity－partnership/.

航时无人机及其配属设备。① 高空长航时无人机是 MQ－9B Sky Guardian 的一个版本，不仅可以在超过 4 万英尺的高度进行操作，在空中停留 24 个小时，而且其自身为卫星控制，不需要在船舶和岸上控制站的视线范围内操作，因而对于印度追踪通过印度洋的军舰具有重要价值。2017 年 10 月，美国国务卿蒂勒森在对印度政策的演讲中进一步强调了美印新的防务贸易的潜力，称美国已向印度提供“一系列防御选择”，用来提升印度的军事能力。② 此后，特朗普政府同意印度曾在奥巴马时期提出的由通用原子航空系统公司为印度海军计划中的航空母舰建造电磁发射系统的请求，决定为印度海军未来的航空母舰提供关键的电磁飞机发射系统。③ 2018 年 9 月，美国国防部长马蒂斯访问印度期间就两国的防务合作达成了一系列的协议。在此背景下，印度国防部向美国政府发出一份请求书，同意申请购买价值约为 20 亿美元的 24 架 MH－60R 多用途海上直升机。该 MH－60R 海上直升机设计用于护卫舰、驱逐舰、巡洋舰和航空母舰，可以离开印度军舰进行操作，同时能弥补直升飞机的缺点，填补印度海军在整体空中反潜战能力方面的作战空白。④

截至 2020 年，印度已从美国购买总价值超过 150 亿美元的武器装备。预计未来美国对印度武器的主要销售将包括阿帕奇武装直升机、“护卫”无人潜航器和更多 C－17 运输机的直接商业销售。⑤ 一方面，印度渴望更多的是美国技术共享和合作生产，以提升自身的海上防卫能

---

① Neelam Mathews and Chris Pocock, *U. S. Offers GA－ASI Sea Guardian USA to India*, AINonline, June 29, 2017, https://www. ainonline. com/aviation－news/defense/2017－06－29/us－offers－ga－asi－sea－guardian－uas－india.

② Rex Tillerson, *Defining Our Relationship with India for the Next Century*, CSIS, October 18, 2017, https://csis－prod. s3. amazonaws. com/s3fs－public/event/171018_An_Address_by_U. S._Secretary_of_State_Rex_Til－lerson. pdf? O0nMCCRjXZiUa5V2cF8_NDiZ14LYRX3m.

③ The Economic Times, *US to Release EMALS Technology to India for Aircraft Carriers*, July 14, 2018, https://economictimes. indiatimes. com/news/defence/us－to－release－emals－technology－to－india－for－aircraft－carriers/articleshow/61129874. cms.

④ Rahul Bedi, *India Fast－Tracks Purchase of MH－60R Helicopters*, Jane's Defence Weekly, November 16, 2018, https://www. janes. com/article/84653/india－fast－tracks－purchase－of－mh－60r－helicopters.

⑤ Federation of American Scientists, *U. S.－India Trade Relations*, In Focus, Updated October 24, 2018, https://fas. org/sgp/crs/row/IF10384. pdf.

力；另一方面，美国冀望更多的是印度武器的进口和印度能力的提升，以加强两国的海上战略互通。2020 年 3 月，美国国防部长马克·埃斯珀与印度国防部长拉杰纳特·辛格通话中进一步强调美印双边防务优先事项，包括正在进行的区域合作以及加强两军互动和国防贸易的举措。[①] 美印两国武器贸易的增加有望更深层地推动双边海上合作，美国对印度的防务销售不仅成为美印所认可的海上合作的关键要素，同时也是实现两国印度洋—太平洋共同愿景不可或缺的一部分。

除武器销售外，技术转让及联合生产同样是美印防务合作的重要方面。由武器交易转向技术转让阶段意味着美印防务合作水平质的提升，同时也反映出美印战略伙伴关系的密切程度。尽管美印两国的技术转让仍处在谈判磋商的过程之中，但两国已有的技术转让合作已经取得丰硕成果。

一是双方签署技术转让协议。早在 2005 年 6 月签署的美印防务协定中，美国和印度已经开始就允许军事技术转让、导弹防御合作和军售，以及打开联合生产武器的大门达成共识。此后随着两国关系的持续稳步发展，印度逐渐获得与美国盟友日本和韩国等长期地区盟友相同的地位和待遇。[②] 2009 年 7 月，美国国务卿希拉里访问印度，双方签署允许美国许可的组件用于印度民用航天器的《技术保护协议》、允许美国监督向印度出售的军用设备最终处置情况的《终端用户监督协议》以及建造两座美国民用核动力反应堆的《民用核合作协议》。此外，两国还达成价值数十亿美元的武器和技术交易，打开了印度获取美国高端军备和技术的大门。美印国防贸易和技术倡议小组也同意就美国向印度转让各式武器和技术展开磋商和谈判。

二是美国指定印度为“主要国防合作伙伴”。鉴于两国防务合作日

---

① U. S. Department of Defense, “Readout of Secretary Defense Dr. Mark T. Esper's Phone Call with Indian Minister of Defense Rajnath Singh,” March 20, 2020, https://www.defense.gov/News/Releases/Release/Article/2119790/readout-of-secretary-of-defense-dr-mark-t-espers-phone-call-with-indian-ministe/.

② Walter C. Ladwig III, “Delhi's Pacific Ambition: Naval Power, ‘Look East’, and India's Emerging Influence in the Asia-Pacific,” *Asian Security*, Vol. 5, No. 2, 2009, pp. 101-102.

益加强，2016 年 6 月，奥巴马政府在莫迪访美期间特别正式指定印度为“主要国防合作伙伴”，这是美国政府首次赋予印度这一专属身份。两国的联合声明表示，美国将继续致力于促进与印度的技术共享，使印度达到与美国最亲密盟友和伙伴相当的水平。为此，印度将获得美国的免许可证，进而从美国获取广泛的军民两用技术，同时为推进出口管制目标采取相应措施。此外，美国支持印度的“印度制造”计划，并帮助印度发展国防工业并融入全球供应链，继续推动符合美国法律的商品和技术出口印度及建立两国合资企业，为美印两国官方防务合作提供更多空间。[①] 2017 年，美国国会“财政年度国家授权法案”对印度的“主要国防合作伙伴”的地位予以确认，并出台了美国加强与印度国防和安全合作的相关措施。[②] 印度“主要防务合作伙伴”地位的确认使美国与印度防务合作提升到与美国盟友的同等水平，可被看作是美印关系和美印安全合作具有里程碑意义的事件。

三是美国将印度列为战略贸易授权名单。随着“印太战略”的出台和实施，特朗普政府在强化印度实现主要国防合作伙伴地位方面迈出关键一步。2018 年 7 月 30 日，特朗普政府将印度列为战略贸易授权—1 名单，使印度获得与美国的北约盟国以及澳大利亚、日本和韩国等盟友相同地位。[③] 战略贸易授权一类国家是美国商务部立法授权允许某些物品在规定的条件下出口而无须特定交易的许可证。这表明印度不再需要得到单独许可就能从美国进口防务应用敏感的两用技术，甚至可从美国购买高端技术武器。在美国战略贸易授权推动下，印度将最大程度上免除美国高科技武器销售的出口管制，获得最新的美国国防技术，这也会

---

① The White House, *Joint Statement: The United States and India: Enduring Global Partners in the 21st Century*, June 7, 2016, https://obamawhitehouse.archives.gov/the-press-office/2016/06/07/joint-statement-unite-d-states-and-india-enduring-global-partners-21st.

② The 114th Congress, *the National Defense Authorization Act for FY* 2017, December 23, 2016, Section 1292, https://www.congress.gov/114/plaws/publ328/PLAW-114publ328.pdf.

③ U.S. Department of Commence, *U.S. Secretary of Commence Wilbur Ross Announces Programs to Increase U.S. Commercial Engagement in the Indo-Pacific Region*, July 30, 2018, Export and Investment Promotion, https://www.commerce.gov/news/press-releases/2018/07/us-secretary-commerce-wilbur-ross-announces-programs-increase-us.

大大增加美国防务系统活动和互操作性，进一步提升美国与印度的防务合作水平。

第二节　美印海军交流合作

海军部是美印海上力量最具长远和发展的机构，海军接触正成为日益紧密的美印海上防务关系的主要体现。美国与印度两国海军合作蕴含广泛，其中包含年度联合演习、海军人员会谈、港口访问和贵宾访问、广泛的人员交流以及通过多边海军和安全会议进行的主题交流活动。

一、开展海上联合演习

联合演习是参演国开展军事合作、加深相互了解、增强彼此互信以及提高协调能力的一个重要战略平台。就现实而言，联合演习也是美印两国海军合作的一项持续举措。近年来，美国与印度进行的军事演习比任何其他非盟友国家都要多。与此同时，自从海军演习开启以来，美国与印度海军演习的范围和程度也在不断增加，不仅包括反水面作战、反潜作战、海军特种作战和两栖作战，同时也涵盖联合人道主义救助及自然灾害紧急救援等相关技术交流演习。作为美印海上合作最重要的一道“防火墙”和“稳定器”，美印联合海上演习现已发展成为增强两国海军关系和密切两国海军熟悉程度的重要渠道。

美国与印度海上合作被外界最为熟知的是每年一次的“马拉巴尔”海军演习。1991 年，在美国太平洋司令部克劳德·基克莱特司令的提议下，美印建立包含两国陆、海、空三个层面的联合指导委员会，开启了两国海上合作的序幕。自 1992 年开始，美印两国连续在位于西印度洋的印度马拉巴尔县海域举行代号为“马拉巴尔”的联合军演，主要内容涉及海上救援及海上联合反恐等项目，旨在提高美印两国的联合作战能力。1998 年，由于印度连续进行核试验该军演被迫中断。“9·11”事件后，“马拉巴尔”联合军演得以恢复，美印两国的海上演习涵盖海军舰艇的基本过境演习、反潜演习和海上补给演习等内容。此后，“马拉巴尔”联合军演规模逐年升级，军演科目从基础的海上战术运动、海上整补操演，提升为类型作战以及协同航母打击群共同执行作战演练。在2003年和2004年，美国海军在“马拉巴尔”演习名册中增加攻击潜艇和海上巡逻机，美印双方进行了反潜战协作训练。2005年，美印两国进一步加大“马拉巴尔”演习的投入力度，美国派出“尼米兹号”和“维拉特号”两艘航空母舰首次参加演习，演习内容包含24小时战斗模拟以及两国混合编队进行空中、水面和水下全功能联合作战。① 在2006年“马拉巴尔”演习中，美国首次派出两栖舰艇，美印两国海军得以发展协调陆上力量投射能力，由两栖攻击舰及“拳师号”航空母舰率领的远征打击小组首次参加演习并进入印度的几个重要港口。②

2007年，澳大利亚、日本和新加坡加入美印“马拉巴尔”联合演习，“马拉巴尔”也转为多国联合海上演习，联合演习地点选设在孟加拉湾海域，以反潜、海上拦截以及访问、登船、搜查和扣押演习为主要方式，同时将反恐行动扩展到以打击海盗和其他非海上国家行为的航海领域。由于此次多国最大规模军演引发中国的强烈反应，印度因而中止其他国家参与此类型的美印军事演习。③ 2008年奥巴马就任美国总统后，美印军事演习无论是规模还是层次都比小布什政府时期有了较大提升。在此形势下，“马拉巴尔”军演逐渐向联合作战领域拓展，演习海域也从印度近海拓展到西太平洋海域。2009年，美印日三国海军首次移师日本冲绳海域。在演习期间，来自三国海上部队大约4000名人员

① Embassy of The United States in India, *Malabar* 05: *Indo - US Aircraft Carriers to Conduct Joint Exercise in Arabian Sea*, September 26, 2005, http://newdelhi.usem - bassy.gov/pr092605.html.

② Cherian Samuel, "Indo - U.S. Defense Cooperation and the Emerging Strategic Relationship," *Strategic Analysis*, Vol. 31, No. 2, 2007, p. 219.

③ Rajat Pandit, *India, U.S. and Japan to Undertake Malabar Naval Wargames Off Okinawa*, The Times of India, April 10, 2009, http://articles.timesofindia.indiatimes.com/2009 - 04 - 10/india/28017633_1_wargames - mala - bar - exercise - ins - jyoti.

重点围绕反潜和水面作战进行了联合演习。[①] 此后，2010 年美印在阿拉伯海、2011 年美印日三国在日本冲绳海域进行了年度海上联合演习。2012 年和 2013 年，美印两次在印度钦奈及孟加拉湾进行年度“马拉巴尔”演习，演习分为岸上和海上训练两个部分，岸上部分包括反海盗行动、航母运营、海上巡逻和侦察行动以及反潜作战行动主题专家和专业交流；海上部分则包含联络主任专业交流和登船，射击练习，探访、登船、搜查及检货，地面行动小组作战，直升机的演练等活动。2014 年，日本时隔 8 年后再次回归到印度洋海域的联合军演，演习海上部分包括联络官专业交流、沟通练习、搜救演习、直升机演习和反潜战演习等活动。2015 年 1 月，奥巴马和莫迪在联合声明中同意进一步升级“马拉巴尔”海上联合演习。此后，印度邀请日本参加在孟加拉湾举行的 2015 年度演习，日本正式成为“马拉巴尔”海上军演成员。日本加入之后，“马拉巴尔”军演在印度洋和西太平洋海域轮流进行。2016 年，美印日三国在西太平洋菲律宾海域进行了年度三边军事演习。[②]

特朗普上台后，随着美国“印太战略”正式出炉以及印日等国战略姿态的转向，“马拉巴尔”军演的规模进一步提升，现已成为“印度洋—太平洋”地区规模最大的海上联合军演之一。2017 年，美国、印度和日本在印度的钦奈港海军基地及孟加拉湾海域举行年度联合军演。此次军演的多科目海上联合作战演习包括 3 艘航母在内的 16 艘主战舰艇、两艘潜艇及近百架岸基作战飞机和舰载机参加，规模创下了“马拉巴尔”系列演习的历史之最。演习包括航母战术、防空、反潜战、水面战、海上反恐等不同课目，三国海军人员还进行了登舰互访等活动。2018 年 6 月，“马拉巴尔”军演移师到菲律宾海的关岛海域举行，美印日三国海军首次部署反潜巡逻机来提升反潜能力，包括美国两架 P－8A 反潜巡逻机、印度一架 P－8I 远程反潜巡逻机和日本的一架川崎 P－1

---

① U. S. Department of the Navy, *U. S. 7th Fleet to Conduct Exercise Malabar* 09 *with Japan, Indian navies*, April 23, 2009, https：//www. navy. mil/submit/display. asp? story_id＝44602.

② U. S. Department of the Navy, *Three nations set sail for exercise Malabar* 2016, June 16, 2016, https：//www. public. navy. mil/surfor/cg53/Pages/Three－nations－set－sail－for－exercise－Malabar－2016. aspx.

海上反潜巡逻机。演习的重点是陆上和海上训练，航空母舰作战海上巡逻和侦察行动，访问、登船、搜查和查封行动以及专业交流。根据美国海军发表的声明，三国海上力量完成了海上互操作性培训、高端战争技能以及海上优势和权力投射的目标。① 此次军演以应对印度洋—太平洋地区的威胁和挑战为着眼点，旨在促进参与国的军事协调以及在多国环境中规划和执行战术行动的能力，尤其体现了牵制中国海军反潜优势的战略意图。2019 年 9 月和 2020 年 11 月，美印日三国又在日本九州佐世保至关东南部海域以及孟加拉湾海域举行海上联合军演，在此前派出常规舰机的技术上，美印日三国海上力量还各出动一架喷气式反潜巡逻机。特别是在美国的撮合下，澳大利亚参加了 2020 年度“马拉巴尔”美印日澳四国联合演习。②

除了“马拉巴尔”海上联合军演外，美印两国还同时开启其他方面的补充演习，这些演习成为两国海军之间提升专业关系和熟悉程度的重要工具。美印早在 2004 年便开启“射毒眼镜蛇”联合军演，期间来自美印两国海军的爆炸物处理技术人员一起工作并相互学习，主要目的就是提高两国海军摧毁水下爆炸物的能力。2005 年 9 月，美印首次举行“塞尔威克斯”联合救生演习，来自印度和美国海军的潜水员联合打捞了于 1969 年坠毁于印度洋的“海鹰”战斗机残骸。③ “塞尔威克斯”联合救生演习是“马拉巴尔”持续合作的一部分，由美印两国轮流主持，每两年举行一次，旨在增强美国和印度在沿海环境中的双边潜水和打捞能力，以改善两国海上安全和人道主义援助/灾害应对能力。

---

① U. S. Department of the Navy, *US, JMSDF and Indian Naval Forces Conclude Malabar* 2018, June 19, 2018, https：//www. public. navy. mil/cg54/Pages/US – JMSDF – and – Indian – Naval – Forces – Conclude – Malabar – 2018. aspx.

② Commander of U. S. Seventh Fleet, *India, Japan and U. S. Maritime Force to Participate in Exercise Malabar 2019*, September 24, 2019, https：//www. c7f. navy. mil/Media/News/Display/Article/1970309/indian – jap – anese – and – us – maritime – forces – to – participate – in – exercise – malabar – 2019/.

③ Sandeep Unnithan, *SALVEX* 2005 *End with Retrieval of Sea Hawk*, Warbirds of India, September 24, 2005, http：//www. warbirdsofindia. com/news/277 – salvex – 2005 – ends – with – retrieval – of – sea – hawk. html.

美印“蛇神”联合军演起源于2006年，是一项年度双边桌面练习，侧重于技能学习和交流，使美国和印度在人道主义援助和灾难应对行动方面具有互操作性，提高美印两军两栖作战能力。2014年，印度海军首次参加美国领导的环太平洋军演，通过加强与美国海军合作和连通性，印度以协作方式提升了自身的海军能力。另外值得注意的是，美国与印度已于2019年11月在印度海岸举行“老虎凯旋”首次联合三军两栖演习，以补充两国每年举行的系列军事演习，此举将进一步提升两国海军演习的范围和水平。①

二、联合海上训练和联合行动

与陆军和空军不同，海军训练和行动既可在印度洋区域进行，也可在东亚太平洋水域进行。由于这一领域的合作相对较容易，美印两国的海上联合训练和联合行动也得到进一步加强。一年一度举行的“马拉巴尔”海上联合军演是美印两国开展联合训练和进行联合行动的重要试验场，接连不断的军演使得美印海军内部之间建立起定期的联合训练机制。除“马拉巴尔”军演外，美印两国海军还不断充实联合训练内容，相继进行其他多种形式的海上联合训练。例如，2018年3月，美国以“西奥多·罗斯福号”航空母舰为中心的美国航母战斗群与印度海军在第7舰队作战区域进行联合训练，此次练习包括通信练习和几个紧密编队的导航，通过船员交换和训练演习，进一步增强了美印两国海军彼此合作和相互学习的能力。② 2018年12月，美国海军两栖运输舰“安克雷奇号”对印度维沙卡帕特南港口进行访问，并与印度海军驱逐舰“拉其普特号”进行海上联合训练，两国海军就海上人道主义援助行

① Rajat Pandit, “India – US Strategic Partnership Set for New High with Deals and Drills,” *The Times of India*, June 25, 2018, https://timesofindia.indiatimes.com/india/india – us – strategic – partnership – set – for – new – high – with – deals – and – drills/articleshow/64725024.cms.

② V. Ayyappan, *India*, *U. S. Navy Ships Conduct Joint Exercise*, The Time of India, March 27, 2018, https://timesofindia.indiatimes.com/india/indian – us – navy – ships – conduct – joint – exercise/articleshow/63476670.cms.

动、跨甲板直升机着陆和海上安保行动进行了专业交流，此外还包括在安克雷奇登上印度登陆艇、海上安全示范和船员交流等其他活动。① 2019 年 1 月，印度海军驱逐舰“特里坎德号”参加 2019 年度“弯刀快递”多国训练演习，印度海军的官员和水手以及参与国的人员进行了广泛的培训和互动。内容包括有关人员接触美国海军用于整合海事信息的各种软件工具，以便识别可疑船只并指导海军特种部队对其进行操作。② 2019 年 7 月，印度海军爆炸物处置部队与美国海军防雷部队和日本海军自卫队共同开展了防雷作战演习，三国演习包括扫荡、狩猎和探雷等单位级别的地雷战战术，此项培训使得美印两国海军可以在战略组合环境中演习交流和操作，并最大限度地发挥对海洋地雷的搜寻能力。③

除了海上操作层面的联合训练外，美国和印度对海军人员联合培训也取得一定进展。自冷战结束以来，美国在与印度建立伙伴关系方面投入了大量资金，其主要目标就是增强印度为海上安全做出积极贡献的能力，使之成为印度洋—太平洋地区“净安全提供者”。为此，美国国防部将印度纳入国际军事教育和培训计划，该计划用于促进美国军方与相关国家军方的专业联系和训练演习。通过开展培训和教育，美国可以提高参与国军队支持联合行动以及提升与其进行互操作的能力。④ 在国际军事教育和培训计划的支持下，美国将印度海军军事人员带到美国军事机构进行培训，全方位提升印度海军的知识技能及其对美国海军政策的认可度。自 2003 年以来，印度每年至少接收 100 万美元的美国国际军

---

① Naval Today, *USS Anchorage Trains with Indian Destroyer after Port Visit*, December 31, 2018, https://navaltoday.com/2018/12/31/uss-anchorage-trains-with-indian-destroyer-after-port-visit/.

② Ministry of Defense of India, *INS Trikand Participates in Exercise Cutlass Express* 2019, February 8, 2019, http://pib.nic.in/newsite/PrintRelease.aspx? relid = 188260.

③ U. S. Department of the Navy, *Japan, U. S., India Practice Mine Warfare*, July 23, 2019, https://www.public.navy.mil/surfor/mcm10/Pages/Japan - US - India - practice - Mine - Warfare.aspx.

④ Christine M. Leah, *U. S Military Assistance to India: Building Partner Capacity*? S. Rajaratnam School of International Studies, March 2014, p. 2.

事教育和培训资金，用于资助印度最优秀的军官参加美国国防大学和海军战争学院一流的专业军事教育课程。对印度来说，此前 9 位印度海军司令中就有 7 位是参加过美国专业军事机构培训的毕业生，这些高级军官利用从美国学习的知识和管理技能，在印度海军现代化的过程中起到中流砥柱的作用。随着美印两国海军合作关系的日益密切，美国还进一步加强对印度军事人员教育培训的投入力度。在 2017 财年，美国国务院就为印度拨付高达 130 万美元的国际军事教育和培训资金。[①]

美印两国海军在印度洋—太平洋地区共同的安全利益和密切的合作关系进一步加快了两国海军联合训练交流的步伐。2018 年 1 月，美国新任驻印大使肯尼斯·贾斯特在就职演说中强调，“军事交流是推进美印两国防务合作的重要方式，这些交流可以根据课堂和其他环境中所建立起的培养关系，提高印度海军对美国军队模式的认可度并建立信任。随着时间的推移，美国和印度应该继续扩大海上军事院校以及相关训练场所的官员交流，甚至在某些时候可在各自战斗指挥部进行军事联络官的互换交流”。[②] 2018 年 3 月，美国海军学院代表团访问了印度海军学院，两国的海军军官进行了富有成效的互动交流，美国海军学院军官深入了解印度海军学院学员的训练情况，并参观了印度海军学院学员训练的基础设施。与此同时，印度海军学院的军官利用难得的机会，对美国海军学院所遵循的训练程序和先进理念进行了深入了解和学习。[③]

美印海上战略互动同时也促进了两国海军之间的联合行动，美印海军在几个不同时机共同开展了联合行动。“9·11”恐怖袭击事件后，美印共同宣布两国海军在马六甲海峡开展联合巡航计划，印度海军为美国船只通过马六甲海峡提供安全保障。在此期间，印度海军海岸巡逻船

---

① U. S. Department of Defense, *Enhancing Defense and Security Cooperation with India, Fiscal Year*, Joint Report to Congress, July 2017, p. 3.

② U. S. Embassy & Consulates in India, *Inaugural Speech by Ambassador Kenneth I. Juster – U. S. – India Relations: Building a Durable Partnership for the 21st Century*, January 11, 2018, https: //in. usembassy. gov – /u – s – india – relations – building – durable – partnership – 21st – century/.

③ Indian Navy, *United States of America Naval Midshipmen Visits Indian Naval Academy*, March 17, 2018, https: //www. indiannavy. nic. in/node/18367.

从新组建的安达曼—尼科巴三军联合司令部出发，成功护送一艘运载“高价值物资”的美国商船通过马六甲海峡抵达新加坡。美印两国在马六甲海峡的联合巡航行动成为危机和战争时期两国联手控制这一地区的先例。① 2004 年 12 月，印度洋地区发生有史以来最为严重的海啸，围绕救援活动的军事和外交行动也在相关大国之间展开。在美国主导下，印度参加了美日印澳四国组成的救援核心小组，共同协调开展救援行动。此次印度洋海啸救援促成美印海军首次在印度洋上采取联合行动，四国核心小组的建立也为美印双边联合行动提供了新的模式。2006 年 7 月，黎巴嫩真主党与以色列国防军爆发激烈军事冲突，世界各国在黎巴嫩开启调停和撤侨行动。在黎巴嫩的非战斗人员撤离行动中，美国和印度两国海军采取联合行动，派出战舰运送包括两国在内的侨胞安全回国。此后，在 2011 年利比亚战争及 2015 年也门内战中，美印两国海军也联合开展类似撤侨行动，进一步加强了美印两国海军联合行动的能力。另外，自 2008 年以来，印度洋海域的索马里海盗袭击事件频繁发生，美印两国相继派出军舰、潜艇及航母编队共同在亚丁湾海域开展了反海盗和武装袭击的联合护航行动，美国和印度还参与了 2014 年失事马航 MH370 客机在印度洋地区的多国联合搜救行动，这些海上合作在很大程度上加强了美印在参与联合行动过程中的相互协调能力。

从上述情形可以看出，美印两国海军通过建立海军联合行动机制以及密切两国海上合作关系，已为印度洋—太平洋地区未来灾害和冲突的综合应对做好相应准备，两国的海上联合行动从氛围、方式和强度等各方面都有所加强。值得注意的是，随着印度洋—太平洋地缘地位的提升，美国与印度已就两国海军在有主权争议的南海区域进行海军联合巡逻的可行性进行了讨论。2016 年，美国太平洋司令部海军上将哈里·哈里斯在印度演讲时就曾指出，“美国和印度应该共同行动，将两国海军演习转变为协调行动，美国正在寻求通过“自由航行”巡逻来支撑在该地区的影响力，希望与印度团结一致，共同支持维护和平的印度

① 陈万新：《高层交流不断、一年两度军演：美印军事合作热度不减》，《国际展望》（半月刊）2002 年 11 月，总第 455 期，第 18—19 页。

洋—太平洋地区规则秩序”。[1] 虽然印度对美国的倡议并没有做出实质性回应，但两国海军的联合行动仍将在印度洋—太平洋地区海上合作方面发挥重要作用。

三、举行海上合作对话

美印海上合作对话是美印两国海军交流的现实基础和重要平台。早在2010年6月，美国与印度就曾开启首次战略对话，审议两国合作的一系列广泛问题，其中重点涵盖了海上安全、打击海盗和人道主义援助/救灾等加强海洋领域的合作。[2] 此后，美印战略对话每年轮流在两国举行，海上安全不但成为美印战略对话共同关注的领域，两国还积极寻求在这一领域合作的努力。事实上，虽然美印战略对话内容蕴含广泛，并非为海上这个单一领域，但鉴于美印两国都在寻求保护海上通道、打击海盗和捍卫“航行自由”，海上安全议题已经成为两国战略对话的主要关注点。随着亚太地区地缘政治紧张局势日益加剧，美国和印度共同利益的增多使得两国加强该地区海上合作的愿望更加强烈。美国“亚太再平衡”战略将印度看作是实施的重要支点，而印度“东向”战略则更加注重与美国在印度洋—太平洋地区加强战略协调。在此背景下，成立独立的海上战略对话已成为美印两国战略关系发展的必然趋势。2016年4月，美国国防部长卡特访问印度，与印度国防部长马诺哈尔·帕里卡尔举行会谈。作为2015年美印亚太和印度洋区域联合战略愿景及其海上安全目标的一部分，美印双方同意加强海上安全领域的合作，共同发起双边海上安全对话，由印度国防和外交部联合秘书/助

---

① Harry B. Harris, Jr., *Raisina Dialogue Remarks: Let's be Ambitious Together*, U. S. Indo - Pacific Command, March 2, 2016, https://www.pacom.mil/Media/Speeches - Testimony/Article/683842/raisina - dialogue - remarks - lets - be - ambitious - together/.

② U. S. Department of States, *U. S. - India Strategic Dialogue Joint Statement*, Office of the Spokesperson, June 3, 2010, https://2009 - 2017. state. gov/r/pa/prs/ps/2010/06/142645. htm.

理秘书级官员以及美国国防部和国家部门的官员共同主持。① 美印海上安全对话是一个独特的双边论坛，汇集了美印两国政府重要的文职和军事官员代表，其产生是美印两国海上合作日益发展的又一重要标志。

2016 年 5 月 16 日，美印在印度中央政府尼赫鲁办公大楼举行首次海上安全对话。印方派出国防部负责规划和国际合作的联合秘书沙姆普·库马兰和外交部美洲事务联合秘书慕努·马哈瓦出席，美方官员包括负责亚太安全事务的助理国防部长戴维·希尔、负责南亚和中亚事务的副助理国务卿曼普里特·安纳德和美国第七舰队司令约瑟夫·奥库因海军中将。此次对话涉及两国共同关心的问题，重点是美国将军事资产重新平衡到亚太地区及美印两国的合作领域，包括双方交流关于亚太和印度洋区域海洋安全发展的看法以及在这方面进一步加强美国与印度之间合作的前景。② 2017 年 5 月 9 日至 10 日，第二次美印海上安全对话在美国罗德岛纽波特的海军战争学院举行。印度代表团由负责裁军和国际安全事务的联合秘书班卡吉·夏尔玛领导，而美国代表团则由负责亚洲及太平洋安全事务的助理国防部长戴维·赫维率领。在对话期间，美印双方就亚太和印度洋地区的海洋发展交换意见，并认真考虑了进一步加强双边海上合作的可行步骤。③ 第二次海上安全对话中特别强调了美印两国海上合作的重要性。

自“印太战略”出台实施以来，美国始终推动印度在具有战略意义的印度洋—太平洋地区发挥更加广泛的作用。2018 年 4 月 30 日至 5 月 1 日，第三次美印海上安全对话在印度果阿举行。印度代表团包括外交部联合秘书班卡吉·夏尔玛以及外交部和国防部的其他高级官员，美

---

① U. S. Department of Defense, *India – United States Joint Statement on the Visit of Secretary of Defensic – e Carter to India*, April 12, 2016, https://dod. defense. gov/News/News – Releases/News – Release – View/Article/71 – 8589/india – united – states – joint – statement – on – the – visit – of – secretary – of – defense – carter/.

② U. S. Embassy & Consulates in India, *U. S. – Indian Officials Meet for First Maritime Security Dialogue*, May 16, 2016, https://in. usembassy. gov/us – indian – officials – meet – first – maritime – security – dialogue/.

③ U. S. Department of State, *U. S. – India Maritime Security Dialogue*, Washington, D. C., May 11, 2017, https://www. state. gov/r/pa/prs/ps/2017/05/270817. htm.

方代表团则包括助理国防部长戴维·赫维及南亚和中亚事务局副助理部长丹尼尔·罗森布拉姆。在对话期间，双方讨论了印度洋—太平洋地区海洋领域的发展，并就如何进一步加强双边海上合作交换了意见。[①] 第三次海上安全对话，重点关注了美印两国在印度洋—太平洋地区的合作与发展。2019 年 8 月 21 日，美印两国又在美国加利福尼亚州蒙特雷举行第四次海上安全对话，印度代表团由外交部附设秘书潘迪及国防部负责海军的联合秘书理查·米斯拉率领，美国代表团则由负责南亚与中亚事务的代理助理国务卿爱丽斯·威尔斯和负责印太安全事务的助理国防部长薛瑞福带队。在对话期间，双方讨论了地区海上安全问题，就进一步加强双边海上安全合作交换了意见，同时还审查了前三轮海事安全对话期间所作决定的执行情况。[②]

除了美印双边海上安全对话外，美国还积极推动印度参加美印日三边战略对话以及美印日澳四方安全对话，这些多边对话机制同样加强了美印海上合作关系。奥巴马政府对于“亚太再平衡”的承诺使美国强调将印度洋—太平洋地区与最有影响力的印度和日本联系在一起，共同促进印太地区的海上安全。2011 年 12 月，在美国国务卿希拉里的倡议下，美印日三国首次举行助理国务卿级别三边对话，其中首要议题就是海上合作，主要涵盖打击海盗、防止核扩散及维护海上安全等问题。2015 年 9 月，美国、印度和日本将三边对话升级为部长级，并举行首次三边部长级对话。在此次三边对话会上，美印日就包括海洋安全等共同关心的问题交换意见，三方同意加强合作共同维护印度洋—太平洋地区的海上安全，并成立人道主义援助和救灾专家团，提高共同应对复杂

---

① Ministry of External Affairs, Government of India, *Third Round of the India – US Maritime Security Dialogue*, May 2, 2018, https://mea. gov. in/press – releases. htm? dtl/29858/Third_Round_of_the_IndiaUS_Maritime_Security_Dialogue.

② Ministry of External Affairs, Government of India, Fouth Round of the India – US Maritime Securit Dialogue, August 27, 2019, https://www. mea. gov. in/press – releases. htm? dtl/31770/Fourth_Round_of_the_IndiaUS_Maritime_Se – curity_Dialogue.

灾害的能力。[①] 2017 年 9 月，美日印三国外长在纽约举行会晤，三方同意共同加大对印太区域的战略性港口和其他基础设施投资，并就三边海上合作等达成共识。[②]

鉴于对印度洋—太平洋地区海事安全、“航行自由”及所谓“中国南海行动”的共同担忧，美国与印度还参加由美印日澳四国组成的四方安全对话。2016 年 3 月，美国太平洋司令部司令哈里斯上将在新德里举行的瑞辛纳对话会上，提议重启一个由美国、日本、澳大利亚和印度海军组成的非正式战略联盟。[③] 此后，在美国国会举办的“中国在南亚的战略”听证会上，有专家建议美国应该考虑哈里斯上将建议，加强美日印澳四国海军的合作。[④] 在美国的积极推动下，美印日澳四国官员重新启动中断 10 年之久的四方安全对话。四国就印太地区的共同安全议题展开讨论，内容涵盖维护印度洋—太平洋地区以规则为基础的秩序以及协调印度洋—太平洋地区的反恐和海上安全工作等方面。[⑤] 美印日澳四方安全对话不仅有着潜在的结构性动力，而且还存在着共同价值观以及地理互补等优势，为美印在印度洋—太平洋地区的海上合作提供了一个强有力的多边合作机制框架支撑。

---

① Ministry of External Affairs, Government of India, *Inaugural US – India – Japan Trilateral Ministerial Dialogue in New York*, September 30, 2015, https: //www. mea. gov. in/press – releases. htm? dtl/25868/Inaugural + USI – ndiaJapan + Tril – ateral + Ministerial + Dialogue + in + New + York.

② U. S. Department of States, *U. S. – India Maritime Security Dialogue*, Office of the Spokesperson, May 11, 2017, https: //www. state. gov/r/pa/prs/ps/2017/05/270817. htm.

③ Harry B. Harris, Jr. , *Raisina Dialogue Remarks: Let's be Ambitious Together*, U. S. Indo – Pacific Command, March 2, 2016, https: //www. pacom. mil/Media/Speeches – Testimony/Article/683842/raisina – dialogue – remar – ks – lets – be – ambitious – together/.

④ U. S. – China Economic and Security Review Commission, *Hearing on China: South Asia Relations*, March 10, 2016, https: //www. uscc. gov/Hearings/hearing – china – %E2%80%93 – south – asia – relations.

⑤ U. S. Department of State, *Australia – India – Japan – U. S. Consultation on the Indo – Pacific*, Washington, D. C. , November 12, 2017, https: //www. state. gov/r/pa/prs/ps/2017/11/275464. htm.

四、推进海军互动交流

美印海军防务人员之间交流是美印海上合作的重要组成部分，建立美印海军防务部门人员之间的互动交流机制始终是美印海上合作的优先选项。早在1991年，美国太平洋司令部司令克劳德·基克莱特就曾率先提出美印两国军方加强互动交流的建议。此后，美国与印度成立负责两国海军合作的海军联合指导委员会，由此推动两国海军间的直接往来。1995年，美印两国举行美国太平洋舰队与印度海军的双边海军合作执行指导小组会议。该会议自1995年以来每年举办一次，以执行指导小组为基础，重点议题是加强两国海上安全在多个领域的合作，包括航母打击群运营、海洋领域意识、海上物流、海军医学、港口参观以及扩大“马拉巴尔”联合军演。[①] 通过对美印两国海军整体愿景做出规划，美印双边海军合作执行指导小组会议不仅扩大了双边海军的演习、交流和港口访问范围，同时也增强了美印两国后勤和演习领域的海上合作能力。

在两国海军执行指导小组会议的基础上，美印还定期举行海军双边人员会谈、开展港口访问、促进各级各类人员交流等活动，进一步构建起两国基于尊重和信任的海军伙伴关系。“9·11”恐怖袭击事件发生后，南亚在美国全球反恐战略中的地位更加突出，南亚反恐形势深刻影响美印关系的未来走向，同时也成为美印两国海军加深战略互动的主要动力。在此期间，印度允许美国“卡尔·文森号”航母经停孟买，美国海军“约翰·斯坦尼斯号”航母战斗群与印度海军“戈达瓦里号”导弹护卫舰共同举行了多国联合搜救演习，美军战舰“约翰·杨号”和“奥布莱恩号”还访问了印度的钦奈港。[②] 2007年，小布什政府发布的《21世纪海权合作战略》更加强调印度和印度洋的战略地位，美国

---

① Anthony Junco, *7th Fleet Expands Cooperation with Indian Navy in New Delhi*, Commander of U. S. Pacific Fleet, December 12, 2018, https://www.cpf.navy.mil/news.aspx/130404.

② Rao PV, “Indian Ocean and the Pax Americana,” *Indian Ocean Digest*, Vol. 17, No. 1, 2002, pp. 1–16.

海军作战部长、海军上将迈克尔·马伦，美国太平洋司令部司令蒂莫西·基廷在此背景下相继访问印度。其中，马伦访问了位于印度孟买西海司令部的导弹驱逐舰，并参观了印度的海军造船厂，而基廷与印度国防官员就两国海上合作进行了深入磋商和交流。此外，美国海军“尼米兹号”核动力航母首次访问印度钦奈港，成为美印两国海军交流互动持续强化的标志事件。

随着印度和印度洋战略价值凸显，美印关系不断升温使得两国海军交流互动的深度和广度也达到前所未有的水平。2011 年，美国海军洛杉矶级攻击潜艇“拉霍亚号”访问印度果阿，这是当时美国海军核动力潜艇为数不多的一次访印活动。[①] 2012 年 10 月，美印两国海军在印度孟买海岸首次开启潜水员营救联合演练，旨在展示美国潜艇救援系统与印度潜艇部队之间合作。[②] 由于印度海军已服役一艘核动力潜艇，对潜艇救援的关注意味着两国海军合作迈出更为关键的一步。2015 年 6 月，美国国防部长卡特访问印度，期间参观了印度东部海军司令部和本土隐形护卫舰“萨雅德里号”，此举是美国国防部长首次访问印度正在运作的军事司令部。同年 8 月，美国海军与印度海军高级军官组成的代表团共同举行美印航母合作联合工作组的首次会议，印度代表团在此期间参观了位于美国弗吉尼亚州的纽波特纽斯造船厂，而该厂正在建造美国海军最先进的“杰拉尔德·福特号”航空母舰。印度听取了有关美国海军管理航空母舰项目的简报，并参观了美国海军用于航空母舰发射和回收系统的研发设施。[③] 12 月，印度国防部长帕里卡尔首次访问美国太平洋司令部，并与美国国防部长卡特一起在“艾森豪威尔号”航空母舰上观察了飞行行动。2016 年 2 月，美国海军作战部长、海军上将约翰·理查森首次访问印度，理查森在访问期间前往印度维沙卡帕特南

① 张春燕：《美印海上合作研究》，四川大学出版社 2014 年版，第 81—82 页。

② U. S. Department of the Navy, *US, India Navies to Hold INDIAEX* 2012, October 18, 2012, https: //www. navy. mil/su – bmit/display. asp? story_id = 70226.

③ U. S. Embassy & Consulates in India, *U. S. – India Joint Working Group for Aircraft Carrier Technology Cooperation Holds First Meeting*, August 15, 2015, https: //in. usembassy. gov/us – india – joint – working – group – for – aircraft – carrier – technology – cooperation – holds – first – meeting/.

参加由印度海军主办的国际舰队大阅兵，并与印度主要安全官员讨论了美印两国海军关系以及进一步加强技术和安全关系的合作机会。[①] 同年4月，美国国防部长卡特再次访问印度，期间卡特在位于卡尔瓦尔的印度海军基地停留，并登上印度“维克拉马迪亚号”航空母舰和正在果阿港口停靠的美国第七舰队“蓝岭号”两栖指挥舰。[②]

特朗普上台后，美国政府延续奥巴马时期美印两国海军深入互动交流的发展势头，在两国海上合作方面进行了更为广泛的接触。2017 年 1 月，印度信实造船厂被美国海军认定为在该地区运营第七舰队船只维修和更换服务的承包商。[③] 2017 年 6 月，莫迪访美期间明确表示印度将支持美国成为印度洋海军论坛的观察员国，为两国海军广泛讨论印度洋地区海上安全问题提供新的平台。2017 年 10 月，美国海军少将布莱恩·安东尼奥率领美国海军代表团访问印度果阿。其间，美国海军参观了印度米格战斗机演示，并在印度海军“维克拉马迪亚号”航空母舰上停留。[④] 2018 年 3 月，印度海军上将苏尼尔·兰巴对美国进行为期 5 天的访问，与美国国防部长马蒂斯及美国海军部门指挥官就加强美印两国在印度洋—太平洋地区的海军合作进行会谈。此外，兰巴海军上将还访问了位于美国夏威夷珍珠港的太平洋司令部总部以及弗吉尼亚州达尔格伦的海军水面作战中心。[⑤] 考虑到两国对印太地区事务存在不同看法，美

---

① U. S. Indo – Pacific Command, *Chief of Naval Operations Attends Kickoff of Indian International Fleet Review*, February 5, 2016, https://www.pacom.mil/Media/News/News – Article – View/Article/651440/chief – of – naval – operations – attends – kickoff – of – indian – international – fleet – review/.

② Satu Limaye, “US – India Relations: Progress on Defense While Economic Issues Lag,” *Comparative Connections: A Triannual E – Journal on East Asian Bilateral Relations*, Vol. 18, No. 2, 2016, pp. 161 – 162.

③ Vivek Mishra, “Indo – U. S. Security Cooperation: Implications for the Indian Ocean,” *Maritime Affairs: Journal of the National Maritime Foundation of India*, Vol. 13, No. 1, 2017, p. 78.

④ Naval Today, *US Aircraft Carrier Program Chief Visit India as Part of Indo – US Carrier Tech Cooperation*, November 1, 2017, https://navaltoday.com/2017/11/01/us – aircraft – carrier – program – chief – visits – india – as – part – of – indo – us – carrier – tech – cooperation/.

⑤ The Indian Express, *Navy Chief Admiral Sunil Lanba on US Visit From Monday, Focus on Indo – Pacific*, March 23, 2019, https://indianexpress.com/article/india/navy – chief – admiral – sunil – lanba – on – us – visit – from – mo – nday – focus – on – indo – pacific – 5102235/.

印在 2018 年 9 月首次举行的防长加外长“2 +2”会议强调，两国将会加强更多的军事人员交流，特别是美国海军中央司令部和印度海军之间新的交流，进一步推动和深化两国在亚洲各地的海军合作。① 此后，美国海军 P – 8A 和印度海军 P – 8I 海上反潜巡逻机中队成员在印度果阿进行了主题事务专家交流，这是印度和美国首次在海上侦察领域联合资源，进一步提高了两国海军海上业务能力和协调作战能力。②

除上述外，美印两国海军在国防部和国土安全部支持下，还开展了更广泛的海上合作，包括美国海军陆战队和印度海军陆战队在两栖作战方面的有限接触，以及美国海岸警卫队和印度海岸警卫队在海岸安全方面的有限接触。从 2005 年开始，美印两军联合举行的“战胜敌人”演习是规模和范围皆可随机扩大的连级野外训练年度演习，该演习的主要内容聚焦在两栖理论和两栖行动上，重点是分享情报、通信、武器和装备，使用最低限度军事力量来实现预期军事目标方面的互操作性，以及采取最小化附带损害措施和以最小伤亡率完成最终的任务。虽然印度没有海军陆战队，但美国海军陆战队却有一支印度陆军旅，专门从事“战胜敌人”演习期间的两栖作战。在美印两国海军和海军陆战队致力于加强彼此的伙伴关系的推动下，美印两国海军陆战队也开启互动交流的大门。2018 年以来，美国海军陆战远征队人员两次访问印度两栖运输码头，除简短物流和加油外，海军陆战队还与印度海军同行就人道主义援助和救灾以及海上物流运输进行了主题专家交流，反映出美国和印度海军陆战队之间日益增长的关系。③ 另外，美国与印度也同时开启海岸警卫队联合演习，以加强两国海岸警卫队在海上安全领域的合作和海上安全的维护。2012 年 10 月，美国和印度海岸警卫队共同开展美国潜艇救

---

① Alyssa Ayres, *What Next for U. S. – India Military Ties*, Council on Foreign Relations, September 7, 2018, https: //www. cfr. org/article/what – next – us – india – military – ties.

② Commander of U. S. Seventh Fleet, *U. S. Seventh Fleet Expands Cooperation with Indian Navy in New Delhi*, December 11, 2018, https: //www. c7f. navy. mil/Media/News/Display/Article/1710817/us – seventh – fleet – e – xpands – cooperation – with – indian – navy – in – new – delhi/.

③ Reymundo A. Villegas III, Sailors, *Marines Visit India Aboard USS Rushmore*, Commander, U. S. Pacific Fleet, January 22, 2019, https: //www. cpf. navy. mil/news. aspx/130415.

援系统与印度潜艇之间合作的双边演习。[①] 2016 年 11 月，印度海岸警卫队总干事拉金德拉·辛格和美国海军中将约瑟夫·里希进行会谈，美国海岸警卫队提出为印度官员提供更多的培训设施，并在海上污染防控和禁毒行动方面分享专业知识。[②] 这是印度海岸警卫队与美国官员之间的首次高级别会议，此举也为美印海军及海岸警卫队进一步深化合作奠定了基础。

第三节 美印海洋安全秩序合作

21 世纪以来，印度洋—太平洋地区作为世界重要贸易通道，在全球战略中地位的重要性更加突出，而这一地区航道安全切实关系到美国和印度两国共同的战略利益，维护印太地区海上航道安全也成为美印两国海洋安全合作的主要内容。美国资深外交家傅立民曾指出，“美国在印度洋—太平洋地区，特别是印度洋地区可靠的能源供应以及对确保航海安全方面与印度有着同样的意愿，不论原因何在，对于任何干涉地区能源贸易的企图都会使美印形成针对性的联盟”。[③] 实际上，在美国和印度等地区国家看来，印度洋—太平洋地区过去 70 年的和平发展为该地区的经济繁荣带来与之相应的稳定，而这种稳定主要得益于美国强大而持久的军事存在、可靠的战斗力，以及该地区国家对以规范和原则为标准的地区秩序的集体遵守。随着中国在印太地区的持续崛起，美印主观对中国可能挑战印太地区现有秩序表现出极大的忧虑和担心。在此背景下，维护现有所谓的基于“自由规则”的印太海洋安全秩序也成为美印海洋合作的战略目标。

---

① U. S. Department of the Navy, *US, India Navies to Hold INDIAEX* 2012, October 18, 2012, https://www. navy. mil/su – bmit/display. asp? story_id = 70226.

② Ajit Kumar Dubey, *US Coast Guard Offer to Train India Offers and Share Expertise*, India Today, November 21, 2016, https://www. indiatoday. in/mail – today/story/united – states – indian – coast – guard – training – pollutio – n – narcotics – 353011 – 2016 – 11 – 21.

③ ［美］傅立民著，王柏松、王在亮译：《有趣的时代：美国应如何处理中美关系》，社会科学文献出版社 2018 年版，第 247 页。

一、维护海洋航道安全

自1979年开始，美国卡特政府为执行美国海洋战略推出“航行自由计划”，并由此开展所谓的“航行自由行动”。“航行自由行动”通常有三大功能：一是反海盗等海上犯罪行动、维护国际水道安全和保障美国的海洋商业往来；二是在有争议的国际水道保障美军的海上和空中通行权，这些国际水道是联系海空航行自由的重要枢纽，但由于主权和管辖权的设定出现争议，美国军舰和飞机的“自由航行行动”旨在“提醒”相关国家保障国际水道开放与和平利用的重要性；三是应对美国眼中有“过度海洋权益要求”的一些国家所提出的挑战，通过美军舰机的“航行自由行动”来警示相关国家遵守《联合国海洋法公约》规则的重要性。① 事实上，“航行自由”不是一个在国际法范围内定义的术语，但美国认为所谓的“航行自由”是在国际法框架下保证所有国家享有的权利、自由以及包括对军用船只和飞机在海洋和空域的合法使用。鉴于此，为了有效维护海洋航道安全和美国海洋利益，美国国防部通过在全球范围内开展全面、定期和常规的“航行自由行动”，以维护美国军队的全球流动畅通及其商业活动不受阻碍，确保海上航行自由和航道安全。②

长期以来，印度将经济发展视为国家持续崛起的一种动力来源，这使得印度洋—太平洋地区安全，特别是印度洋地区安全在印度战略展望中具有独特意义。受区域安全因素影响，海洋地理环境增加了印度应对传统安全威胁和非传统安全威胁的脆弱性。印度对印度洋—太平洋地区的海上航行始终有明确的政策指向，即维护印度洋—太平洋地区海洋航道的安全、确保航道航行自由、有领海争议各方遵守国际海洋法以及通过和平的法律形式解决冲突。正因如此，美国“航行自由计划”的实

---

① 朱峰：《“印太战略”阴影下的南海大国较量》，《世界知识》2018年第1期，第18页。

② U. S. Department of Defense, *Annual Freedom of Navigation Report*, *Fiscal Year* 2017, December 31, 2017, p. 2.

施与印度的海上安全需求不谋而合。2015 年印度修订的《海洋安全战略》指出，“为塑造一个安全稳定的海洋环境，印度海军必须加强与友好国家海洋力量的合作，通过相互理解和协调操作更快地应对影响海上安全的不利事件，包括海盗、恐怖主义、自然灾害和平民撤离等局部不稳定形势”。[①]

在加强区域安全架构建设层面，美印也存在维护地区安全稳定的共同利益。为确保印度洋—太平洋地区航道安全，美国与印度共同采取行动，积极实现维护印度洋—太平洋地区海上安全的愿景目标。2007 年 5 月，印度与美国、日本和澳大利亚四国领导人在马尼拉召开的东盟地区论坛期间首次会面，四国共同签署“四边倡议”文件。在这一文件的框架内，印度与美国等其他国家开展了相关活动，包括保护印度洋地区海上交通线畅通、打击恐怖主义、防止大规模杀伤性武器扩散、提高军事协作和联合应对自然灾害能力等方面的联合行动。[②] 美国和印度在印度洋—太平洋地区的海上安全密切合作也反映在 2015 年 1 月两国共同发布的《亚太和印度洋地区联合战略愿景》中。“共同愿景”将亚洲—太平洋地区和印度洋地区视为一个战略统一体，反映出美印两国为实现印太区域的繁荣与稳定合作的承诺。在该愿景文件中，美印两国以协议续接的形式，通过互联互通实现区域经济一体化和维护海上安全的双重议程，确保本地区特别是南海的航行和飞越自由。2017 年美国国务卿蒂勒森在美国战略与国际研究中心发表讲话时就毫不避讳地指出，“印度洋—太平洋地区将成为 21 世纪全球最重要的组成部分，这个地区是 30 多亿人口的家园，它是世界能源和贸易通道的焦点；美国与印度应该通过紧密合作确保印度洋—太平洋地区日益成为一个和平、稳定和不断走向繁荣的地区，而不是成为一个混乱、冲突和有掠夺性经济的地区，美印两国必须成为印度洋—太平洋的东、西灯塔，以此实现印太地

① Indian Navy, *Ensuring Secure Seas*: *India Maritime Security Strategy*, National Strategic Publication, October 2015, p. 22.

② 张春燕：《美印海上合作研究》，四川大学出版社 2014 年版，第 106 页。

区最大和最佳的潜在能力”。[1]

二、维护海洋安全秩序

一般而言，西方国家都认为当今世界秩序是由美国建立和主导的“美国治下的和平”，其实质就是美国这一超级大国在二战后建立的“自由主义霸权秩序”下实现世界和平。[2] 就现实来说，国际秩序与国际权力格局密切相连，其中秩序是动态发展的，秩序的变化常常受到居于主导地位国家的制约和影响。当国际体系中的权力被重新分配到另一个崛起大国时，守成国家就会遏制崛起国家对其主导秩序的威胁，保护自己不受崛起国家建立新型秩序努力的侵害。随着美国实力的相对衰落，特别是中国等其他新兴国家的群体性崛起，旧的国际和地区秩序的矛盾逐渐凸显起来，这种新的国际权力消长催生出新的国际秩序需求，导致国际秩序变革的斗争。[3] 近年来，中国的持续性崛起引发美印等国对印度洋—太平洋地区秩序未来稳定性的质疑。正如有西方学者所指出，“作为亚洲地区潜在不稳定的根源，南海争端等地区问题为美国和印度之间合作提供机会，有助于两国更好地管理地区秩序”。[4]

美国将南海问题视为“印太战略”的“枢纽”，认为南海的和平稳定事关美国自身的战略利益。具体来说，美国坚持认为南海关系到亚太地区稳定、“航行自由”以及各国在东亚海域进行合法商业活动的权利，中国崛起引发南海的持续争端影响这一地区的安全和稳定，而防止中国崛起及其由此带来印太地区潜在的安全秩序变化成为美国尤为关注

---

① U. S. Department of State, *Defining Our Relationship with India for the Next Century*, Remarks by Rex W. Tillerson, Secretary of State, Center for Strategic & International Studies, Washington, D. C., October 18, 2017.

② 潘忠岐：《霸权的困境——“美国霸权治下的和平”与“新帝国论”的神话》，《美国研究》2003 年第 3 期，第 52—54 页。

③ 张东冬：《美国国家实力衰落与国际权力格局变化》，《国际展望》2018 年第 2 期，第 48 页。

④ Joseph Liow, “*The South China Sea*,” in *India – U. S. Relations in Transition*, The Brookings, June 2016, p. 23.

的问题。与此同时，印度认为南海对它来说是一个次要的地缘范围，印度最重要的势力范围是南亚和更广阔的印度洋地区。虽然印度意识到自身不具备在南海提出任何主张的海军能力，但南海日益紧张的局势可以有效遏制中国在印度洋地区的战略延伸和扩展，更好地维护印度在印度洋地区日益建立起以印度为中心的地区秩序。此外，中国提出的“一带一路”倡议也被美印看作是中国改变印太地区秩序的重要步骤。在美国看来，中国借助“一带一路”打造一个不同于现行体系的“非自由秩序”，在非自由秩序影响下，地区地缘政治、商业和治理发展等领域将面临诸多风险。[①] 对印度而言，中国“一带一路”倡议是扩大在印度洋地区的影响力，而印度在印度洋地区的影响力将被严重削弱。[②]

印度洋—太平洋地区正逐渐发展成为全球新的战略重心，美国认为采取保持既有印太地区秩序的最佳策略就是支持这一地区的“多个强有力的民主力量”，通过增加彼此间的有效合作，使这些力量可以在解决地区及全球问题的过程中扮演关键性角色。印度作为“印太战略”的支点国家，是美国印度洋—太平洋地区战略转向的关键一环。与此同时，印度也根据自身战略定位，进一步加强与美国在印太地区的合作，从“向东看”政策向“东向行动”政策的转变正是强调了印度洋—太平洋海域在印度未来地区外交政策中的重要性。2014 年 9 月，莫迪访美期间发表的美印联合声明重申美印两国对维护区域和平与稳定的共同利益，呼吁各方遵守包括《联合国海洋法公约》在内的国际法，以此解决海上争端并避免使用或威胁使用武力。[③] 2015 年 1 月，奥巴马访印期间与印度签署的联合战略愿景及美印联合声明再次提到两国共同维护

---

① United States – China Economic and Security Review Commission, *Hearing on China's Belt and Road Initiative: Five Years Later*, One Hundred Fifteenth Congress Second Session, January 25, 2018, pp. 71 – 72.

② Rahul Mishra, *China's One Belt, One Road Initiative: An Indian Perspective*, The East – West Center, December 16, 2015, https: //www. eastwestcenter. org/events/china%E2%80%99s – one – belt – one – road – initiative – indian – perspective.

③ The White House, *U. S. – India Joint Statement*, Office of the Press Secretary, September 30, 2014, https: //obamawhitehouse. archives. gov/the – press – office/2014/09/30/us – india – joint – statement.

海上安全及保证海上航行自由。其中，美印联合战略愿景确认保护海上安全和确保亚太与印度洋地区，特别是南海航行和飞行自由的重要性。[①] 美印联合声明则对两国在深化海上安全领域合作方面所做的努力表示肯定，提出两国继续维护地区海上安全和秩序的愿景。[②] 2016 年 6 月，莫迪对美国进行回访时，美印再次充分肯定对两国通过合作促进海上安全的支持，并重申以《联合国海洋法公约》为基础，通过和平方式解决领土争端，确保航行、飞越和资源开采自由。[③]

特朗普上任正式提出美国的“印太战略”后，印度洋—太平洋地区同时成为美国与印度未来“联合愿景”的核心，该愿景主张在印度洋—太平洋地区建立一个自由、开放和以规则为基础的海洋秩序。2017 年 6 月，莫迪访美与特朗普共同强调美印两国将根据《联合国宪章》概述的原则，致力于为印太地区制定一套共同原则的声明，两国重申尊重整个地区的航行自由、飞越自由和商业的重要性，并呼吁所有国家按照国际法和平解决领土和海洋争端。[④] 同年 7 月，特朗普政府批准美军在南海执行“航行自由行动”年度计划。印度外交部长斯瓦拉吉在印度上议院发表演讲时明确表示，“印度的立场就是应该（在中国南海）进行自由航行以及保证畅通无阻的贸易往来”。[⑤] 虽然印度未与美国在中国南海和亚洲其他海域进行联合巡逻，但它并没有回避企图在中国南海自由航行的野心。2019 年 3 月，美国众议院军事委员会举行主题为

---

① The White House, *U. S. – India Joint Strategic Vision for the Asia – Pacific and Indian Ocean Region*, January 25, 2015, https://obamawhitehouse. archives. gov/the – press – office/2015/01/25/us – india – joint – strategic – vision – asia – pacific – and – indian – ocean – region.

② The White House, *U. S. – India Joint Statement*: “*Shared Effort*; *Progress for All*, January 25, 2015, https://obamawhitehouse. archives. gov/the – press – office/2015/01/25/us – india – joint – statement – shared – effort – progress – all.

③ The White House, *Joint Statement*: *The United States and India*: *Enduing Global Partners in the 21st Century*, June 7, 2016, https://obamawhitehouse. archives. gov/the – press – office/2016/06/07/joint – statement – unite – d – states – and – india – enduring – global – partners – 21st.

④ The White House, *United States and India*: *Prosperity through Partnership*, Washington, D. C., June 26, 2017, https://www. whitehouse. gov/briefings – statements/united – states – india – prosperity – partnership/.

⑤ Vivek Mishra, “Indo – US Security Cooperation: Implications for the Indian Ocean,” *Maritime Affairs*: *Journal of the National Maritime Foundation of India*, Vol. 13, No. 1, 2017, p. 74.

“国家安全挑战与美国在印度洋—太平洋地区军事活动”的听证会，美国国防部助理部长薛瑞福在听证会上污蔑中国“利用‘一带一路’在南海采取军事化行动，与美国建立自由、开放印太的愿景背道而驰。在应对包括中国在内的印太挑战时，除了增强军事能力和投入外，还应加强与盟友合作，吸引新伙伴的加入”。[①] 显然，印度作为美国重要的全球战略伙伴和“印太战略”的重要支点，势必将成为美国联手维护印太地区海上秩序最为可靠的一员。

第四节　美印海上非传统安全合作

随着非传统安全威胁逐渐由陆地向海洋区域蔓延，印度洋—太平洋沿岸相关国家的海上安全日益面临新的挑战。由于海上非传统安全威胁主要活动空间限于海洋，加之海上地区环境复杂多变，单凭一国的力量很难维持地区海洋的安全稳定。因此，应对海上非传统安全的双边和多边层面合作已成为各国普遍选择。作为印度洋—太平洋地区的主要国家，美国与印度两国海军在反恐怖主义、反海盗、防止核武器及大规模杀伤武器扩散以及应对自然灾害等非传统安全威胁问题上存有共同利益，海上非传统安全领域的合作也引起两国政府的高度重视。美国与印度在非传统安全合作的建设性接触不仅有利于两国海军的持续良性互动和互操作性的实现，同时也为美印建立更为牢固的海上安全伙伴关系奠定了坚实基础。

---

① U. S. House of Representatives, House Armed Services Committee, *Statement by Randall G. Schriver, Assistant Secretary of Defense for Indo – Pacific Security Affairs Offices of the Secretary Defense*, March 27, 2019, https://armedservices. house. gov/_cache/files/e/f/effc8d86 – 1611 – 49c7 – 9bea – 53c7a19b75fe/F92E6F87912814548BF502659CD16299. asd – schriver – opening – statement – 03 – 25 – 2019 – final. pdf.

一、海上联合反恐

美国和印度都面临恐怖主义问题，两国多年来一直在反恐领域合作密切。近些年来，由于各国海上军事防务力量较陆地相对薄弱，恐怖分子逐渐将从事恐怖活动的范围转移到海上区域，海上反恐怖主义合作发展成为美印两国反恐合作的重要方面。2000年，美国“科尔号”驱逐舰在也门爆炸后，美国意识到海上恐怖主义对国家安全构成现实威胁的严重性。为此，美国开始将在印度洋及太平洋地区与他国进行海上反恐怖主义合作，视为美国对外安全事务中的一项战略优先任务。早在克林顿政府时期，美国就与印度建立美印反恐联合工作组，美印通过分享经验、交流信息、共享方法和协调行动等方式加强两国之间的合作，共同打击国际恐怖主义。[①] 美国“9·11”恐怖袭击事件发生不久，印度便立即表态支持美国打击恐怖主义，同时向美国提供有关本·拉登及其在阿富汗训练营的情报，并准备向美国提供空军基地、港口、后勤支持和医疗协助。在此期间，美印两国首次开展海上联合反恐行动，印度海军护送载有军事行动货物的美国船只安全通过马六甲海峡和安达曼海。[②] 此后，为了在打击恐怖主义的斗争中与他国建立良好的伙伴关系，美国太平洋司令部提出《打击恐怖主义伙伴计划》，旨在向在反恐斗争中直接发挥作用的外国中高级军事将领和文职官员提供战略和行动层面的教育和培训。作为美国反恐战争中的关键国家，印度是美国《打击恐怖主义伙伴计划》的主要受益者之一。自项目计划实施以来，美国已陆续向印度高级军官提供多批次的培训和教育，使印度当局在应对跨国家安全威胁方面制定出更全面的方法和举措。[③]

---

① U. S. Department of State, *India – U. S. Statement on Joint Working Group on Counter Terrorism*, September 26, 2000, https://1997 – 2001. state. gov/global/terrorism/000926_india_us. html.

② Amit Baruah, *Only “Escort Duties” in Malacca Straits*, The Hindu, April 23, 2002, http://www. hindu. com/2002/04/23/stories/2002042302911100. htm.

③ Christine M. Leah, *U. S Military Assistance to India: Building Partner Capacity?* S. Rajaratnam School of InternationalStudies, March 2014, pp. 2 – 3.

印度是一个民族、语言和宗教多元化的国家，长期以来一直面临来自分离主义、分裂主义和宗教极端主义等恐怖主义组织威胁。2008 年 11 月，印度孟买爆发连环恐怖袭击事件，造成包括印美等公民在内的 160 余人丧生。印度孟买恐怖袭击凸显出印度沿海安全能力的重大缺失。袭击发生后，美国和印度增强了沿海地区海上防务合作的力度，双方就美国协助印度打击恐怖主义的合作领域达成一致。2010 年 7 月，美国与印度签署《美印反恐怖主义合作协议》，该协议将反恐怖主义认定为美印战略关系中的重要组成部分，倡议并敦促美印两国加大海洋安全维护、抵制海上犯罪活动以及联合军演和军事交流的力度，特别是要加强美印两国的海岸警卫队和海军在甄别诸如海盗和海上恐怖主义等海洋威胁时的交流与合作。[①] 2015 年 1 月，美印发表的联合声明承诺使美印合作关系发展成为 21 世纪具有绝对意义上的反恐关系，表示两国强烈谴责一切形式的恐怖主义，深切关注包括“基地”组织和“伊斯兰国”在内跨国恐怖主义的持续威胁，并呼吁共同采取措施消除恐怖主义安全庇护所和基础设施，破坏恐怖主义网络及其融资，阻止恐怖分子跨境流动。[②] 同年 9 月，美印两国发表《美印打击恐怖主义联合声明》，重申两国承诺打击一切形式的恐怖主义，并宣布采取进一步措施以深化应对各种恐怖主义威胁的合作。[③] 2016 年 6 月，美国还与印度签署一项关于实时交换恐怖情报的重要协议，内容包括互换已知和可疑恐怖分子的传记信息，该协议的签署将印度与美国间的反恐合作提升到新的高度。[④]

---

① Embassy of India, Washington, D. C. , USA, *India – US Sign Counter Terrorism Cooperation Initiative*, July 23, 2010, https: //www. indianembassy. org/archives_details. php? nid = 1292.

② The White House, *U. S. – India Joint Statement*: “*Shared Effort*; *Progress for All*,” January 25, 2015, https: //obamawhitehouse. archives. gov/the – press – office/2015/01/25/us – india – joint – statement – shared – effort – progress – all

③ U. S. Embassy & Consulates in India, *U. S. – India Joint Declaration on Combatting Terrorism*, September 23, 2015, https: //in. usembassy. gov/us – india – joint – declaration – on – combatting – terrorism/.

④ The Indian Express, *India*, *US Sign Deal to Share Information on Terrorists*, June 3, 2016, https: //indianexpress. com/article/india/india – us – ties – for – exchange – of – intelligence – on – terror2831103/.

特朗普政府积极肯定印度作为一个至关重要伙伴在反恐、地区安全和国际和平维护等相关问题上所发挥的积极作用，并进一步加强与印度在印度洋—太平洋地区的反恐怖主义合作。2017 年 6 月，莫迪访美期间与特朗普就加强反对恐怖主义合作达成共识，两国宣布扩大情报共享和业务层面的反恐合作，进一步加强关于恐怖主义集团及其领导人的计划、行动和联系的信息互通，以及关于恐怖主义集团筹集和转移资金的信息交流。① 2017 年 12 月，美印在印度新德里举行首次反恐指定对话，两国交换了关于通过国内和国际机制对恐怖主义集团和个人进行指定的程序信息，并讨论有效实施指定的最佳实践。② 2018 年 9 月，美印首次“2 +2”部长级对话发表联合声明，宣布扩大双边反恐合作，加强有关已知或可疑恐怖分子的信息共享工作。10 月，特朗普政府宣布新版《美国国家反恐战略》。该反恐战略认为恐怖主义威胁比以往任何时候都更复杂、流畅、迅速，美国应该突出外交渠道的重要性以及国际伙伴在共同打击所面临的恐怖主义威胁方面的积极作用，所有国家都必须公平分担对抗恐怖主义的责任，扩大伙伴之间的反恐能力，并合作打击存在已久的恐怖主义分子。③ 此外，美印两国一致同意举行联合反恐演习，通过陆海空全方位的合作进一步提升两国在印太地区的反恐能力。

二、共同打击海盗

海盗是影响印度洋—太平洋地区安全稳定的重要隐患，每年有数十亿美元的货物资源因马六甲海峡海盗的非法获取而流失。随着印度洋—太平洋航运业的深入发展，这一地区海盗海事犯罪数量也在持续增加。海盗威胁凸显出全球跨越政治边界进行合作以及分享情报的重要性，也

---

① The White House, United States and India: Prosperity through Partnership, Washington, D. C., June 26, 2017, https: //www. whitehouse. gov/briefings - statements/united - states - india - prosperity - partnership/.

② U. S. Department of State, *Joint Statement on the First U. S. - India Counterterrorism Designation Dialogue*, December 19, 2017, https: //www. state. gov/r/pa/prs/ps/2017/12/276679. htm.

③ U. S. Department of State, *President Trump's National Strategy for Counterterrorism*, October 4, 2018, https: //www. state. gov/secretary/remarks/2018/10/286448. htm.

成为美国和印度海上合作的重要领域。2002 年 2 月，美国海军中央司令部成立海上联合部队，在整个波斯湾、阿拉伯海、亚丁湾和印度洋的部分地区开展活动。海上联合部队的使命是通过打击恐怖主义、遏制海盗行为、减少非法贩运人口和毒品以及优化海洋环境来阻止破坏海上稳定的活动，从而构建符合规则和法治的海洋秩序。为完成这项任务，海上联合部队建立海上安全和反恐、反海盗和阿拉伯海湾安全与合作三个主要工作组，其中反海盗工作组的主要任务是指派多国特遣部队在亚丁湾、阿曼湾、阿拉伯海、印度洋和红海开展行动。① 2006 年 1 月，印度船舶在印度洋非洲好望角海域遭到索马里海盗劫持，美国海军对印度遭劫持的人员成功进行营救。

为了阻止索马里沿海的海盗和其他破坏稳定活动，美国于 2008 年将海上联合部队与欧盟海军部队进行整合，提出“信息共享与防止冲突”倡议。这一倡议每两年举行一次军事协调会议，其目的是让代表们有机会了解和讨论在该地区打击海盗所涉及的挑战和机遇，并确保海军在进行反海盗行动时的有效合作。② 此后，美印两国海军在印度洋索马里海域进行了联合反海盗巡航。2012 年，印度海军首次成为“信息共享与防止冲突”协调机制的一部分。自加入该倡议以来，印度海军不顾印度政府一些部门的反对，参加了“信息共享与防止冲突”会议。对于驻扎在该地区的印度军舰来说，“信息共享与防止冲突”为印度的海盗巡逻提供接收重要信息的机会，而印度参加“信息共享与防止冲突”也为美印反海盗等合作提供必要条件。在此背景下，美印两国海军通过军舰之间的通信以及参加每月举行的“信息共享与防止冲突”会议，共同消除反海盗行动的干扰。2018 年 3 月，美印已协商同意印度在巴林的美国海军中央司令部担任军事专员，确保两国之间的军舰和航空母舰更好地协调和后勤支持，这意味着美印两国在反海盗合作领域同时迈

---

① U. S. Naval Forces Central Command, Combined Maritime Force – U. S. 5th Fleet, *Combined Maritime Force*, https://www.cusnc.navy.mil/Combined – Maritime – Forces/.

② P. K. Ghosh, *Shared Awareness and Deconfliction Initiative*, Indo – Pacific Defense Forum, February 23, 2016, http://apdf – magazine.com/shared – awareness – and – deconfliction – initiative/.

出实质性的脚步。①

三、防止海上核扩散和大规模杀伤性武器威胁

印度洋—太平洋地区拥有世界上最繁忙的海运港口，该地区可能带来核扩散的船只几乎每天都要经过这些港口。技术的进步已经超出许多国家有效管理出口和控制零部件技术通过海上扩散的能力，相关贸易包含的双重用途技术更是加大管理的难度。例如一些商业项目受核武器、弹道导弹和化学/生物武器管控制度的影响相对有限，或者尽管部分技术受出口管制，但却未完全执行国家制造或再出口材料的严格规定。②随着恐怖分子及犯罪集团的海上活动范围延伸，核武器及大规模杀伤性武器相关制造材料的海上运输查验，成为美国等国家所关注的重要领域。早在“9·11”恐怖袭击事件发生后，美国海关总署就制定了集装箱安全倡议，确保对构成恐怖主义潜在风险的集装箱在装入运往美国的船只之前，先在外国港口进行识别和检查。集装箱安全倡议作为一种安全核查制度，在实施过程中涉及国家间情报的交换，在很大程度上解决了恐怖分子利用海运集装箱运送武器可能对地区边境安全和全球贸易构成的威胁。自该倡议实施以来，印度一直考虑加入其中。经过美印双方反复磋商，印度将位于孟买贾瓦哈拉尔·尼赫鲁港口作为加入集装箱安全倡议的试验点，开启印度与美国在防止核扩散和大规模杀伤性武器合作的进程。③

2003 年 3 月，美国总统小布什在波兰克拉科夫举行的八国领导人

---

① Shishir Gupta, *Soon India Defense Attache at US Navy Bahrain Command*, Hindustan Times, March 21, 2018, https://www.hindustantimes.com/india-news/soon-india-defence-attache-at-us-navy-bahrain-command/story-iTGPB5sLbOlod11MlprWjI.html.

② United States Senate Committee on Armed Services, *Statement of Admiral Harry B. Harris JR., U.S. Navy Commander, U.S. Pacific Command before the Senate Committee on Armed Services on U.S. Pacific Command Posture*, April 27, 2017, p. 12.

③ Gurpreet S. Khurana, *India and the Container Security Initiative*, Institute for Defense Studies and Analyses, July 17, 2007, https://idsa.in/idsa strategic comments/India-and-the-Container-Security Initiative_GSKhurana_170707.

峰会上首次提出《防扩散安全倡议》。根据该倡议，美国及其盟友可以不受国际法律公约限制，在公海上搜索并扣押“可疑”船只。《防扩散安全倡议》的积极意义在于针对海上恐怖主义所采取的预防措施，即这些参与倡议的国家将被允许对“流氓”国家实行隔离，能更有效地加强彼此之间防止核武器及其他大规模杀伤性武器扩散的合作。另外，《防扩散安全倡议》通过加强防止大规模杀伤性武器材料流向敌对国家和恐怖组织，可有力加强集体制止大规模杀伤性武器部件贩运的能力。[①] 自该倡议启动以来，印度一直被视为亚洲有影响力的潜在参与者，但鉴于倡议实施中呈现出复杂性和敏感性，印度政府并未加入该倡议。尽管印度为该协议的非成员国，但其也适时根据自己利益需要与协议成员国进行有关合作。正如有学者指出，“印度不仅悄悄地努力扩大印美双边军事关系，采取打击大规模杀伤性武器相关物资贩运的策略，而且还通过渐进低调的行动获得比公开参与《防扩散安全倡议》更为实惠的好处，同时避免摆出从属美国或走向正式印美联盟的姿态”。[②]

2005 年 7 月，美印签署的《防务合作框架协议》首次规定两国的共同利益包括防止大规模杀伤性武器及相关材料的扩散，保护通过陆地、空中和海上航道的自由贸易流动。[③] 不久，美国总统小布什和印度总理辛格发表联合声明，印度承诺在全球防扩散中努力发挥更大作用，宣布两国达成核合作协议，并强调在防止包括核武器、化学武器、生物武器和放射性武器在内的大规模毁灭性武器扩散的国际努力中发挥主要作用。[④] 值得注意的是，美印 2006 年签署的《美印海上安全合作框架》

---

① John Bolton, *The Bush Administration's Forward Strategy for Non – Proliferation*, *Address to the American Enterprise Institute*, Washington, D. C. , June 24, 2004, http: //www. state. gov/t/ us/rm/33907. htm.

② James R. Holmes, "India and the Proliferation Security Initiative: A US Perspective," *Strategic Analysis*, Vol. 31, No. 2, 2007, p. 331.

③ Institute for Defence Studies and Analyses, *New Framework for the US – India Defense Relationship*, Arlington, VA, USA, June 28, 2005, https: //idsa. in/resources/documents/Ind – US – Def – Rel – 28. 06. 05.

④ U. S. Department of State, *Joint Statement by President George W. Bush and Prime Minister Manmohan Singh*, July 18, 2015, https: //2001 – 2009. state. gov/p/sca/rls/pr/2005/49763. htm.

正式将防止核扩散和大规模杀伤性武器威胁纳入海洋领域，两国一致同意将在符合各自国家法律和相关国际法的基础上，以合作方式应对来自海上的威胁，其中包含非法贩运大规模毁灭性武器及其运载系统和相关材料。①

印度洋—太平洋地区的战略地位上升推动美国和印度在这一地区防止核扩散和大规模杀伤性武器威胁的共同利益更加紧密联系在一起。2015 年 1 月，奥巴马访问印度期间美印签署的联合战略愿景强调，美印一致反对该地区的恐怖主义、海盗行为和大规模杀伤性武器的扩散，两国将共同努力应对这一海上安全威胁。② 此后两国达成的《美印防务关系框架协议》进一步指出，“美印在防止大规模杀伤性武器及相关材料、数据和技术的扩散方面存在共同利益，两国将采取措施加强在这一领域的安全合作”。③ 2017 年，特朗普与莫迪发表的联合声明承诺，美印两国将共同努力防止大规模毁灭性武器及其运载系统的扩散，并阻止恐怖分子和非国家行为者获得此类武器。④ 受“印太战略”的推动和影响，美国与印度正共同致力于建设“自由开放”的印度洋—太平洋地区，防止核扩散和大规模杀伤性武器威胁也愈加成为两国海上合作的优先事项。

四、开展海上人道主义援助和救灾

印度洋—太平洋地区是世界上自然灾害种类多样和灾次高发地区。

---

① Ministry of External Affairs, Government of India, *Indo – U. S. Framework for Maritime Security Cooperation*, March 2, 2006, https：//mea. gov. in/bilateral – documents. htm? dtl/6030/IndoUS + Framework + for + Maritime + Security + Cooperation.

② The White House, *U. S. – India Joint Strategic Vision for the Asia – Pacific and Indian Ocean Region*, January 25, 2015, https：//obamawhitehouse. archives. gov/the – press – office/2015/01/25/us – india – joint – strategic – vision – asia – pacific – and – indian – ocean – region.

③ U. S. Department of Defense, *Framework for the India – US Defense Relationship*, June 3, 2015, http：//archive. defense. gov/pubs/2015 – defense – framework. pdf.

④ The White House, *United States and India*：*Prosperity through Partnership*, Washington, D. C. , June 26, 2017, https：//www. whitehouse. gov/briefings – statements/united – states – india – prosperity – partnership/.

鉴于这一地区自然灾害存在某种不确定性，印太区域内各国军队特别是海军，需要具备迅速反应的能力，同时利用各自的相对优势以及有效的协调和组织，提高预防和应对这些不确定性灾害的能力。作为印度洋—太平洋地区的主要国家，美国与印度在这一地区人道主义援助/灾难救援方面展开了紧密合作，取得了一定的成效。按照国际海事组织的定义，大规模搜救行动是指，“一个国家需要立即向大量遇险人员提供救援，但搜救机构在正常情况下所能提供的营救能力不足以完成救助任务，需要协调其他可用资源才能完成的搜救行动”。① 海上救援行动一般具有很大的挑战性，不仅需要事前做好充足的救援行动准备，同时在救援的过程中需要多个领域部门和多个国家的充分协调，通过快速、有序、高效地组织海上突发事件的应急反应行动，救助遇险人员并控制海上突发事件扩展，最大程度地减少海上突发事件造成的人员伤亡和财产损失。

2004 年 12 月，一场巨大的海啸袭击了印度洋，造成 14 个国家近 23 万人死亡。在此背景下，美国和印度在日本和澳大利亚的协调下，迅速成立将人道主义援助和减轻灾害整合在一起的“海啸核心小组”，协调最初的救灾工作。美国和印度海军还派遣一系列海军和空军力量协助救灾工作。其中，美国部署了由“林肯号”率领的航母战斗群、由“理查德号”率领的远征军战斗群以及美国海军“慈悲号”医院船。② 印度海军则在指定的行动中部署 32 艘军舰、7 架飞机和 20 架直升机。③ 虽然美国和印度自 1992 年以来举行多次海军演习，但海啸救援工作标志着美国军方对印度军方看法的一个转折点。印度在应对印度洋灾难方面拥有的地理优势能够比美国军队更快到达现场实施紧急救援。可以说，美国在此之后对印度作为潜在“净安全提供者”的看法发生根本

① International Maritime Organization, *Large Scale Rescue Operation At Sea*: *Guidance on Ensuring the Safety and Security of Seafarers and Recued Persons*, Second Edition 2015, pp. 2 – 10.

② U. S. Department of the Navy, *U. S. Navy Relief Efforts after the Indian Ocean Tsunami*, December 26, 2004, http: //www. history. navy. mil/faqs/faq130 – 4. htm.

③ Vijay Sakhuja, *Indian Naval Diplomacy*: *Post Tsunami*, Institute of Peace and Conflict Studies, No. 1640, February 8, 2005, http: //www. ipcs. org/article/navy/indian – naval – diplomacy – post – tsunami – 1640. html.

性改变，并开启与印度联合海上人道主义援助和救灾合作新篇章。

2005 年，美印两国领导人签署《美印灾难救援倡议》，旨在激励两国展开更加密切的接触和训练，从而为未来印度洋海域灾难发生时两国做出及时有效的联合反应做好准备。作为救灾行动的一部分，美国和印度同意通过合作帮助其他国家提升救灾能力，同时分享最佳实践以及分享区域应对自然灾害的经验。① 在《美印灾难救援倡议》框架下，美印两国在印度洋—太平洋地区相继联合开展海上人道主义援助和救灾合作，进一步提升了两国在这一领域海上合作的水平。2006 年，美国与印度开启关于人道主义援助/灾难救援为主题的“蛇神”年度联合军演，为现实人道主义援助和联合救灾行动积累经验。2008 年，缅甸的“纳尔吉斯”强热带风暴发生后，美国立即与印度进行协调合作，对缅甸的灾后重建进行帮助。2011 年，美印防务政策小组会议宣布，人道主义援助和救灾以及海上安全和反恐将成为美印防务合作的优先领域。为此，海上人道主义援助和救灾演习开始成为“马拉巴尔”系列演习广泛互动的组成部分，特别是日本东北部发生海啸灾害后，美印积极参与在西太平洋的灾害应急演习，进一步扩大了美印应对灾害的地缘范围。② 此外，印度 2012 年首次作为观察员参加美国在夏威夷主办的环太平洋军演，该系列演习中也首次涵盖了人道主义援助和救灾活动，为参与国远征军应对外部灾难提供培训和认证，进一步加强了美印两国应对人道主义援助和救灾的合作。③

随着印度的迅速崛起以及在印度洋—太平洋地区地位的迅速提升，印度政府越来越认识到印度海军在人道主义援助和救灾行动中发挥的关键作用。2014 年莫迪就任总理后更加重视印度的海军建设，开始着手对与医管局/医生行动有关的海军部队进行升级换代，其中包括大量水

① U. S. Department of State, *Fact Sheet*: *U. S. – India Disaster Relief Initiative*, Washington, D. C., July 18, 2005, http: //2001 – 2009. state. gov/p/sca/rls/fs/2005/49730. htm.

② Aaron M. Pineda, U. S., *Indian Navies Kick Off Malabar* 2011, Commander, U. S. Seventh Fleet, Apr. 5, 2011, http: //www. c7f. navy. mil/news/2011/04 – april/007. htm.

③ Stephanie Smith and Kaitlyn R. Breitkreutz, *RIMPAC* 2012 *Concludes*, Commander Naval Surface Force, U. S. Pacific Fleet, August 3, 2012, http: //www. public. navy. mil/surfor/Pages/RIMPAC 2012 Concludes. aspx.

陆两栖舰艇和船上有医疗设施的舰艇。印度未来更为宏伟的计划是向西太平洋地区延伸和扩展，把印度海军建设成为世界级的“蓝水”部队，而在未来的灾难援助和人道主义行动中发挥重要且有助于扩大印度自身的影响力。随着印度成为从南亚到东亚的救灾重点国家，美国也希望加强美印两国间的合作伙伴关系，通过太平洋海啸预警中心的海啸预警系统和印度洋海啸预警系统共同应对印太区域可能出现的挑战。美国兰德公司（RAND）此前向美国国防部提交一份题为《亚太地区救灾工作的经验与教训》的报告，其中就建议美国鼓励印度在支持人道主义援助和救灾行动上做出更大的贡献。① 在此背景下，特朗普政府进一步强调了美印两国在深化人道主义援助和救灾等方面合作的重要性。② 随着美国“印太战略”的深入展开，应对海上人道主义援助和救灾方面的合作将继续成为美印两国海上合作不可或缺的一部分。

五、信息共享与海上感知领域合作

信息共享与海上感知领域是当代海上安全议程的核心内容，是不同国家的海事安全机构之间协调与合作的先决条件之一，主要目标是发展对海上感知和威胁的共同理解。③ 近年来，打击海盗、海上恐怖主义和大规模杀伤性武器相关制造材料的海上运输等非传统安全挑战呈现出一项数据密集型活动。由于理解和阐释海洋环境下发生境况所具有的挑战性，搜集、处理和分析关于航运、货运和人员流动数据和信息显得尤为

---

① Jennifer D. P. Moroney and Stephanie Pezard, etc, *The Summary of Lessons from Department of Defense Support to Foreign Disasters in the Asia – Pacific Region* (*Chinese translation simplified characters*), The RAND, 2016, https://www.rand.org/content/dam/rand/pubs/research_reports/RR100/RR146/RAND_RR146z1.zhs.pdf.

② U.S. Department of State, *Defining Our Relationship with India for the Next Century*, Remarks by Rex W. Tillerson, Secretary of State, Center for Strategic & International Studies, Washington, D.C., October 18, 2017, https://www.state.gov/secretary/20172018tillerson/remarks/2017/10/274913.htm.

③ Christian Bueger, "From Dusk to Dawn? Maritime Domain Awareness in Southeast Asia," *Cotemporary Southeast Asia*, Vol. 37, No. 2, 2015, p. 158.

重要。国家间开展信息共享与海上感知领域的合作对于全球各国识别敌我双方的船只和潜艇，掌控货物的整个供应链，识别船上的人员，了解海事领域内或跨界的基础设施，并发现所有这些领域的异常情况和潜在威胁具有十分重要的作用。①

信息共享与海上感知领域是印度在印度洋地区责任的一个独立领域，海上感知领域有潜力缩小印度海军与其他地区海上力量在印度洋地区的能力差距。与此同时，信息共享与海上感知也成为美国和印度之间在非传统安全一个强有力的合作领域。尽管印度需要在印度洋建立强大的海洋感知体系，其核心是应对非传统安全威胁、商业畅通问题和其他海上安全威胁，但中国在印度洋的战略存在成为印度所关注的更为重要的议题，这也扩大了美国在海上感知领域向印度提供技术和物质援助的范围。随着印度“东向”战略的有效实施，印度的海域感知战略正逐步扩展到包括其专属经济区在内的其他地区，因此需要像美国这样的伙伴来有效地执行海上感知任务。2004 年，美国海军首次为印度舰艇安装“联合战区信息交换系统”，实现了美印两军战术情报的共享，进而提升两国联合演习参演部队的态势感知和信息互通能力。②

归因于整个世界都是由海洋所连接，识别有关船舶身份的信息成为解决来自海上航线任何潜在威胁的重要手段。为发展有效的区域海洋领域意识，印度自 2015 年开始分别与澳大利亚、缅甸等国签署关于船只信息交换的《白色航运协议》。特朗普执政以来，美印扩大了海上感知领域建设以及应对非传统威胁能力建设的范围和广度，印太地区信息共享与海上感知领域越来越成为美印海上安全合作一个强有力的领域。在此前美印《白色航运协议》的基础上，特朗普政府通过深入实施“白色航运”数据共享计划，进一步加强了美印两国在海洋海事信息的共享。《白色航运协议》通过建立一个信息共享网络，允许美印两国海军在各自的国家法律、法规和政策下交换有关其水域中船只的信息，这些船舶通常分为白色（商用船舶）、灰色（军用船舶）和黑色（非法船

① Christian Bueger, *What is Maritime Security*?, Maritime Policy 53, March 2015, p. 141.

② 赵青海：《美印军事合作及其制约因素》，《国际问题研究》2008 年第 5 期，第 23 页。

舶）。协议签署后，美印两国以古尔冈的海军信息管理与分析中心作为《白色航运协议》的节点中心，共享关于白色船只航运的非机密信息，并提供互利海事信息的框架。① 《白色航运协议》的签署和实施，进一步加强了美国和印度海军在印度洋—太平洋地区的海上战略协调合作。

2018 年 4 月，美国印太司令部第 25 任司令菲利普·戴维森上将在参议院军事委员会听证会上特别阐述了美国在海上感知领域方面与印度合作的意图。戴维森强调，“美印防务关系很牢固，美国和印度有一系列共同的安全利益，包括海洋领域意识、反海盗、反恐、人道主义援助和救灾的合作，两国在共同威胁的更多情报分享方面存在合作的巨大潜力”。② 2018 年 8 月，美国国务院发布《美国在印度洋—太平洋地区安全合作》情况说明书，表示美国将与印太地区的伙伴合作，利用有人驾驶和无人驾驶航空系统开发沿海雷达，增强海事领域意识，快速部署人道主义援助和救灾工作的海事平台以及加强信息共享机制，将安保和国防机构与业务层面联系起来。③ 此外，印度海军启动了信息融合中心，通过开发全面的海洋领域意识并分享有关船舶的信息，用于帮助弥补印度洋地区海上行动总体图像中的漏洞。④ 鉴于美印两国已经签署《白色航运协议》，信息融合中心将在推动美印两国在印度洋地区的海域感知领域的密切合作方面发挥积极作用。

---

① Sushant Singh, *India – US Joint Statement Defense: Sorting a Few Legacy Issues, Framing a New Agenda*, The Indian Express, June 9, 2016, https://indianexpress.com/article/explained/prime – minister – narendra – modi – us – visit – president – barack – obama – nsg – nuclear – reactor – lemoa – white – shipping – agreement – 2842064/.

② U. S. Senate, United States Senate Committee on Armed Services, *Advance Policy Questions for Admiral Philip Davidson, USN Expected Nominee for Commander, U. S. Pacific Command*, April 17, 2018, p. 32.

③ U. S. Department of State, *U. S. Security Cooperation in the Indo – Pacific Region*, Washington, D. C., August 4, 2018, https://www.state.gov/r/pa/prs/ps/2018/08/284927.htm.

④ Ministry of Defense of India, *Raksha Mantri Inaugurates Information Fusion Centre – Indian Ocean Region*, December 22, 2018, http://pib.nic.in/newsite/PrintRelease.aspx? relid = 186757.

本章小结

本章详细介绍了“印太战略”框架下美国与印度海上合作的主要领域，重点包括美国与印度两国的海上防务合作、海军交流合作、海洋安全秩序合作及海上非传统安全合作。作为美印战略伙伴关系中最重要的方面，美印海上防务合作已成为推动美印双边整体关系发展最重要的动力源泉，通过签署防务合作协议、构建防务合作机制、提升防务贸易水平等举措，两国在海上防务合作领域取得诸多成果。作为美印海上力量发展最具长远的方式，海军交流已成为美印海上防务关系日益密切的主要象征。美印两国海军的合作蕴含广泛，其中包含年度海上联合演习、海上联合训练、海上合作对话、海军互动交流等一系列活动。作为对印太地区秩序发展变化的回应，维护现有所谓基于“自由规则”的印太海洋安全秩序也成为美印海上合作的重要目标。美印维护印太海洋安全秩序主要有海洋航道安全合作和维护海洋安全秩序两个方面。此外，作为印度洋—太平洋地区的主要国家，美印两国海军在非传统安全威胁问题上的共同利益也日益趋同，海上非传统安全领域的合作引起两国政府的高度重视。具体来说，美印两国在海上联合反恐、共同打击海盗、防止海上核扩散和大规模杀伤性武器威胁、开展海上人道主义援助和救灾以及海域感知领域等方面进行了卓有成效的合作。

第四章　美国与印度海上合作的动力来源

就印度洋—太平洋地区而言，美国与印度海上合作有着强劲的内外动力。一方面，美国维护自身在印太地区的战略利益为其加强与印度开展海上合作提供内在动力；另一方面，美印在“印太战略”框架内的双边战略互动以及两国在多边机制领域内的合作为美国与印度密切海上合作给予外在动力。此外，美印共同享有的战略文化也成为美国与印度在印太地区的海上合作的潜在动力。

第一节　美国自身战略利益的考量

维持二战后建立起的世界霸权地位历来被美国视为国家的最高利益。2017 年特朗普政府新版美国《国家安全战略报告》对美国的国家利益进行明确界定，即“保护美国国内安全、促进美国经济繁荣、保持军事实力优势、提高美国全球影响力等四个方面是美国在竞争激烈的世界里至关重要的国家利益”。[①] 从历史经验来看，美国的世界霸权建立在海洋霸权基础之上，维护世界海洋霸主地位始终是美国历届政府所追求的最重要的战略目标。在美国看来，在印度洋—太平洋地区优势地位的丧失将削弱美国在全球范围内保障自身利益的能力。为确保在这一地区的海上主导地位，美国从自身的实际战略利益出发，积极谋求与印度

① The White House, *National Security Strategy of the United States of America*, December 20, 2017, pp. 7 – 44.

的海上合作。

一、美国海上战略利益需要

美国拥有世界上最强大的海上军事力量，它在全球海上的优势地位为长久以来保持美国世界霸主地位提供强大物质保障。随着印度洋—太平洋地区在美国战略中的作用日益凸显，塑造“自由、开放”的印度洋—太平洋地区成为美国维护全球领导地位的关键步骤。概括起来，美国在印度洋—太平洋主要存在三个方面的战略利益，即经济利益、政治利益和安全利益。

第一，经济方面，确保海上航线自由和安全，构建有利于美国的印太地区经济关系。作为世界上最大的经济体，美国在印太地区具有重大的经济利益，维护在印太地区的经济利益已经成为美国至关重要的战略目标。从能源方面看，美国国内所需的22%的石油进口和经济发展所依赖的50多种战略矿产资源来自印太沿海地区或从中过境，其经济发展所关注的很大一部分是通过印度洋—太平洋将货物和能源推向市场的运载船舶的安全性。① 此外，美国在亚洲的日本、韩国、泰国和菲律宾等主要盟国，以及印度和新加坡等重要的区域合作伙伴，都严重依赖经过印度洋—太平洋区域的能源运输。如果上述国家的能源来源受到威胁，那么美国的经济发展也必然会相应受到影响。

从贸易方面看，超过2/3的全球贸易要通过印太地区的海域、空中、公路和铁路，尤其是50%的贸易要经过印度洋—太平洋的公海航道和空中航线。对于美国来说，美国在印太地区的贸易额每年超过1.8万亿美元，支持美国国内330多万个工作岗位。在印太地区，美国的区

① Andrew S. Erickson, Ladwig C. Walter III and Justin D. Mikolay, “Diego Garcia and the United States’ Emerging Indian Ocean Strategy,” *Asian Security*, Vol. 6, No. 3, 2010, p. 218.

域总投资额接近 1 万亿美元，超过中国、日本和韩国的投资的总和。[①] 与此同时，美国 50% 以上的出口商品流向这一地区，在美国前 15 大贸易伙伴国中，位于印太地区的国家就占据半数以上。[②] 根据美国有关预测，未来印太地区将成为全世界 40% 中产阶级的家园，这些规模巨大的并不断扩大的市场对美国商品出口极为有利。随着印太区域性基础设施需求的不断加大，美国通过支持公司企业在这一地区私人投资，能够获得巨大的经济收益。[③] 总而言之，印太地区已发展成为全球最具发展活力和潜力的地区，同时也是保持美国经济发展和繁荣的主要引擎，保持印太地区海上的安全和稳定对美国具有极其重要的战略经济意义。

美国在印太地区巨大的经济利益关乎美国经济乃至全球经济的持久繁荣。如果印太地区的海上航行和安全受到威胁和阻碍，将对整个印太地区乃至世界经济的稳定发展带来致命性打击，这也势必对美国的经济利益构成严重影响。正如美国军方发布的《21 世纪海上力量合作战略》指出的那样，"印度洋—亚洲—太平洋国家对美国及其盟国和伙伴国的重要性在持续增加，美国的经济和安全同途经印度洋和太平洋的大量贸易息息相关，这片广袤的海域经济重要性、安全利益和地理位置决定保护美国利益和维持对该地区稳定的长久承诺越来越多地依赖海上军事力量"。[④] 就现实而言，维护广袤的印度洋—太平洋地区航线自由和安全稳定不能仅凭美国一己之力，需要美国与这一地区的盟友和伙伴开展合

---

① Mike Pence, *The United States Seeks Collaboration, Not Control, in the Indo – Pacific*, The Washington Post, November 9, 2018, https://www.washingtonpost.com/opinions/mike – pence – the – united – states – seeks – collaboration – not – control – in – the – indo – pacific/2018/11/09/1a0c330a – e45a – 11e8 – b759 – 3d88a5ce9e19_story.html? utm_term =.358991b96eda.

② U. S. Department of State, *Briefing on The Indo – Pacific Strategy*, Alex N. Wong, Deputy Assistant Secretary, Bureau of East Asian and Pacific Affairs, Press Correspondents Room, Washington, D. C., April 2, 2018, https://www.state.gov/r/pa/prs/ps/2018/04/280134.htm.

③ Mike Pence, *The United States Seeks Collaboration, Not Control, in the Indo – Pacific*, The Washington Post, November 9, 2018, https://www.washingtonpost.com/opinions/mike – pence – the – united – states – seeks – collaboration – not – control – in – the – indo – pacific/2018/11/09/1a0c330a – e45a – 11e8 – b759 – 3d88a5ce9e19_story.html? utm_term =.358991b96eda.

④ U. S. Navy, Marine Corps, Coast Guard, *A Cooperative Strategy for 21st Century Seapower*, March 13, 2015, p. 11.

作，特别是加强与印度的合作。

第二，政治方面，确保美国在这一地区的海上霸权地位。美国是海权学说的发源地，海权被视为是美国全球霸权的主要支柱。[①] 美国战略学家马汉的海权理论长期以来深刻影响其海上霸权政策，维持绝对的海权优势是马汉“海权论”诞生以来美国孜孜以求的首要目标。对于马汉来说，制海权对一国力量发展极为重要，海洋的主要航线能带来大量商业利益，因此必须有强大的海军舰队确保获得制海权以及足够的商船与港口来利用此利益。海洋势力的三大支柱是国际商贸、海军和商业的航运以及前沿海军阵地。[②] 从 17 世纪英国、法国、西班牙三国的海上冲突和战争，到 19 世纪英国通过海上优势打败法国，再到二战后美国从英国手中接过世界海洋的主宰权，这些海军行动都是通过夺取海上制胜权而取得胜利。[③] 显而易见，历史上海权与大国的兴衰有着清晰而紧密的联系，这也成为美国对制海权更加重视的关键缘由。

受马汉经典海权思想和世界海权更替轨迹两大因素影响，美国历来认为其业已建立起来的世界霸权主要基于对海上要冲的有效控制。美国 2007 年发布的《21 世纪海权合作战略》重申使用海权加强管控海洋及沿岸行为体的行为及活动。该战略同时强调，美国海上力量的远洋特征及多样性兵种，促使美国具有无与伦比的海上优势来扩大与收缩军事力量范围，而美国的海外永久军事基地具有十分重要的经济、社会、政治影响。[④] 2015 年发布的《21 世纪海上力量合作战略》展示出美国维护全球海洋利益的目标和手段。这一战略强调美国将增加部署在印太地区的舰船、飞机和海军陆战部队，通过战略核威慑、建立海上控制、加强

---

① 解晓东、赵青海：《美国对海权的再认识及其政策影响》，《国际问题研究》2017 年第 3 期，第 63 页。

② Alfred Thayer Mahan, *The Influence of Sea Power upon History*, 1660 – 1783, New York: Dover Publications, 1987, p. 71.

③ 熊显华：《海权简史：海权与大国兴衰》，台海出版社 2017 年版，第 140—265 页。

④ U. S. Department of the Navy, *A Cooperative Strategy for 21st Century Seapower*, October 17, 2007, https://www. hsdl. org/? view&did = 479900.

力量投射及加强伙伴关系，确保美国海上力量在全球中的优势。① 2017年美国海军发布的《水面力量战略——重返制海》白皮书提出“重返制海”战略，对美国海军水面部队未来的发展做出详细规划，核心目标是提升美国对全球海洋保持实时控制的能力，以此重振美国海军海上控制及力量投射能力。②

美国维持在印太地区的制海权及其海上霸权地位，旨在实现以下两个方面的目标：一是维持自身传统海上霸权优势。在印度洋—太平洋地区，美国通过强化在关键海岛建立的军事基地，控制重点航道和海域的交通线，确保战时能对他国海上军事运输和海军力量行动进行有效封锁。同时，通过控制印度洋和太平洋重要航道和战略要塞，取得印太关键航道和海域的主导权，确保美国在紧急危机之时方便太平洋和印度洋之间军事力量的投送。此外，通过持续部署可靠的战斗力量，能够随时应对可能出现的危机，威慑潜在的敌人和竞争者，防止对美国海上优势构成挑战。2017 年 5 月，美国海军作战部发布的《未来海军》白皮书强调要保持美国海军舰队的竞争力，要求美国海军确保对远洋、近海和滨海地区的海洋控制，使其成为与对手争夺和保持制海权的重要力量基础。③ 二是建立的海上区域制度体系能够以一种较为隐蔽的方式强化和延续美国的海上支配能力。美国在印太地区的海上联盟体系是美国维持在该地区主导地位和保持在该地区海上优势的重要工具之一。为此，美国需要通过拉拢印度等地区联盟及伙伴国家，建立以美国主导的双边或小多边安全网络机制，试图通过以美国为主导的多边海上军事联盟或制度安排，强化美国在这一地区的海上军事存在，巩固在印太地区的海上霸权。

第三，安全方面，有效管控印太地区的安全风险，防止美国的海上

---

① U. S. Navy, Marine Corps, Coast Guard, *A Cooperative Strategy for 21st Century Seapower*, pp. 11 –26.

② U. S. Department of the Navy, *Surface Force Strategy*: *Return to Sea Control*, January 9, 2017, https: //www. public. navy. mil/surfor/Documents/Surface_Forces_Strategy. pdf.

③ U. S. Department of the Navy, *Chief of Naval Operation's White Paper*: *The Future Navy*, May 17, 2017, https: //www. navy. mil/navydata/people/cno/Richardson/Resource/TheFutureNavy. pdf.

利益受到重大威胁。现实表明，印度洋—太平洋地区海上安全风险远远高于世界其他地区，而这些海上安全风险对美国的海上安全利益构成很大威胁，美国需要管控印太地区的潜在安全风险，有效维护在印太地区的战略安全。

首先，美国在传统安全方面需要采取措施应对安全威胁：一是打压印太地区有能力和意图威胁美国“航行自由”的国家。朝鲜在西太平洋海域进行多次导弹试验、伊朗扬言关闭印度洋海域的霍尔木兹海峡等行为，被美国认为是严重挑战其印太地区安全利益的敌对行动，美国需要提前准备并采取相应惩罚性措施。二是防止东海和南海沿岸国家海洋争端对美国经济利益和航道安全构成威胁。美国始终以“航行自由”为借口，谋求所谓的“海上安全”，并常以“仲裁者”的身份介入中国南海等领海事务争端之中，谋求自身利益最大化，反而加剧了自身的安全困境。三是防范印太地区诸如索马里、缅甸等所谓“脆弱”和“失败”国家自身内部的不稳定性和脆弱性扩散到外围的印太区域。为维护广大印太地区的安全与稳定，美国积极强化在印太地区的军事存在，以减少自身安全利益受到上述事件的损害。

其次，从非传统安全方面来看，印度洋—太平洋地区沿岸的东南亚、中东和东非宗教极端势力猖獗，加上容易受国际格局变化的影响，这些地区的安全局势格外动荡。[①] 美国需采取措施防止此地区滋生的海盗武装劫持人员、国际恐怖主义、极端宗教组织对印度洋—太平洋海上通道以及美国安全利益的严重挑战。与此同时，跨国犯罪组织仍然是印度洋—太平洋地区稳定的潜在威胁。美国需及时防止这些组织网络为人员偷渡，以及与之相联系的武器、毒品和金钱走私提供便利，杜绝非法人员做出损害美国在印太地区利益的行动。此外，环境问题正越来越多地影响海上安全，特别是在近50%的世界人口居住的印度洋和太平洋沿海地区尤为如此。美国需要有效应对印太地区气候变化导致风暴、地震、海啸等自然灾害的频繁发生，减少上述情况可能导致的社会动荡对

① John F. Bradford, “The Maritime Strategy of the United States: Implication for Indo - Pacific Sea Lanes,” *Contemporary Southeast Asia*, Vol. 33, No. 2, 2011, pp. 189 - 191.

美国在这一地区安全利益产生的不利影响。

总的来说，“自由、开放和安全”的海洋领域被美国视为是国家安全的根本保障。与此同时，美国也自认为承担着向印度洋—太平洋地区提供公共产品以维护这一地区安全的责任。作为“印太战略”的一部分，美国旨在加强在印太地区的海上军事部署，应对印太地区出现的威胁和挑战，以防止地区的不稳定因素损害美国的战略利益。事实证明，印度洋—太平洋地区正面临越来越多的传统和非传统安全挑战，然而与陆地不同，包括美国在内的任何国家的军队都不能完全占领海洋。美国除利用自身军事力量保护海上利益外，同时也包含自身战略规划和国家间的战略合作。2008 年国际金融危机以来，美国的国家实力呈现出相对下降的态势。在此背景下，美国尤其重视盟友及伙伴在美国对外战略中的突出作用，期望在“自由主义霸权”原则的基础上，这些盟友和伙伴对于维护自身和美国安全方面做出更大贡献，尤其在维系美国全球领导地位方面发挥更为重要的作用。特别是在海上安全领域，美国坚持认为在与盟国和伙伴国联合行动时，能够将各自的能力联合起来，产生比各个力量总和还要大的海上联合力量，解决共同面临的海上安全利益威胁。①“印太战略”就着重强调如何在印太地区激活包括印度等在内的所有关键节点，以美国为核心组建全区域的安全网络。在新的合作理念之下，美国将会进一步加强与这些国家的海上合作，鼓励它们在印太事务中发挥更大作用，以弥补美国自身国力相对下降带来的实力不足。②

二、美印海上力量结构互补

受客观条件限制，美国“印太战略”实施需要与地区主要国家开展合作。鉴于印度海上力量发展及美印海上力量结构互补，美国将战略合作的主要对象特别瞄向印度，并试图将印度打造成地区安全“平衡

① U. S. Navy, Marine Corps, Coast Guard, *A Cooperative Strategy for 21st Century Seapower*, March 13, 2015, p. 2.

② 胡波：《美国“印太”概念中的海权竞争图谋》，《军事文摘》2018 年第 3 期，第 16 页。

者”和“提供者”角色，以期实现美国的战略目标。

第一，印度海上力量的迅速崛起，能够为美国分担军事投放力量，使印度成为美国维护印度洋地区稳定的合作者。印度是南亚以及印度洋地区首屈一指的大国。冷战结束后，印度开启的自由经济改革不仅打开了海外市场，而且彻底改变了自身的战略思维。在此后的印度经济发展中，海上贸易占有绝对重要的地位，海洋在印度国家战略全局中的位置更加凸显。自21世纪以来，印度的战略思维一直表现为区域性、海洋性和前瞻性的特征。[①] 为进一步巩固和加强在全球权力格局中的地位，印度在崛起的过程中制订了一项雄心勃勃的海洋发展计划。与此同时，印度海军也在迅速发展进步，并采取一切可能的措施致力于建立一支“蓝水”海军。可以说，印度海军在过去20年向“蓝水”海军的稳步发展与印度作为全球新兴经济体的崛起同步发展。印度海军不仅在整个海军作战范围内获得可靠的能力，还发展了大量的配套基础设施，如海军基地、训练设施、维修保养设施和足够的造船能力。[②]

印度不仅在印度洋东北部崛起，而且也有意向更广阔的西太平洋地区扩展，成为真正意义上的海上强国。印度的“东向”战略为印度海上的拓展提供了合理依据，在印度洋地区外，尤其在东南亚和西太平洋地区，印度在某种意义上可以承担更大的海上角色。印度日益增强的实力及其在该地区担当“净安全提供者”这一雄心勃勃角色的能力正在得到充分展现。印度海军还大幅调整资源配置，“向东行动”政策从战略层面支持印度海军扩展外围活动空间，可从印度洋进一步向西太平洋延伸。[③] 在当前背景下，印度海军不断增长的潜力与它在捍卫印度战略资产和海外利益方面发挥的更大作用日益相符。印度海军在印度洋—太平洋地区的经济安全方面也同时表现出前所未有的自信。在未来几年，

---

① Siraj Nizamsni, “India's Emerging Indian Ocean Strategy,” *IPRI Journal*, Vol. XIV, No. 1, 2014, p. 67.

② Shishir Upadhyaya, “Maritime Security Cooperation in the Indian Ocean Region: The Role of the Indian Navy,” *Australian Journal of Maritime and Ocean Affairs*, Vol. 6, No. 4, 2014, p. 179.

③ Ramanand Garge, “Maritime Outreach as Part of India's ‘Act East Policy’”, *Australian Journal of Maritime & Ocean Affairs*, Vol. 9, No. 3, 2017, pp. 160 – 163.

印度海上军事力量在塑造印度洋—太平洋地区地缘政治、经济和安全环境方面势必将会发挥越来越重要的作用。①

就美国而言，将维护地区安全的一些责任转嫁给区域盟友和伙伴是其获取战略利益的现实做法。早在 2011 年，美国副国务卿威廉·伯恩斯就曾讲到，海洋是印度安全和繁荣的关键，美国欢迎并支持印度不断增长的海军能力以及在亚洲的参与。印度作为潜在的海洋领域“净安全提供者”，在印度洋和太平洋地区的强大影响力令美国感到欣慰。美国有意与印度合作，探索未来的海上合作，以应对海上各种机遇和挑战。② 事实来看，考虑到印度在印度洋的战略地位以及日益增长的海军力量，美国意在加强与印度的海上合作，推动印度成为印太地区特别是印度洋地区海上安全的主要提供者，这不仅将有助于减轻美国在这一地区军事力量的投放压力，同时也有利于美国对印度洋地区实施有效的管理控制。

第二，印度与美国综合国力的巨大差距，使美国能够放下包袱，进而放心与印度发展海上合作关系。自二战结束以来，美国始终认为对其构成挑战的国家只能是同美国实力最为接近的地区崛起大国，而通过综合国力的对比，印度对美国世界霸权地位的挑战还有待时日。在经济方面，自 20 世纪 90 年代印度经济开始迅猛发展，2017 年印度的国内生产总值为 2. 597 万亿美元，超越法国成为世界第六大经济体。③ 与此同时，印度在 2014/15 财政年度的国内生产总值增速达 7. 3%，成为世界主要经济体中成长最快的经济体。④ 虽然许多经济专家均预测印度 2050 年将

---

① Gurpreet S. Khurana, “India’s Maritime Strategy: Context and Subtext,” *Maritime Affairs: Journal of the National Maritime Foundation of India*, Vol. 13, No. 1, 2017, p. 14.

② U. S. Department of States, *U. S. – India Partnership in an Asia – Pacific Century*, William J. Burns, December 16, 2011, https://2009 – 2017. state. gov/s/d/former/burns/remarks/2011/178934. htm.

③ World Bank, *GDP, Current US $*, https://data. worldbank. org/indicator/NY. GDP. MKTP. CD? locations = IN – 1W.

④ ET Bureau, *Q4 GDP Growth at 7. 5%; Economy Grows at 7. 3% in FY15*, The Economic Times, May 30, 2015, https://economictimes. indiatimes. com/news/economy/indicators/q4 – gdp – growth – at – 7 – 5 – economy – grows – at – 7 – 3 – in – fy15/articleshow/47471403. cms? from = mdr.

会成为仅次于中国和美国的经济体，且与美国经济总量相当，但目前印度的经济总量仅为美国的13.4%，远远低于美国给竞争者设定的60%的警戒线。[①] 在军事方面，军事支出是衡量国家军事实力的最重要指标，根据瑞典斯德哥尔摩国际和平研究所发布的《全球军事开支变化趋势报告》，2017年印度的军费支出为639亿美元，美国军费支出则高达6100亿美元，印度的军费开支仅约为美国的1/10。[②] 虽然印度目前为全球第五大军事强国，但与美国相比，印度军事力量同样有很大的差距。一般而言，政治影响力和文化软实力随经济和军事的变化而变化。因此，在相当长的一段时间内，印度的崛起都不能对美国的经济地位、军事实力、全球秩序以及意识形态构成严重挑战。鉴于印度对于美国的国家利益和安全不构成威胁，美国可以完全放下安全包袱，与印度进行战略合作。特别是“印太战略”出台以来，印度同日本、澳大利亚一道被列为美国区域战略的支点国家，凸显出美国赋予印度与其他主要盟友的同等身份。在此背景下，美印两国战略协作内容也重点包含在印度洋和太平洋地区的海上合作，这不仅将减轻美国的全球负担，避免陷入战略透支的陷阱，同时也可以借印度之手平衡中国在印度洋的影响力，进而维护美国在这一地区的霸权地位。

第三，美国通过加强与印度的海上合作，将印度纳入美国的“印太战略”联盟体系，服务于美国的全球霸权战略。尽管有令人信服的理由，美国在可预见的未来需要在印度洋拥有高端作战能力，但行使这种能力的障碍仍然很大，而且这一障碍会随着时间推移而逐渐增加。与西欧和东北亚熟悉的海上范围相比，在欧亚大陆的边缘海域中，印度洋地区最不容易受到美国海军力量影响，而到达欧亚大陆的东部和西部边缘已经面临很大困难。事实或许证明，美国进入南亚海域将更加遥不可

① 按现价美元计算，2017年美国的国内生产总值为19.391万亿美元，参见世界银行网站数据：https：//data.worldbank.org/indicator/NY.GDP.MKTP.CD? locations=US&view=chart。

② SIPRI Fact Sheet, *Trends in World Military Expenditure*, Stockholm International Peace Research Institute, May 2018, p. 2.

及。[1] 然而，由于印度在印度洋地区独特的地缘位置，使其具有非同寻常的地缘政治和安全重要性，可以成为美国维护和推进实现在印度洋海上利益的有力工具。

随着特朗普政府“印太战略”的出台，美国不仅大大增加在印度洋—太平洋地区的海上前沿存在和军事部署，同时支持这一地区的盟友和伙伴海上安全能力建设，通过海上合作的方式构建以美国为中心的印太海上秩序。在此背景下，与印度的海上合作已列入美国印太联盟体系中最为重要的一部分。特朗普政府坚持认为，“印度是美国的主要防务伙伴之一，欢迎印度崛起成为全球领导力的大国，美国将拓展与印度的防务和安全合作，支持印度在印太地区不断发展的关系”。[2] “印太战略”出台后，美国更加重视印度在这一战略中的重要地位。2018 年 9 月，美国国防部长马蒂斯在美印举行的首次“2 + 2”部长级对话时赞赏了印度作为印度洋—太平洋地区前线稳定力量的作用，强调加强和扩大印度作为主要防务伙伴的作用，将会使美印关系提升到与最亲密的盟友和伙伴相称的水平。[3] 2020 年 2 月，特朗普在访印期间发表演讲，强调美国应该成为印度的首要国防伙伴，两国需要共同捍卫主权和安全，建立起一个“自由开放”的印太地区。

综上所述，美国战略合作的目标就是将印度打造成为美国在印度洋—太平洋海洋安全战略中的重要支点，逐步构建起以美国为首的战略联盟体系，进而维护美国 21 世纪的全球霸权地位。

三、域内国家因素的推动

美国与印度海上合作除美国自身战略考量以及美印力量差距互补影

---

① Toshi Yoshihara, “The U. S. Navy’s Indo - Pacific Challenge,” *Journal of the Indian Ocean Region*, Vol. 9, No. 1, 2013, pp. 94 - 96.

② The White House, *National Security Strategy of the United States of America*, December 20, 2017, p. 46.

③ U. S. Department of State, *Closing Remarks at the U. S. - India 2 + 2 Dialogue*, Remarks Secretary of Defense James N. Mattis, September 6, 2018, https: //www. state. gov/secretary/remarks/2018/09/285746. htm.

响之外，中国和域内其他国家也起到了一定助推作用。一方面，中国作为亚太区域崛起大国引发美国的担忧和焦虑，加速了美国与印度在印度洋—太平洋地区海上合作的进程；另一方面，日本、澳大利亚等域内国家积极开展与美印两国的战略互动，进一步助推了美国与印度的海上合作关系。

第一，中国在印太地区崛起加速了美国与印度海上合作的进程。21世纪以来，随着经济持续强劲增长，中国综合国力、国际地位和全球影响力得到显著提升，被国际社会普遍认为是正在重新崛起的亚洲区域强国。在此背景下，美国对中国挑战其在这一地区乃至世界的霸权地位表现出过度的忧虑和担心。特别是在海洋方面，随着海外利益的不断延伸和拓展，中国在西太平洋和印度洋地区海上事务需求呈日渐增多的态势，中国势必要发展海军力量以保护远程海上交通航线，确保潜在的敌对国家失去阻拦中国获取所需资源的能力。在西方国家看来，近年来中国在迅速扩大自己的海军力量，目标是建设一支“蓝水”海军，能够在沿海水域外捍卫自己日益增长的利益。① 中国在西太平洋和印度洋周边地区战略利益的延伸，促使美国的战略重心发生潜在变化。美国国会研究办公室发布的一份报告指出，“中国海军已成为中国近海地区一支强大的军事力量，并在更远的海域包括西太平洋、印度洋和欧洲周边海域开展越来越多的军事行动，中国海军能力的提升对美国海军在西太平洋实现和维持对蓝水海域控制能力构成严峻挑战，这是冷战结束以来美国海军首次面临这种挑战”。② 美国据此认为，中国在西太平洋和印度洋地区战略利益的扩展和延伸严重威胁到美国的海上霸权地位。

纵观过去几十年，美国国家安全利益的关键就是防止海上区域或全球性支配大国的出现。特朗普政府的美国《国家安全战略报告》曾多

① Steven Lee Myers, *With Ships and Missiles*, *China is Ready to Challenge U. S. Navy in Pacific*, The New York Times, August 29, 2018, https://www.nytimes.com/2018/08/29/world/asia/china-navy-aircraft-carrie-r-pacific.ht-ml? _ga = 2.136069489.1102998224.1543865460 - 643648621.1542826483.

② Ronald O' Rourke, *China Naval Modernization*: *Implications for U. S. Navy Capabilities*, Congressional Research Service Report, August 1, 2018, p. 1.

次提及中国，认为中国正在挑战美国的权力、影响力和利益，试图侵蚀美国的安全和繁荣。该报告指出，中国试图在印度洋—太平洋地区取代美国，扩大国家主导的经济模式和势力范围，并以对自身有利的方式改写地区秩序。[①] 美国夏威夷亚太研究中心的亚历山大·武温教授也曾撰文称，在全球化以及新武器技术等因素的影响下，海洋与陆地的界线变得越来越模糊，以地理屏障把海上强权和陆上强权划分开来已是“旧时代的诡计”。目前，海洋和陆地已成为亚洲单一战略地形的一部分，海军至上已成为区域优势的必要条件。中国越来越意识到要成为亚洲首要强权必须掌握海权的重要性，成为“全球海上力量”显然正成为中国所追求的重要目标。就现实而言，随着中国在印度洋—太平洋地区与美国展开地缘政治角逐，中国实力增长可能会结束美国在印度洋—太平洋海域的海霸权，从而破坏美国领导的全球秩序。面对中国的崛起和对海权的渴望，美国应采取维持自身在亚洲海权支配地位的行动。[②]

美国在亚太地区的海权联盟体系是美国维持在该地区主导地位和保持在该地区海上优势的重要工具之一。美国期望通过借助地区其他国家的力量，平衡中国的崛起，防止中国对美国在印度洋—太平洋地区权力的挑战。基于印度在印度洋地区的重要战略地位，美国认为通过发展与印度的海上合作，可使印度成为美国在这一地区平衡中国的重要伙伴。[③] 首先，作为一个经济和军事发展中国家，印度积极寻求扩大对印度洋地区的战略影响力，印度也是该地区最稳定和最强大的国家，可以支持美国在该地区的长期利益。随着中美在亚太地区的竞争日趋激烈，印度洋仍然是亚洲国家力量平衡的稳定支点，美国通过与印度在印太地区的海上合作，可以借助印度达到在印度洋遏制中国的战略目标。其次，印度作为南亚区域强国，不仅是正在崛起和具有巨大潜力的发展中

---

① The White House, *National Security Strategy of the United States of America*, December 20, 2017, pp. 2 –25.

② Alex L. Vuving, *China's Pivot to the Sea*: *The Greatest Game Changer*, Extraordinary and Plenipotentiary Diplomatist, July 2014, http: //www. diplomatist. com/dipom07y2014/article019. html.

③ Vivek Mishra, "Indo –U. S. Security Cooperation: Implication for the Indian Ocean," *Maritime Affairs*: *Journal of the National Maritime Foundation of India*, Vol. 13, No. 1, 2017, pp. 74 –75.

国家，而且在人口规模、经济增长、军事力量、资源能源以及拥核国家地位等的各个方面都能向中国发起挑战，而日本和澳大利亚等国家却不能与中国的体量相匹及。依据现有矛盾，印度还与中国存在边界领土争端，两国的边境谈判始终没有摆脱僵局，造成印度长期以来对中国充满警惕和敌意。总之，在应对中国崛起的背景下，美国特别需要与印度加强合作，赋予印度海上力量平衡角色，以维持其全球霸权地位。①

中印两国在印度洋的竞争也日益突出。印度一直以来把印度洋看成是自己的“后院”和势力范围，绝不允许其他国家染指和插手。中国在印度洋地区的战略存在显然对印度设定的角色构成挑战，美国炮制所谓中国从海上包围印度的“珍珠链”战略令印度感到忧虑和不安，中国提出的“一带一路”倡议更是被印度看成是“珍珠链”战略实施的工具。早在2004年《印度海事学说》中，印度就认为中国尝试从印度洋战略上包围印度，并强调中国“侵占”印度的海域。② 随着中印两国在印度洋地区的竞争日益激烈，印度战略界越来越将中国作为印度在印度洋地区的重要威胁。福布斯网站专栏作家莫多寇塔斯就直言不讳地指出，中国试图将印度洋纳入自身的势力范围，想要将印度洋变为“中国之洋”。③ 另外，印度早已认识到西太平洋地区的重要性，认为在西太平洋和南海拥有重大利益，其中包括俄罗斯远东地区萨哈林海上能源油田以及与越南合作开发的南海海上能源区块，而这些能源的供给都需要经过西太平洋的海上运输。④ 为此，印度十分重视在西太平洋航运和海

---

① Ashley J. Tellis, “Protecting American Hegemony” in Ashley J. Tellis and C. Raja Mohan eds, *The Strategic Rationale for Deeper U. S. – Indian Economic Ties*, Washington, D. C.: Carnegie Endowment for International Peace, 2015, pp. 3 – 53.

② David Scott, “The ‘Indo – Pacific’: New Regional Formulations and New Maritime Frameworks for US – India Strategic Convergence,” *Asia – Pacific Review*, Vol. 19, No. 2, 2012, pp. 93 – 94.

③ Panos Mourdoukoutas, *China Wants to Turn the Indian Ocean into the Chinese Ocean*, Forbes, February 12, 2018, https://www.forbes.com/sites/panosmourdoukoutas/2018/02/12/china – wants – to – turn – the – indian – ocean – into – the – china – ocean/#3f7ee7935bef.

④ Koh Swee Lean Collin, “‘New Normal’ in the Indo – Pacific: Sino – Indian Maritime Security Dilemma,” in Anit Mukherjee and C. Raja Mohan, eds., *Indian Naval Strategy and Asian Security*, London: Routledge, 2016, p. 156.

上运输的特定海上航线的安全性，面对中国在西太平洋特别是在南海的战略态势，印度希望保持这一地区海上航行的自由和安全。印度海军还有意通过在西太平洋开展前沿存在行动，以应对中国海军在印度洋地区日益增强的影响力。

随着中国在印度洋地区存在感的增强，印度与中国的海上力量对比不仅没有其一向声称的所谓“优势”，反而会暴露出更多的弱点。虽然中国海军远洋能力有待提升，但印度海军与中国相比，不仅在数量上存在明显差距，更是饱受设备老化和性能缺陷等问题的严重困扰，远不及中国海军在这一方面的明显优势。受“东向行动”政策影响，印度海军活动范围开始向印度洋以外的西太平洋延伸。由此而来，印度的战略利益已远远超出本国领土范围，其国防部队的内部、沿海和近海安全责任也在不断扩大。由于自身能力和战略目标的差异，印度需要与美国这样的大国共同参与军事行动，以维护在该地区的战略利益。① 正如印度学者拉杰什此前所言，“中国不断增强的军事力量以及在西太平洋和印度洋地区的扩张性行为，使印度和美国在平衡中国方面存在共同的利益；对于印度来说，由于目前海上力量与中国的差距，印度维护自身战略利益的最佳选择就是加强与世界海洋第一强国美国的战略合作关系”。②

第二，日本、澳大利亚等域内国家推进美国与印度海上合作关系。日本和印度都是海洋国家，两国高度依赖海外资源和可持续经济贸易，在安全领域面临着共同挑战，国家安全也与海洋公域存在紧密联系。在后冷战时期，印度就与日本签署有关海上的双边协议，通过海上联合演习、反海盗以及联合应对自然灾害等行动，加强两国在印度洋—太平洋地区的海上安全。③ 进入 21 世纪，随着中国在印太地区海上利益的延

---

① Gurpreet S. Khurana, “Optimising India - U. S. Maritime Strategic Convergence,” *Strategic Analysis*, Vol. 41, No. 5, 2017, p. 443.

② Rajesh Rajagopalan, *India's Strategic Choices: China and the Balance of Power in Asia*, Washington, D. C.: Carnegie Endowment for International Peace, 2017, pp. 33 - 35.

③ Prakash Panneerselvam, *Indo - Japan Maritime Security Cooperation in a Changing Environment*, East Asia Research Programme, August 19, 2016, http: //earp. in/en/indo - japan - maritime - security - cooperation - in - a - c - hanging - environment/.

伸，特别是美国“印太战略”的出台，为印日两国提升海上合作的关系提供了重要机会。2018 年 8 月，日本和印度举行年度国防部长级会议，会后两国的联合新闻声明指出，印日“特殊的战略和全球伙伴关系”将日本的“自由和开放的印度太平洋战略”与印度的“东向”战略相结合，使得加强印日国防和安全合作显得非常必要。日本海上自卫队和印度海军正在努力加强两国海军之间更深层次的合作安排。印日两国决定扩大海上合作，共同努力确保印度洋—太平洋地区的和平与稳定。① 显然，海上合作已经成为印日双边关系日益发展的重要组成部分。

同样作为印度洋沿岸国家，印度和澳大利亚的关系源远流长，早在 18 世纪殖民地时期印澳两国的海上联系就十分紧密。冷战结束后，经济全球化提升了印度洋的战略重要性，由于印度和澳大利亚是印度洋区域海上交通线安全的重要利益攸关方，因此需要共同承担责任，确保通过这些海上交通线不间断地满足能源和货物自由流动。随着海上商贸的日益繁荣、印度洋—太平洋区域一体化发展以及世界主要大国在这一地区持续不断地战略参与，印澳两国认识到维护共同利益的重要性。② 特别是中国海军在印度洋的存在，以及印度洋—太平洋概念的出现成为推动印度和澳大利亚海上合作的两个最重要因素。③ 在此背景下，印澳两国进一步加强了在印度洋—太平洋地区的海上合作。2017 年 4 月，澳大利亚总理特恩布尔访问印度，印澳决定将进一步加强海上安全视为两国合作的主要领域，两国发表的联合声明重申印度与澳大利亚对和平与繁荣的印度洋—太平洋地区的共同承诺，强调两国在确保海上安全和海上通信安全方面存有共同利益，通过进一步采取行动共同致力于加强在

---

① Ministry of Defence of Japan, *Joint Press Statement on the India - Japan Annual Defence Ministerial Dialogue*, August 20, 2018, http://pib.nic.in/newsite/PrintRelease.aspx? relid = 181975.

② OmPrakash Dahiya, "India - Australia Maritime Cooperation: Challenges and the Way Head," *Maritime Affairs*, Vol. 9, No. 1, 2013, p. 63.

③ Abhijit Singh, *The Emerging India - Australia Maritime Relationship*, The Diplomat, November 17, 2014, https://thediplomat.com/2014/11/the-emerging-india-australia-maritime-relationship/.

印太地区的地缘合作，促进这一地区的海上安全。[①]

需要指出的是，随着日本、澳大利亚等国家与印度海上合作日益密切，这些国家已经起到连接桥梁的作用，推动了美国与印度两国的海上合作。作为一个资源匮乏的岛国，海上安全的所有方面都对日本至关重要，尤其体现在保护领土利益、海上贸易和能源安全问题上。因此，日本希望在维护发展自由和安全的海洋环境方面发挥主导作用，始终坚持加强印度洋—太平洋双边尤其是多边海上合作。特别是日本首相安倍晋三早些时候宣传“两海融合”的学说以及“海洋民主国家”之间的协同，不仅推动了美、日、印、澳之间的海上合作，而且也进一步强化了美国与印度两国之间的海上合作。与此同时，澳大利亚也通过拉近美印两国的海上合作，进一步推动地区海上安全机制的形成，以维护在这一地区的战略利益。澳大利亚学者布鲁斯特就曾指出，印度目前正在成为印度洋—太平洋地区美国的重要安全伙伴，同时也可能成为澳大利亚在印度洋和东南亚的主要安全伙伴。考虑到与印度的新兴战略关系和与美国或亚太联盟体系中其他国家的安全关系相适应，澳大利亚需将印度与美国联盟体系联系起来，将印度引入美国的战略轨道，进一步推动美国和印度在这一地区的海上合作。[②]

第二节 双边以及多边互动的助推

鉴于在印度洋—太平洋地区自身能力和未来目标的巨大差异，印度也瞄向与美国这一世界海上强国的安全合作。美国与印度在海上战略层面相互依存的需要，进一步拉近了美国发展与印度间的海上安全关系。

---

① Department of Foreign Affairs and Trade, Australian Government, *Joint Statement by Prime Minister Turnbull and Prime Minister Modi*, April 10, 2017, https://dfat.gov.au/geo/india/Pages/joint-statement-by-pri-me-minister-turnbull-and-prime-minister-modi-visit-to-india-2017.aspx.

② David Brewster, *Australia, India and United States: The Challenge of Forging New Alignments in the Indo-Pacific*, The United States Studies Center at the University of Sydney, Alliance 21 Program, August 2016, pp. 14-17.

此外，随着印度洋—太平洋地区海上多边合作机制的日趋成熟，美国与印度这一框架内的战略合作又使两国双边海上合作的进程不断加快。

一、印度对美国海上合作的积极回应

由于地缘政治变迁及其国家战略升级，美国维持在印度洋—太平洋地区全球霸权地位的愿望与印度海军加强在该地区安全能力和作用的愿望相吻合。作为印度洋地区最重要的国家，印度的发展和崛起严重依赖于该地区海上安全，但归因于自身海军能力限制，印度也谋求与美国在海上安全领域的战略互动。而就战略发展而言，印度不仅致力于谋求在印度洋的领导地位以及防范中国的战略存在，而且也兼顾了在印太海域实现其海洋强国前景中的重要性。在海上战略需求日益增长的背景下，加强与美国的海上合作成为印度现阶段的主要战略选择。

第一，印度须谋求与美国合作以应对日益增长的海上威胁。印度处于印度洋中心位置，控制海洋横跨印度洋和太平洋的双向战略通道。对其他国家来说，印度洋只是重要的海洋区域之一；但对印度来说，印度洋却是涉及印度至关利益的重要海洋，因为印度生命线全部集中在这一地区。印度地处连接欧洲与亚太地区海上贸易航线的中心，拥有 7500 千米的海岸线、1200 个岛屿以及 240 万平方千米的专属经济区，从地缘上看印度的海上安全环境极为复杂。[①] 近年来，随着全球化进程不断加快，各国的国际贸易量持续增大，而相当一部分体现在海上贸易。与其他全球化经济体一样，印度经济增长严重依赖于通过印度洋航道的货物自由流动，其中约 90% 的贸易是借助印度洋和太平洋之间的海运通道才得以完成。在印度的能源消费中，石油约占所需能源的 33%，其

---

① Ministry of External Affairs, *Government of India External Affairs Minister's Address at International Conference on 'India and Indian Ocean: Renewing the Maritime Trade and Civilizational Linkages' in Bhubaneswar*, March 20, 2015, https://www.mea.gov.in/Speeches-Statements.htm?dtl/24994/External_Affairs_M-nisters_address_at_International_Conference_on_India_and_Indian_Ocean_Renewing_the_Maritime_Trade_and_Civilizational_Linkages_in_Bh.

中65%依赖进口，而进口的石油中又有90%来自印度洋的波斯湾地区。[①] 鉴于印度战略发展对海洋的依赖越来越大，印度洋—太平洋海上贸易和运输走廊任何情况下的中断都将会造成印度严重的国内经济困难和社会不稳定，而维护印度洋—太平洋航线自由和安全就成为印度海洋战略的首要目标，这也是印度支持海军现代化以及积极与美国开展海上合作的重要缘由之一。

就现实而言，非传统安全威胁正成为印度周边地区，特别是印度洋海域面临的重要挑战，这些挑战包括海盗、海上恐怖主义、海上有组织犯罪、毒品和人口贩运、武器走私和气候变化等威胁。其中较严重的是海上非国家暴力，特别是在不同时期通过海上从事活动的恐怖主义集团，对印度的海上安全构成严重威胁。[②] 另外，其他非传统威胁包括自然灾害、气候变化等导致的移民也是困扰印度的又一问题。[③] 对于印度来说，来自非国家行为体的地区威胁正在成倍地增加，这些挑战将迫使印度不仅需要自身制定一个更倾向于沿海作战或建立一支“绿棕色海军”的战略，同时也需要与其他国家的密切合作。[④] 印度与其他海军大国合作，除了要解决海盗等浅层的问题，还要解决海上贸易安全等更为深层的问题。由于印度海军已证明自己在印度洋的作战局势中拥有一定的影响力，那么印度与他国合作特别是与海上力量最为强大的美国合作，将使其投射实力和保护自身利益方面的效用大大提升。

更为重要的是，虽然印度海军有了长足发展，但印度的海上能力与其所承担的目标并不匹配。一是经济实力不足问题一直是制约印度海军

---

① Robert Kaplan, "Center Stage for the Twenty - first Century: Power Plays in the Indian Ocean", *Foreign Affairs*, Vol. 88, No. 2, 2009, pp. 19 - 20.

② Aditi Chatterjee, "Non - traditional Maritime Security Threats in the Indian Ocean Region," *Maritime Affairs: Journal of the National Maritime Foundation of India*, Vol. 10, No. 2, 2014, pp. 1 - 19.

③ Samir Saran, "Globalization and Climate Change Paradox: Implications for South Asian Security," in K. V. Kesavan and Daljit Singh, eds., *South and Southeast Asia: Responding to Changing Geo - Political and Security Challenges*, New Delhi: Knowledge World, 2010, pp. 141 - 161.

④ Martin N. Murphy, "The Abundant Sea: Prospects for Maritime Non - State Violence in the Indian Ocean," *Journal of the Indian Ocean Region*, Vol. 8, No. 2, 2012, pp. 173 - 187.

进步发展的重大难题，印度想要成为地区海上强国，就需要在技术、装备和海上基础设施方面加大经济投入。近年来，印度虽然不断加快升级造船和港口基础设施建设，但海上基础设施发展仍然相对滞后，加之装备老化和技术投入不足，严重困扰印度海上力量发展。二是军事技术水平限制了印度海军的进一步发展。印度军工业存在基础行业技术水平低、生产组织与管理水平差等痼疾，致使印度海军装备建造周期较长，不能满足印度广阔海域的装备需求。与此同时，由于印度还没有形成一个相对独立完整的国防工业体系，印度军事武器自主研发能力较弱，需要外购一定量的武器才能形成作战能力。① 三是印度海军仍面临如何有效地将军事理论与军力规划和采购结合起来的挑战。尽管印度海军对扩充平台、系统和武器的关注日渐增多，但伴随而来的理论和组织方面的变化却相对缓慢。在海、陆、空“联合”的时代，印度可能是当今世界各国所有主要武装力量之中唯一没有将三者完全融合的国家。② 因为印度国防部队面临军种间竞争的困扰，印度在迈向三军联合的道路上只迈出一小步，三个军种之间缺乏合作会导致重复采购，妨碍有效利用宝贵资源。四是海外基地供给不足也限制印度海军的远海作战能力。虽然印度海军近年来在本土之外设立海外军事基地，但由于印度的补给舰规模没有真正达到大国水平，造成印度海军缺乏一定的后勤保障能力，其在印度洋外围和西太平洋的海上活动也为之大打折扣。

鉴于印度海军在应对印度洋—太平洋挑战方面存在能力和目标间的差异，除继续加强自身海军建设外，印度海军还将注意力转移到具有强大海上实力的地区国家，企图通过海军外交、海事共享，以及扩大地区参与度等海上合作，以“搭便车”和外部平衡的方式不断拓展自身的利益。③ 目前，印度战略界已经充分认识到，美国依旧是塑造印度洋—

---

① 韩啸、杨文韬：《印度海军装备引进及其影响浅析》，《现代军事》2017 年第 10 期，第 77—80 页。

② Harsh V. Pant, “India in the Indian Ocean: Growing Mismatch Between Ambitions and Capabilities,” *Pacific Affairs*, Vol. 82, No. 2, 2009, pp. 295 – 296.

③ 季澄、宋德星：《印太视域下的中、美、印海上地缘博弈——表象与实质》，《亚太安全与海洋研究》2017 年第 5 期，第 39 页。

太平洋地区安全事务的绝对主导力量，印度海上实力和影响力远远低于其所拥有的预期目标，凭借自身力量还难以维护印度洋—太平洋地区特别是印度洋地区的安全与稳定。为此，印度一方面寄希望与美国开展全方位的海上安全合作，从美国获取更多的先进武器和技术，大幅度提升印度海军在印度洋—太平洋海域巡航、监控、侦察以及作战能力；另一方面，印度通过加强与美国海上防务交流，共享保密通信信息和高端防务平台，强化印度海军与美国海军之间的人员交流和军事后勤支持，可以更好地应对印度洋—太平洋地区的海上安全威胁。

第二，印度谋求主导印度洋需要美国的支持。长期以来，印度把印度洋视为自己的“后院”，认为印度作为印度洋地区的主导者是自然和可取的。[①] 印度战略精英经常从美国海权论鼻祖马汉的名言中汲取灵感，认为“谁控制印度洋，谁就主宰亚洲，印度洋是七大洋的关键，21世纪世界的命运将取决于它的水域”。[②] 这个命题虽然是虚构的，但在塑造印度海军思想家如何看待印度洋对印度安全所起作用方面，却产生了巨大影响。长期以来，印度一直坚信自己是印度洋的主导力量，渴望在印度洋区域取得主导地位，并通过主导印度洋进而获得世界范围内的领导力。就现实而言，由于本土深入印度洋独特的地缘环境，印度只能首先在南亚次大陆以及印度洋地区崛起，进而才能成为向地区外逐步扩展的全球大国。也就是说，印度洋是印度崛起的重要基础，由南亚次大陆到印度洋再到亚太地区乃至全球，其任何向外扩展的重要影响都只能发生在海洋范围。[③] 由此而来，谋取印度洋的主导地位是印度历届政府所追求的重要目标。

然而，印度实现对印度洋的主导仍然受到其他国家因素的影响。众所周知，中国与巴基斯坦一直以来是印度的主要假想对手，因此印度也将中国和巴基斯坦看作是印度在印度洋地区的潜在威胁。一方面，印度将巴基斯坦视为是印度洋地区的主要挑战者。尽管印度是印度洋地区最

---

① Donald L. Berlin, “India in the Indian Ocean,” *Naval War College Review*, Vol. 59, No. 2, 2006, p. 60.

② Rahul Roy – Chaudhury, *Sea Power and India’s Security*, London: Brassey’s, 1995, p. 199.

③ 时宏远：《印度的海洋强国梦》，《国际问题研究》2013 年第 3 期，第 105—106 页。

主要的大国，在某种程度上可为印度洋地区提供和平与稳定，但印度的邻国仍对印度在该地区的“霸权主义”图谋感到担忧。自印度和巴基斯坦分治以来，两国不仅争端和冲突不断，而且海上的竞争也日益明显，此前在印巴之间发生的战争中就曾爆发过激烈的海战。近年来，印度海军实力的不断增长加剧了巴基斯坦的忧虑和不安。为此，巴基斯坦海军制定了一项维护国家海洋利益的强有力战略，并加强与中国在印度洋地区的海上合作，让印度感受到巴基斯坦的强势存在。[①] 另一方面，印度对中国在印度洋地区的活动普遍抱有防范和警惕的心理，中国在印度洋日益提升的影响力显然被印度看作是一种威胁。对于印度而言，水路是其贸易和商业的重要海上通道，印度近55%的贸易通过该地区。印度与东盟国家、日本和韩国的经济和政治联系也与该地区的地缘政治密切相关。在印度看来，中国推动与印度洋地区的巴基斯坦、斯里兰卡、缅甸和尼泊尔建立良好政治、经济关系，严重破坏了印度在该地区的战略利益。因此，印度坚持认为，中国在印度洋—太平洋地区的影响力对印度所谓“航行自由、稳定和区域安全”构成严峻挑战。[②]

对印度来说，平衡中国崛起对其产生的影响至关重要，否则印度作为印度洋地区的主要地位将被削弱，这不仅会损害印度在南亚和印度洋地区的战略利益，同时也将对它在西太平洋等其他地区的利益产生消极影响。中巴关系最强大的维系点是外交和防务合作，其根源在于地缘战略利益和威胁认知的重叠，而中巴双方相互理解、信任和支持是印度所难以想象的。[③] 鉴于印度经济规模相对不大、政治结构失调和官僚僵化，印度独自平衡中国的能力一直令人怀疑，特别是中国和巴基斯坦牢不可破的关系，使印度一直感到力不从心。印度军方指挥官也曾公开表

① Zafar Nawaz Jaspal, “Pakistan's Maritime Security,” *Pakistan Observer*, May 10, 2018, https: //pakobser - ver. net/pakistans - maritime - security/.

② Prakash Panneerselvam, *Indo - Japan Maritime Security Cooperation in a Changing Environment*, East Asia Research Programme, August 19, 2016, http: //earp. in/en/indo - japan - maritime - security - cooperation - in - a - c - hanging - environment/.

③ Sangit Sarita Dwivedi, *China - Pakistan Strategic Cooperation*: *A Indian Perspective*, Asia Dialogue, October 20, 2017, http: //theasiadialogue. com/2017/10/20/chinese - and - pakistani - strategic - cooperation - an - indian - perspective/.

示，印度不是中国军事实力的对手。鉴于两国综合实力的不对称性，印度不能仅依靠内部平衡来应对中国的崛起，与美国及其亚洲盟友接触可成为印度对外平衡战略的一部分。有学者认为，在寻求管理中国日益增强的军事实力及可能对印度领土完整和在亚太地区的影响力构成威胁时，至少在短期至中期内，外部平衡可能是印度可以利用的唯一手段。① 正因如此，印度开始拉近与美国的关系和距离，特别是在“印太战略”框架下进一步强化与美国的海上合作，以对冲中国和巴基斯坦在印度洋地区的影响，获取印度在这一地区的主导地位。

第三，印度需要借助美国的强大实力实现海洋强国梦想。早在印度建国前期，现代印度海权思想奠基人潘尼迦就详细梳理了印度洋海权的历史变迁，不仅强调印度洋对印度未来的重要性，而且建议印度通过与西方海洋强国建立长期的海上联盟伙伴关系，以此来提升印度在国际社会中的身份定位。② 在印度看来，大国权力政治的逻辑就是对世界关键海域主导权的绝对控制以获得世界大国的地位。特别是英国在 18 世纪称霸和美国在 20 世纪崛起向外界证明，世界大国的崛起都是与控制全球关键性海域和海上航线密切相关。印度同样认为，通过取得对印度洋及其周边海域的控制权，就能控制整个世界的地缘中心，进而加速自身的大国崛起进程。这就如同当年美国通过掌控太平洋而取得相较于地区其他国家的地缘经济与政治优势，最终才得以跻身在全球大国行列之中。总而言之，印度长期以来的海权观念始终影响印度的海军建设和对外政策，行动落实则表现为印度倾向与全球头号海上强国结为海上合作伙伴，进而在一个确保自身战略自主性不受根本性影响的全球海洋体系中实现崛起，一跃成为全球性的海洋强国。

印度的海洋安全战略直接反映其实现国家利益的战略目标和谋求成为世界海洋强国的梦想。印度战略界一向认为，印度要做“有声有色”的世界性大国，必须破解向太平洋战略扩展面临的“马六甲困局”。从

① Harsh V. Pan and Yogesh Joshi, “Indo – US Relations under Modi: The Atrategic Logic Underlying the Embrace,” *International Affair*, Vol. 93, No. 1, 2017, p. 145.

② K. M. Panikkar, *The Basis of an Indo – British Treaty*, Bombay: Oxford University Press, 1946, p. 26.

现实逻辑上看，印度首先需要保护领海安全和海上利益，控制近海区域，进而掌握印度洋交通要塞和关键海域的领导权，通过向西太平洋地区战略延伸，建立一支面向远洋的海军，对印度洋地区以外的广大海域实施影响。具体来说，在近期内，印度海军的目标是走出印度洋，向东挺进至太平洋，向南直下大西洋，向西则一直抵达地中海，长期目标则是建设成为世界级的强大海军。[①] 印度于 2015 年出台的《确保安全的海洋：印度海上安全战略》对海上"主要"和"次要"责任领域已进行明确规定。根据该文件，印度海军的主要责任区域包括西印度洋和印度所有的领海和通信线，而次要责任区域包括东南印度洋、南海和东海以及西太平洋。[②] 印度海军雄心勃勃的现代化建设，就是为了成为海上装备精良、能够应对地区挑战、维护地区和平稳定的世界级"蓝水"海军，进而发展成为世界海洋强国。

美国"印太战略"的出台，让印度拥有难得的机会包含在一个关乎世界格局稳定的战略词汇中，迎合了自独立以来印度所一直追求的大国梦想，同时也进一步提升了印度在印太地区的天然地缘优越感和自豪感。[③] 美国是世界海上霸权国家，出于借助美国全球无以伦比的实力，通过"搭便车"以实现印度的大国梦想是印度与美国在印太地区开展海上合作的重要原因。目前，通过与美国的海上合作，印度已经获得了北印度洋的主导权，与此同时也成功地将其影响力扩展到西印度洋和西太平洋地区。美国在"印太战略"背景下将印度定位为崛起中的大国，并承诺向其优先提供只有最高级别的盟友才能得到的前沿军事装备和军事技术，这一行动不仅迎合印度的世界大国梦想，而且满足了印度迫切的军事战略技术需求。总的来说，印度通过深化与美国在印太地区的战略合作，可以以最小代价获得最大收益，超前实现将势力活动范围拓展到印度洋—太平洋广阔区域的目标，并巩固在南亚和印度洋地区的区域

① 杨震、汪小伍：《海权视域下印度海上扩张研究》，《人民论坛·学术前沿》2018 年第 5 期（下），第 108 页。

② Indian Navy, *Ensuring Secure Seas: Indian Maritime Security Strategy*, October 2015, p. 32.

③ 许娟：《"印太"语境下的美印日海洋安全合作》，《南亚研究》2017 年第 2 期，第 99 页。

主导地位，从而可更近一步地向世界海上强国的目标迈进。

二、美印海上战略层面相互依存需要

美国与印度的海上合作始于冷战结束后，这一时期美印关系的改善为两国海上合作铺平了道路。1991 年，美国与印度成立美印海军指导委员会，开启两国在海事领域合作的新篇章。翌年，两国海军联合开展“马拉巴尔”系列海上演习，开创了美印海上合作的先河。此后，随着美国与印度海上共同战略利益的不断增加，两国之间的海上合作显示出越来越多的交汇点。随着印度洋—太平洋地区战略地位的提升以及地区海上安全形势的迅速变化，海上合作已经成为美印两国战略发展的必然选择，而美印两国在海上战略层面相互依存的需要，则进一步推动了美国与印度两国的海上合作。

第一，海上合作是美印战略伙伴关系的重要方面。冷战结束后，美国安全战略的调整打破了南亚地区的力量平衡，其基本特征是向印度倾斜，目的是将美印两国之间的关系从疏远的民主国家转变为参与的民主国家。① 美印战略伙伴关系可以追溯到 2000 年时任美国总统克林顿对印度的历史性访问。自那时起，美国与印度的关系开始呈现出从经济到安全再到其他各个领域的指数式增长。小布什上台后继承克林顿政府的对印政策，特别是“9·11”恐怖袭击事件成为美印关系全方位合作的转折点。2005 年，小布什和辛格宣布建立美印战略伙伴关系，美印两国在共同合作方面取得实质性进展。这一时期，美印两国通过签署《美印防务关系新框架》，确定两国共同战略利益，并制订了指导未来两国关系发展的十年共同目标计划。在 2006 年海上合作框架中，美国与印度同意致力于加强海洋领域的安全合作，确保开放的海上通道，防止地区

① Zhang Guihong, “US - India Strategic Partnership: Implications for China,” *International Studies*, Vol. 42, No. 3&4, 2005, p. 277.

的海盗和其他海上跨国犯罪，并提升应对这些共同挑战的能力。[①] 奥巴马政府延续小布什政府的对印政策，将美印战略伙伴关系升级为美印全球战略伙伴关系，美印在防务、贸易、海上安全以及反恐等领域的战略合作有了明显提升。2015 年奥巴马访印期间美印两国签署《美印亚太和印度洋地区联合战略愿景》，确认两国将进一步加强美印战略伙伴关系，包括采取行动共同保护亚太和印度洋地区的海上安全。[②] 特朗普上台后更加看重印度在美国“印太战略”中的位置，宣布继续赋予印度“主要防务伙伴”关系国待遇，不断推进防务安全领域的新合作，继续强化美印的全球战略伙伴关系。由此可见，美印战略伙伴关系已经成为美印关系健康稳定发展的重要基石。

从实践可以看出，美印防务和安全合作是美印战略合作伙伴关系的核心议题，其中美印海上合作更是美印战略合作伙伴关系中最为重要的方面。从美印双边关系来看，两国的战略合作伙伴关系需要有双边强劲力量的支撑，海上合作则可为两国战略合作发展增添动力。可以说，美印防务安全合作现已成为美国与印度战略伙伴关系中最重要的组成部分，同时也是两国关系发展最为迅速和最具突破性的合作领域。[③] 特别是“印太战略”背景下的两国海上合作正发展成为美印两国全球战略伙伴关系的重要支柱。自 2001 年美国取消对印制裁以来，美印防务合作取得重大进展，现存多项海上联合军事演习和联合军事行动，包括海啸灾难期间两国海军迅速而有效的协调、阿富汗持久自由行动期间的海军合作以及包括美印两国的“马拉巴尔”海军演习等活动，都表明美印两国在传统和非传统安全问题上的合作潜力。需要指出的是，美印海上合作直接或间接影响着两国更其他领域的全面合作，所有这些积极努

① The White House, *Fact Sheet: The U. S. – India Relationship: A Strategic Partnership*, September 26, 2008, https://georgewbush – whitehouse. archives. gov/news/releases/2008/09/20080926 – 10. html.

② The White House, *U. S. – India Joint Strategic Vision for the Asia – Pacific and Indian Ocean Region*, January 25, 2015, https://obamawhitehouse. archives. gov/the – press – office/2015/01/25/us – india – joint – strategic – vision – asia – pacific – and – indian – ocean – region.

③ 刘鹏：《印美全球战略伙伴关系中的军事安全合作评估》，《南亚研究》2016 年第 4 期，第 31 页。

力都会为美印关系发展带来新的突破，并以类似于《美印战略伙伴关系后续步骤》协议的形式取得实质性进展。在当前“印太战略”背景下，美国与印度的战略合作伙伴关系尤为重要，其性质和走向也将取决于两国在印太地区海上合作的长期目标。总的来说，加强与印度在印度洋—太平洋地区的海上合作将是美国长期追求的战略目标。

第二，美印在维护印太地区海上安全方面存在共同利益。美国和印度在印度洋—太平洋地区各自有着重要的战略利益，而两国战略利益也会形成一个战略交汇点，即两国在这一地区的共同利益。2013 年美印两国发表的《国防合作联合声明》明确指出，“美国和印度拥有共同的安全利益，彼此处于与最亲密伙伴相同的水平”。[①] 美国国防部长马蒂斯在参加 2018 年香格里拉对话会上曾表示，“美国重视印度在区域和全球安全中发挥作用，美印关系是世界上两个最大的民主国家之间的自然伙伴关系，这一基础是两国战略利益的一致性、共同的价值观和对基于国际秩序规则的尊重”。[②] 由此可知，美印共同的战略利益是美国发展与印度关系至关重要的因素，而在印太地区海上的共同利益也成为美国加强与印度海上合作重要的原因之一，这些海上共同利益包括保护海上航行自由、维护海上秩序并保持稳定，确保海上贸易带来的经济繁荣以及维护国家本土安全和海外利益等若干方面。

共同利益促使美印两国同各利益攸关方采取行动并制定行为规则，维持海上安全与秩序。印度洋—太平洋地区重要贸易航线的航运，特别是通过霍尔木兹海峡、亚丁湾、苏伊士运河和马六甲海峡等咽喉要道的航运一旦中断，不仅将对美国和印度两国带来严重损失，更是会对全球经济发展前景造成严重后果。畅通的贸易和航运是包括美印两国在内的众多地区国家发展进程得以实施的必要条件。另外，以有组织犯罪、海

① The White House, *U. S. – India Joint Declaration on Defense Cooperation*, September 27, 2013, https://o – b – amawhitehouse. archives. gov/the – press – office/2013/09/27/us – india – joint – declaration – defense – cooperation.

② U. S. Department of Defense, *Remarks by Secretary Mattis at Plenary Session of the 2018 Shangri – LaDialogue*, June 2, 2018, https://dod. defense. gov/News/Transcripts/Transcript – View/Article/1538599/remarks – by – secretary – mattis – at – plenary – session – of – the – 2018 – shangri – la – dialogue/.

盗和跨国恐怖主义网络为主要形式的非传统威胁也推动两国在该地区携手合作。由于共同面临海上威胁及美印之间不断加深政治共识，两国海军比以往任何时候都更愿意相互合作。在此背景下，美印在应对印度洋—太平洋地区的安全挑战方面形成利益共同体，美国希望发挥印度在印度洋地区的地缘优势，协助其维护这一地区的安全与稳定，确保美国自身在这一地区的霸权地位。同时，印度也寄望美国在印度洋—太平洋地区发挥重要作用，支持和认可印度在这一地区的安全诉求和战略关切，确保印度的战略利益不受损害。①

此外，共同制衡中国日益增长的海上力量是美印两国海上战略利益趋同最重要的原因。在西方学者看来，“中国在西太平洋对美国带来的挑战和中国在印度洋对印度形成的威胁，使得美国和印度在印度洋—太平洋地区的海上利益愈趋一致，美印需在“印太框架”下深化海上合作以应对中国对两国的共同挑战”。② 美国战略与国际研究中心美印政策研究高级顾问理查德·罗索和印度新德里政策小组总干事克里尚·辛格共同撰写的文章认为，“中国通过军事基地、港口租赁和掠夺性经济进入印度洋，对美印构成迫在眉睫的战略挑战，因为这些措施将导致美国和印度在印度洋—太平洋地区自由度、开放度、安全性以及繁荣度的降低。在全球权力波动、战略竞争回归、地区竞争加剧以及对自由秩序未来的担忧之中，印度和美国完全有能力以维护两国利益的方式共同塑造未来”。③

第三，美印两国在印太地区海上安全互动更加频繁。一般来说，国家间的频繁互动会进一步增进彼此关切和利益理解，在减小摩擦和冲突可能性的同时，不断加强战略互信，进而良性的互动和合作得到进一步

---

① 胡二杰：《美国与印度海上合作及其对华影响》，《国际研究参考》2017 年第 8 期，第 47 页。

② David Scott, “The ‘Indo – Pacific’: New Regional Formulations and New Maritime Frameworks for US – India Strategic Convergence,” *Asia – Pacific Review*, Vol. 19, No. 2, 2012, pp. 85 – 109.

③ Richard M. Rossow and Hemant Krishan Singh, *Re – shaping India – US Defense Cooperation in the Indo Pacific*, Center for Strategic & International Studies, August 23, 2018, https://www.csis.org/analysis/reshaping – india – united – states – defense – cooperation – indo – pacific.

强化。事实证明，美印海上战略互动的良好态势进一步增强了美国同印度在印太地区的海上合作。

首先，海上合作成为美印两国高层对话的重要议题。自“印太”概念出现以来，美国和印度的高级别官员通过多次互访和双边对话的方式，积极推动两国加强在这一地区的海上合作。两国在多次发表的联合声明中就一致同意加强双边海上安全磋商。2015 年美印联合战略愿景确认美印两国在亚太和印度洋地区就海上安全问题展开密切合作。[①] 2017 年，莫迪访问美国与特朗普共同发表联合声明指出，“美印将扩大在印太地区海上合作，加强应对印太地区的海上威胁和挑战”。[②] 自 2018 年以来，美印举行的历次“2 +2”战略对话都强调了美印海上合作的重要性，并表示将进一步扩大两国在印太地区的海上合作。[③] 美印之间一系列高层对话为推动两国在印太地区的海上合作提供了坚实的政治保证。

其次，美印两国海上交流合作取得积极进展。一方面，美印两国在海上军备贸易领域的合作不断增强。鉴于印度国防武器进口需求，美国加强了与印度在防务贸易领域的合作，在对印武器出售、联合武器研发以及技术转让等方面取得重要进展。2016 年莫迪访美时推动美国承认印度为“主要防务伙伴”，使印度与美国技术共享达到“美国最亲密的盟友和伙伴”水平。[④] 加强海上交流合作的另一个方面是两国扩大了海军联合演习的范围。“马拉巴尔”系列军事演习作为美印两国之间级别最高、规模最大的海上联合军事演习，在两国的海上军事演习中具有较

---

① The White House, *U. S. – India Joint Strategic Vision for the Asia – Pacific and Indian Ocean Region*, January 25, 2015, https://obamawhitehouse.archives.gov/the – press – office/2015/01/25/us – india – joint – strategic – vision – asia – pacific – and – indian – ocean – region.

② The White House, United States and India: Prosperity through Partnership, Washington, D. C., June 26, 2017, https://www.whitehouse.gov/briefings – statements/united – states – india – prosperity – partnership/.

③ U. S. Department of State, *Joint Statement on the Inaugural U. S. – India 2 + 2 Dialogue*, September 6, 2018, https://www.state.gov/r/pa/prs/ps/2018/09/285729.htm.

④ The White House, *The United States and India: Enduring Global Partners in the 21st Century*, June 7, 2016, https://obamawhitehouse.archives.gov/the – press – office/2016/06/07/joint – statement – united – states – and – india – enduring – global – partners – 21st.

强代表性。截至2020年，美印两国“马拉巴尔”海上联合军事演习不仅参与国家扩大到日本、澳大利亚等国家，而且演习的规模、范围以及内容也有所扩展。如联合演习的地点既在印度洋东北部的孟加拉湾等区域，同时也在日本和菲律宾附近的西太平洋海域。联合演习的内容也涵盖了空中水面侦察、水面作战、登陆作战以及反潜作战等全方位合作演习。此外，两国的海军港口互访、海军参谋人员会晤以及海上安全会议等海军人员交流和业务往来也得到进一步的发展。在两国的海上交流合作过程中，美印两国海军不仅提升了海上合作反应能力，而且进一步加深了彼此专业和技术的了解。

最后，美印两国海上合作机制得到进一步强化。建立良好的双边安全机制对促进两国之间的合作具有重要推动作用，这一方面能够增强双方的战略信任，另一方面则有助于推动双方的长期合作。自美国战略重心开始向印度洋—太平洋地区转移以来，美国和印度的海上安全机制建设得到分步有序推进，为两国在这一地区长期的海上合作提供了行动指南。在此过程中，美印两国相继签订《美印海上合作框架协议》《美印防务合作框架协议》《后勤交流协议备忘录》《白色船运协定》等一系列协议，海上合作成为美印防务合作乃至美印双边关系的关键组成部分。此外，两国相继建立美印防务政策小组、政治军事对话以及防务贸易和技术倡议，为两国讨论海上合作提供了对话平台。特别是印美海上安全对话的建立，标志着美印海上合作对话机制正式形成。[①] 总体来看，美印两国不仅在传统的防务合作取得新的进展，而且在应对自然灾害、人道主义救援、反恐以及反海盗等非传统安全合作的联合行动也取得新的突破。美印两国的上述这些举措加强了双边海上合作机制建设，为美印两国在印太地区的海上合作提供了良好的机制保障。

三、地区海上多边合作框架初步建立

近年来，在印度洋—太平洋地区战略地位不断提升的背景下，地区

① 楼春豪：《美印防务合作新态势评估》，《国际问题研究》2017年第1期，第107—109页。

相关国家通过联合起来，构建起适应印太地区发展的海上多边合作机制，以应对纷繁复杂的海上安全问题。事实上，这些地区海上多边合作机制都离不开美国和印度的参与和互动，而美印在印太地区多边框架内的利益汇合又进一步推动了美国与印度在这一地区的海上合作。

第一，印太海上多边合作机制的迅速发展推动美印两国的海上合作。一般来说，包括美国在内的任何国家都无法拥有为整个海洋领域提供安全保障的能力，因而需要多个国家海上力量合作，推动不同技术水平的国家之间具有足够的互操作性。① 随着印度洋—太平洋地区海上安全问题的日益突出，这一地区的主要国家建立海上多边合作机制，主要目的就是加强力量共同应对海上的威胁和挑战。从实践上看，海上多边机制大都以不同形成存在且包含美国和印度的参与，而这些多边合作机制的蓬勃发展进一步促进了美国与印度在印太地区的海上合作。东盟地区论坛是当前亚太地区最具包容性和影响力的官方多边安全对话与合作机制，目前包括中国美国和印度等 27 个成员国。② 东盟地区论坛的主要合作机制是各个成员国就海上安全各领域问题进行意见协商与政策协调。同时，东盟地区论坛还通过下设的各类研讨会积极开展成员国之间的非官方“第二轨道”外交，表达不同的意见和立场，为维护亚太地区海上安全发挥补充作用。③ 自 2014 年开始，东盟地区论坛已经举行多场关于海上安全的研讨会，议题涵盖海上航道安全、海上风险管控与合作、海上漏油应急管理与处置、海域态势感知国际合作以及海上执法合作等不同领域。借助东盟所提供的这样一个平台，成员国之间可以共同加深彼此的互信和理解，推动海上合作不断朝向更深的层次发展。

西太平洋海军论坛和印度洋海军论坛是印度洋—太平洋地区两个较为有代表性的海上合作多边机制。西太平洋海军论坛源于 1987 年召开

---

① Lee Cordner, “Maritime Security in the Indian Ocean Region: Compelling and Convergent Agendas,” *Australian Journal of Maritime & Ocean Affairs*, Vol. 2, No. 1, 2010, p. 23.

② Seng Tan, “A Tale of Two Institutions: The ARF, ADMM - Plus and Security Regionalism in the Asia - Pacific,” *Contemporary Southeast Asia: A Journal of International and Strategic Affairs*, Vol. 39, No. 2, 2017, pp. 260 - 261.

③ 韦红、卫季：《东盟海上合作机制：路径、特征及困境分析》，《战略决策研究》2017 年第 5 期，第 35 页。

的国际海上研讨会，是在美国倡议下成立的西太平洋地区唯一一个定期开展多边对话与合作的地区高层次和机制化的海军论坛，该论坛包括正式论坛会议、工作小组会议、各种专业研讨会以及海上实兵演练等多边合作互动形式。① 西太平洋海军研讨会旨在通过提供一个讨论全球和区域海洋问题的论坛，并在海军专业人员之间提供信息和意见的交流，从而增进西太平洋的海军合作，在各国海军之间建立信任和信心。② 近年来，西太平洋海军论坛已超出西太平洋地缘概念，包括印度在内的一些印度洋国家都成为该论坛的成员国。西太平海军论坛范围的延伸和影响力的扩大不仅促进印太地区海上合作的地缘整合，而且也为美国与印度两国在这一地区的密切合作提供新的平台。

印度洋海军论坛是由印度国家海洋基金会和印度海军于2008年共同发起旨在讨论地区海洋安全的研讨会，由成员国和观察国的海军将领以及智库学者参加，分为研讨会和闭门会议两个部分。印度洋海军论坛是地区相关国家海军在地区海上事务方面进行协调与合作的一种开放包容的对话渠道。美国不是印度洋沿岸国，但在印度洋地区拥有主宰性的海军力量，美国虽不以官方代表团身份参加这一论坛，但也通过非官方的形式参加论坛的相关会议。③ 有学者就认为，“印度洋海军论坛的性质及其面临的海上安全风险意味着一个区域范围的实体需要同时容纳区域和关键的区域外国家”。④ 值得注意的是，莫迪此前曾明确表示印度支持美国成为印度洋海军论坛观察员国，这为美国正式参与印度洋的多边合作机制提供了可能。印度洋海军论坛是印太地区的主要多边合作机制，相关国家通过在这一多边机制的战略互动，加强彼此海军的互信和合作，为印度洋安全稳定和地区发展繁荣发挥积极作用。

---

① 张炜：《西太平洋海军论坛与地区海军合作》，《中国国际战略评论2017》，世界知识出版社2017年版，第300—302页。

② Western Pacific Naval SymposiumBusiness Charter, *As Amended at the 12th WPNS*, September 2010, http://img.mod.gov.cn/reports/201310/bzdd/site21/20131128/4437e6581cab1400f31f09.pdf.

③ 石志宏、冯梁：《印度洋地区安全态势与印度洋海军论坛》，《国际安全研究》2014年第5期，第112—114页。

④ Lee Cordner, “Progressing Maritime Security Cooperation in the Indian Ocean,” *Naval War College Review*, Vol. 64, No. 4, 2011, p. 81.

第二，美印积极推动印太区域一体化密切了两国的海上合作。现代历史证明，国家在面对一些棘手问题之时，往往会组织成集团、联盟或自愿的战略伙伴关系，通过联合起来应对共同的安全威胁和挑战。与信息技术革命导致的经济全球化不同，海洋能源正在成为海洋安全战略及其全球化的催化剂。海洋国家之间多边机制安排的重要性促使它们通过外交手段解决棘手问题。在当前的背景下，海洋多边主义已成为国家因维护自身利益而推动海洋力量战略合作的一种工具。① 印度洋和太平洋地区从地缘政治角度已经成为统一的战略区域，印度洋—太平洋地区的海上安全也在逐渐演变成包括美国和印度等域内国家共同利益的重要交集。在此背景下，美国与印度积极参与和推动印度洋—太平洋区域一体化进程，使两国在这一地区的海上合作更加密切。

自“印太”概念出现以来，特朗普政府一方面积极参与印太地区既有海上多边合作机制建设，在东盟、亚太以及印度洋地区的多边机制框架内推动与相关国家的海上合作，突出美国的大国领导地位和作用。与此同时美国还积极寻求在印太地区建立包括印度、日本和澳大利亚等国的多边战略合作联盟体系，通过塑造所谓“自由和开放”的印太地区海上秩序，从而维护美国在该地区的国家利益，继续确保在这一地区的霸权主导地位。从印度方面看，莫迪政府一方面通过印度洋海军论坛等印度洋海上多边区域合作组织，谋求印度在印度洋地区的主导作用，同时也同美国等域外大国开展战略领域合作，始终保持多边机制的开放性和灵活性，在战略自主的前提下确保印度国家利益的最大化。除此之外，印度以“东向”战略为引领，积极参与和东盟国家以及美国、日本、澳大利亚等西太平洋地区国家的多边合作，使印度的海上利益范围逐渐延伸到印度洋之外的西太平洋地区，为印度的海上强国梦想奠定现实基础。不难看出，美印两国参加的印太地区多边海上合作机制存在一定的重合，也就是这些机制本身都离不开美印的参与和互动，而两国在

---

① Vijay Sakhuja, *Multilateral Mechanisms in the Indo - Pacific*, *in Mohan Malik*, “*Maritime Security in the Indo - Pacific*: *Perspectives from China*, *India and the United States*,” Lanham, Maryland: Rowman & Littlefield Publishers, 2014, pp. 223 - 224.

这些多边机制框架内的互动和参与无疑将使美国与印度在这一地区的海上合作更加紧密。

第三，美、日、印、澳形成的海上小多边合作机制深化了美印两国之间的海上合作。二战结束后，美国与日本、澳大利亚、韩国、菲律宾等盟国所签署的安保条约是美国维护亚太安全和谋求全球霸权的主要支柱。21 世纪以来，除美国与盟友和伙伴之间的双边关系得到进一步加强外，美国的盟友和伙伴之间在印度洋—太平洋地区的双边安全对话和联系网络也日趋活跃，形成了日澳、日印、澳印等不同的双边海上安全机制。[①] 美日和美澳安全合作化程度较高，主要是以海上合作为主要议题同盟。早在 2006 年美日澳三国就举行部长级的战略对话。继美日澳三边对话后，美日印三国于 2011 年开启司局级三边对话，并于 2015 年升级为部长级对话。此外，日印澳三国也于 2015 年建立副部长级的对话机制。这些涵盖美印两国在内的小多边机制涉及的重要议题就是在印度洋—太平洋地区的海上合作，旨在通过印太地区国防和安全问题上的三边协调与合作，共同构建一个稳定的安全保障体系，促进印度洋—太平洋成为一个以它们为主导的自由和开放的地区。[②]

随着美日印澳四国在印太地区利益交汇点的增加，三边小合作机制也在向四边合作机制的方向发展。2015 年日本成为年度“马拉巴尔”海军演习的永久参与者之后，澳大利亚也在 2020 年加入其他三国海军的联合演习。2017 年，美印日澳四边安全合作在印太地缘政治结构变化的背景下得以重启，“自由开放的印度洋—太平洋”成为四国重点讨论的主题。美国太平洋司令部海军上将哈里斯在美国太平洋司令部发表讲话时曾表示，“没有任何一个国家可以解决安全的挑战，印度、日本、澳大利亚、美国和许多其他志同道合的国家可以在国际法的框架内共同开展合作，确保对全球贸易和繁荣至关重要的自由开放海上通道的安

① Lisa Curtis, Walter Lohman, et al., *Share Goals, Converging Interests: A Plan for U. S. – Australia – India Cooperation in the Indo – Pacific*, The Heritage Foundation, Lowy Institute for International Policy, 2011, p. 2.

② 王晓文：《特朗普政府印太战略背景下的小多边主义——以美印日澳四国战略互动为例》，《世界经济与政治论坛》2020 年第 5 期，第 76—82 页。

全；保护进入国际水域和空域自由对我们来说并不是新的思考，而是一项基于以规则为基础的全球秩序原则”。[1] 显然，印度、日本、澳大利亚作为美国重要的战略盟友和伙伴，将与美国一道在维护印度洋—太平洋海上安全发挥着重要作用。目前，美日印澳四国形成海上小多边合作机制已经向海上安全联盟的方向发展，这将会使美国主导和推进的美日印澳小多边合作进一步迈向机制化，同时也将推动美国与包括印度在内的域内相关国家提升海上战略协作水平。

第三节　美国和印度共同战略文化

在美国等西方国家看来，印度与它们有很多相似之处，例如都是强大的、充满活力的、世俗的和多元文化的“民主国家”，都有所谓的“新闻自由”和独立的司法体制，都将英语作为官方的正式语言等，这些共同的身份成为印度与美国等西方国家更密切合作和多层次互动的基础。冷战结束以来，美国和印度的战略互动日趋频繁，两国彼此互动形成了共同的价值共识和战略利益，建立起“康德文化”中类似朋友式的关系，从而影响着两国间的对外政策和行为。此外，印度裔美国人是美国政治不可或缺的一部分，印度裔美国人游说也日渐成为美国政治文化的一个重要方面，为美国与印度关系的不断发展创造良好条件。在“印太战略”背景下，美国和印度共同享有的这些战略文化成为美国与印度在印太地区海上合作的潜在动力。

一、美国和印度的共同身份

美国号称是“世界上最发达的民主国家”，印度被定位为“世界上

---

① U. S. Department of Defense, *Let's Be Ambitious Together' Pacom Commander Urges in India*, March 4, 2016, https://dod. defense. gov/News/Article/Article/686250/lets - be - ambitious - together - pacom - commander - urges - in - india/.

最大的民主国家”，两国享有基本相同的政治制度、多元文化以及价值认同。与此同时，美国是世界海洋强国，印度是印度洋国家，两国共同享有海上国家的身份。美印两国共同价值观和海上身份认同拉近了两国彼此间的距离，为“印太战略”背景下美国与印度的海上合作提供了必要前提。

第一，美印享有共同的价值观。美国是最早建立三权分立的国家，拥有西方的民主宪政制度和自由主义价值观。印度受英国殖民的影响，逐步建立了同英国一致的政治制度和模式，在价值观的认同方面也与英国等西方国家保持大致相同。[①] 美国与印度的合作正是在西方核心价值观的基础上建立并得以发展。早在 1959 年，时任美国总统艾森豪威尔曾就如此评价印美关系：“在地球上最大的民主国家印度和第二大的民主国家美国之间横亘着 1 万英里的海洋和陆地，然而在民主的根本理念与信仰方面两国是紧密的邻居，美印应该成为更紧密的邻居。”[②] 从某种意义上讲，印度与美国等西方国家基于共同的价值、制度和语言。鉴于印度在亚洲具有相当的影响力，美国向来认为印度是整个亚洲“民主”发展的范例。美印的共同价值观具有重要的政治意义，共同价值观的认同在一定程度上减缓两国因战略发展取向不同所导致的分歧和猜疑，这不仅成为美印两国共同身份的纽带，同时自然地增进两国的亲近感。

构建一定类别群体的身份认同是在国家系统政策运作中起决定性作用的重要政治因素。[③] 早在小布什政府时期，美国就与印度开启基于共同民主价值观的天然盟友关系。随着战略重点向印太地区逐渐转移，美国试图通过在印太地区系统内构建群体身份的认知同盟，获得在印太地区主导权的合法性支持，而共同价值观成为构建这种群体性身份认同的

---

① 屈彩云：《探析“日美澳印”战略合作的形成及其制衡博弈》，《辽宁大学学报（哲学社会科学版）》2016 年第 1 期，第 165—166 页。

② 赵东升：《美国南亚新政策下的美印关系结构》，《国际论坛》2005 年第 1 期，第 16 页。

③ Taicott Parsons, “Some Theoretical Considerations on the Nature and Trends of Change of Ethnicity,” in Nathan Giazer and Daniei P. Moynihan eds. , *Ethnicity*: *Theory and Experience*, Cambridge: Harvard University Press, 1975, p. 64.

有力支撑。2010 年 10 月，美国国务卿希拉里在夏威夷发表《美国介入亚太》的演说时就曾谈到，美国知道不能把价值观强加于其他国家，但确实认为某些价值观是普遍的，它们被世界上每个国家的人们所珍视。随着美印两国政府、经济、人民之间的联系日益紧密，印度和美国之间的关系从未如此重要。作为世界上最大的两个“民主国家”，共同利益和共同价值观将美印联结在一起。① 2017 年 10 月，美国国务卿蒂勒森访问印度时表示，美印强大关系的核心纽带是两国共同的价值观，美国与印度的民主建立在对个人自由和法治的承诺之上。正是这一基础支持两国共同努力的方向，从打击恐怖主义和保护基于规则的印度洋—太平洋地区到增加自由和公平贸易，甚至寻求更多合作的领域。② 2018 年 9 月，美国国务卿蓬佩奥在美印首次“2 +2”对话开幕致辞时也同时指出，美印两国通过共同的民主价值观，尊重个人权利和对自由的共同承诺而团结在一起。鉴于这些价值观，印度和美国有一个推动自由开放的印度洋—太平洋地区的自然起点，两国应该继续确保海洋和天空的自由，维护和平及解决领土海洋争端，实现对繁荣与安全的共同愿景。③ 2020 年 2 月，特朗普访印期间在美印两国联合声明中再次强调，“美国和印度一直因为共同的民主传统和保护自由、个人权利和法治宪法而团结在一起，这成为两国战略合作伙伴关系发展的重要基础”。④

有西方学者认为，印度洋—太平洋地区的“自由民主国家”在加强促进经济和政治稳定、区域安全、整个地区持续自由和开放贸易以及

---

① U. S. Department of Defense, *America's Engagement in the Asia - Pacific Region*, Remarks Hillary Rodham Clinton Secretary of State, Kahala Hotel, Honolulu, Hawaii, October 28, 2010, https: //2009 -2017. state. gov/secretary/20092013clinton/rm/2010/10/150141. htm.

② U. S. Department of State, *Press Availability with Indian External Affairs Minister Sushma Swaraj*, Rex W. Tillerson, Secretary of State, Ministry of External Affairs, Jawaharlal Nehru Bhawan, New Delhi, India, October 25, 2017, https: //www. state. gov/secretary/20172018tillerson/remarks/2017/10/275091. htm.

③ U. S. Department of States, *Opening Remarks at the U. S. - India* 2 +2 *Dialogue*, Michael R. Pompeo, September 6, 2018, https: //www. state. gov/secretary/remarks/2018/09/285728. htm.

④ The White House, Remark by President Trump and Prime Minister Modi of India in Joint Press Statement, February 25, 2020, https: //www. whitehouse. gov/briefings - statements/remarks - president - trump - prime - mi - nister - modi - india - joint - press - statement -2/.

民主治理的关系网络方面具有战略意义。① 美日印战略对话甚至曾建议应该建立一个志同道合的海洋“民主国家”共同体，协调海洋公地的管理及和平利用的努力。② 对于印度来讲，拥有发展中国家中相对成熟的议会民主政体，既是印度引以为自豪的成就，也是其在处理与西方国家关系特别是美国关系比较有自我认同感的原因。③ 美印两国的共同价值导向使印度成为不会对美国构成严重挑战的大国，这种亲近感加强了美国对印度的战略信任，美国与印度之间共同文化的“低政治”可向安全防务等“高政治”不断延伸，成为美国与印度海上合作的“黏合剂”。在此背景下，美国寄望以在印太地区与印度的海上合作为基点，以点带面，预期将印度培养成为所谓赞同遵守国际法、航行自由及和平解决冲突的“亚洲典范”，以利于美国推销西方自由民主的价值理念。

第二，美印共同海上国家身份的认同。不论是从地理上还是历史上，美国都与海洋有着割舍不断的联系。美国直面太平洋和大西洋的地理环境决定海洋对于其战略发展的重要性。与此同时，印度处在印度洋关键性地理位置上，东西两面被印度洋所包围，三面环海，拥有广阔的海岸线，是典型的印度洋国家。印度海权之父潘尼迦曾指出，虽然对其他国家来说，印度洋只是重要的海洋区域之一；但对印度来说，它是至关重要的海洋，因为它的生命线集中在这个区域。因此，印度洋决定着印度的未来，印度需要通过与美英海洋强国合作，确定印度的海洋国家身份和地位。④ 独立后的印度政策制定者更加意识到印度混合的地缘政治背景，即印度北部和西北部被广袤的大陆空间所包围，而印度半岛南部则被浩瀚的海洋所包围，认为从防御的角度来看海洋对于印度来说最

① Lisa Curlis, et al. “Shared Goals, Converging Interests: A Plan for US – Australia – India Cooperation in the Indo – Pacific,” Washington, D. C.: Heritage Foundation, Department of Defense, 2011, pp. 1 – 2.

② The Japan Institute of International Affairs, *U. S. – Japan – India Strategic Dialogue*, Center for Strategic & International Studies, December 4 – 6, 2009, p. 2.

③ 赵东生：《美国南亚新政策下的美印关系解构》，《国际论坛》2005 年第 1 期，第 16 页。

④ K. M. Panikkar, *The Basis of an Indo – British Treaty*, Bombay: Oxford University Press, 1946, p. 26.

为至关重要。[①] 因此，自独立以来印度的历届政府都非常重视海洋对于自身战略发展的重要性，不断加强对印度洋的控制，立志成为南亚以及印度洋地区的海上霸主。近年来，随着“东向”战略出台和实施，印度的海上战略更加突出向印度洋以外的西太平洋地区扩展，为印度进一步迈向世界海洋强国夯实了基础。

英国地缘政治学家哈尔福德·麦金德在其所著的《历史的地理枢纽》一书中曾谈到美印两国拥有共同海洋身份的属性。麦金德指出，欧亚非三大洲合起来在茫茫海洋世界中的一个岛可以称之为“世界岛”，而欧亚大陆的中部就是世界岛的心脏地带。在心脏地区的枢纽地区以外，在世界的边缘陆地有两个同轴的新月地带，一个是内新月形地带或边缘新月形地带，这一地带曾经哺育欧洲、中东、印度和中国伟大的历史文明；另一个是外新月形地带或海岛新月形地带，这一地带由南北美洲、撒哈拉以南的非洲和澳大利亚所组成。美国、日本、澳大利亚为处于外新月形地带的海上国家，印度为处于内新月形地带的由部分大陆和部分大洋组成的国家。[②] 根据麦金德关于陆地和海洋国家的划分，美国是一个被海洋所包围的海洋国家，而印度是拥有广阔海岸线的海洋国家。

综上所述，美国是太平洋地区最具影响力的国家，印度是印度洋地区的重要国家，两个国家共同享有太平洋和印度洋的海洋国家身份。当前，印度洋和太平洋在国际政治中的地位日趋提升，美国和印度在太平洋与印度洋地缘整合的背景下共同成为印度洋—太平洋地区的至关重要国家。“印太战略”框架赋予美国和印度在海洋中的领导角色，同时也进一步强化了两国作为海洋国家的身份定位。美国与印度共同海洋身份的认同，不仅缩小了两国地理距离和战略分歧，同时也在加深美印两国地缘身份和战略认同。由此而来，美国与印度共同的海上国家的身份成为两国在印度洋—太平洋地区海上合作的重要前提。

---

① Zorawar Daulet Singh, “Foreign Policy and Sea Power: India’s Maritime Role Flux,” *Journal of Defence Studies*, Vol. 11, No. 4, 2017, pp. 23 – 24.

② ［美］杰弗里·帕克著，李亦鸣、徐小杰、张荣忠译：《二十世纪的西方地理政治思想》，解放军出版社 1992 年版，第 19 页。

二、美国和印度的战略互动

国际关系建构理论认为国际社会成员在社会情境中通过互动产生共有知识，在这个环境中共有知识构建行为体的身份和利益，进而影响着行为体的对外行为。[①] 在建构主义看来，国家之间的互动意味着国家主体间的实践活动，国家交往的最初行为是通过彼此之间的互动而产生主体间意义。在这个过程中，国家行为体加强或削弱各自之前所拥有的一些私有观念，在此基础上形成了所谓的共有观念，也就是国家间的共有文化。一般而言，如果两个国家在国际社会中没有过战略互动，那么它们彼此之间则没有共有知识。然而，一旦这两个国家有了彼此间的交往，此前的初始行为将通过主体间的实践活动使互动中的双方产生并加强或削弱一些观念，并开始共同拥有这些观念，于是便产生共有文化。[②] 这些文化通过界定国家间的身份和利益，进而影响着国家的对外行为，而国家之间行为的变化又反过来影响着共有知识的构建。

美国和印度在印度洋—太平洋海上战略互动加强了两国身份和共同利益，影响着两国的共同行为。特朗普此前就曾指出，“如果拥有共同价值观和共同利益，美国的盟友永远不会质疑美国，美国的伙伴关系也将通过稳定推进共同安全”。[③] 在“印太战略”出台后，美国一如既往地渲染美印共同的价值观身份，塑造印度民主国家的形象，同时也把印度视为美国“印太战略”的重要支点，并将其纳入以美国为首的印太联盟体系。印度基于自身战略利益和平衡中国的考量，对美国的“印太战略”采取迎合的态度，通过共同“民主国家”身份拉近与美国距离，积极寻求与美国在印太地区的战略合作，以期实现自身的大国崛起梦

---

① Alexander Wendt, *Social Theory of International Politics*, Cambridge: Cambridge University Press, 1999, p. 141.

② 秦亚青：《国际政治的社会建构——温特及其建构主义国际政治理论》，《欧洲》2001年第3期，第7页。

③ 葛成、沈铭辉：《美印视角下的“印太战略”：政策限度及中国的应对》，《云南社会科学》2018年第5期，第45页。

想。从莫迪访美到特朗普政府“印太战略”的出台，从美国《国家安全战略报告》的颁布到印度的“印太战略”构想初步形成，从美日印澳四方合作机制重启再到美印“2+2”部长级对话，从莫迪访美到特朗普访印，美国与印度在“印太战略”框架内的良性战略互动使得印太地区的海上合作成为两国一致的选择。实际上，正是由于两国的战略互动，美印才最终在共同应对印太地区海上的安全威胁、共同遏制中国在印太地区海上崛起以及共同构建有利于美印两国利益的印太海上秩序等方面达成一致共识。

三、印裔美国人的积极游说

游说是现代西方国家政治文化的重要组成部分，是各种利益集团影响立法者和政策制定者的政治行为，即不同利益集团采用的技术路线，从小型国内社会、专业、民族群体到大型外国公司和民族国家，目的是向国会、行政以及立法部门的决策者施加压力，以便在政策决策中有利地考虑它们的利益。[①] 游说是美国政治文化中一个普遍的现象，同时也是美国政治进程的内在组成部分，游说通过既定的、有影响力以及合法的方式影响美国外交政策的制定和执行。[②] 鉴于美国作为世界唯一超级大国的强大全球政治影响力，众多国家的各种团体希望通过影响美国的内外政策以获取最大利益，因此在美国的游说活动也呈现出不断增加的态势。另外，美国政府体制与权力分立，给予利益集团的游说活动以充足空间，这些利益群体为追求自身利益而开展的主要活动渗透和影响直接参与政策制定的美国政府机构。[③]

根据美国皮尤研究中心对美国社区调查分析，印度裔美国人口在过

① Lloyd Hitoshi Mayer, *What is This Lobby That We Are So Worried About?* 26 Yale Law & Policy Review 485, 2007 -2008, pp. 508 -518.

② Thomas T. Holyoke, *Interest Group and Lobbying: Pursuing Political Interests in America*, New York: Routledge, 2018, pp. 20 -22.

③ Tony Smith, Foreign Attachments: *The Power of Ethnic Groups in the Making of American Foreign Policy*, Cambridge: Harvard University Press, 2000, p. 93.

去的十多年间不断呈增长趋势。2015 年美国的印度裔人口为 398.2 万，较 2000 年的 190 万增加超 1 倍，其中 80% 以上的人口获得大学及以上学历，他们中大部分拥有非常熟练的英语水平。从经济方面看，印度裔美国人大多生活在美国的大都市区，家庭年收入约为 10 万美元，个人年收入更是超过 5 万美元，远远超过其他美国种族群体收入。① 虽然印度裔美国人占美国总人口的一小部分（约 1%），但按人均收入衡量，印度裔美国人是美国最富有的族群，同时也是受教育程度较高的人群，他们在美国的专业和经济领域已经获得值得称赞的成绩。② 印度裔美国人通过自己的财力支持和不断增长的高素质人口，使印度裔美国人游说逐渐建立起专业和政治化的组织，开始在影响美国的外交和经济政策方面发挥积极作用。

受冷战结束、政治多元化以及印度核试验三大因素影响，印度裔美国人在 20 世纪 80 年代开始活跃，并在 20 世纪 90 年代初更加积极主动。③ 随着 1993 年美国国会印度核心小组的成立，印度裔美国人在美国政治活动的影响变得更加明显。2004 年美国参议院组建成立两党印度核心小组，这是美国国会首次专门针对一个国家所成立的核心小组，标志着国会对印度态度根本转变。除印度裔美国人对美国社会日益增长的影响外，印度核心小组的成立也反映出印度政府的支持程度，印度裔美国人已经在美国政治活动中获得相当重要的影响力。总的来说，印度游说各种模块的作用，主要是美国国会的印度核心小组、印度美国社区及其政治组织、美印商业理事会和印美商会等商业组织以及游说公司的游说活动。印度政府聘请的游说者可改变美国国会对印度的看法，并促进美印关系的稳固发展。印度核心小组和印度裔美国人社区游说的努力以

① Pew Research Center, *Social & Demographic Trends* "*Indians in the U. S. Fact Sheet*," September 8, 2017, http://www.pewsocialtrends.org/fact-sheet/asian-americans-indians-in-the-u-s/.

② Ashok Sharma, *The Indian-American Lobby That's Quietly Pushing Washington Towards New Delhi*, QuartzIndia, June 28, 2017, https://qz.com/india/1016611/the-indian-american-lobby-thats-quietly-pushing-washi-ngton-towards-new-delhi/.

③ 潘亚玲：《美印核协议中的印裔美国人游说》，《南亚研究》2009 年第 1 期，第 70—71 页。

及不断增长的商业互动，在支持美印两国民主价值观的共同身份和规范方面作用显著。此外，一些印度裔美国人在美国政府中担任要职，也在潜移默化地促进美印两国的合作。[①]

作为美国重要的一股政治力量，印度裔美国人在美国的游说活动涉及美印关系中的经济、政治、安全等领域的各个方面，他们适时通过提供大量的资金并积极游说，使美国国会等部门审批有利于印度的多部法案，帮助印度政府解决与美国合作过程中面临的各种挑战，不仅对印度的经济社会发展起到重要促进作用，更重要的是为美印战略互动创造了良好条件。随着印度战略地位的提升以及美国战略向印度洋—太平洋地区的转移，美国已经将与印度在这一地区的海上合作列为两国的共同优先事项，这为印度提升海上大国地位和国际影响力提供了有利的机会。在此背景下，印度游说团体也在密切关注两国在这些问题上的合作动向，适时通过积极的游说和资金支持，进一步推动两国在印太地区的海上合作。总的来说，印度裔美国人的游说是美印战略文化中不可或缺的一部分，他们作为美印两国关系发展的重要纽带，在促进美国与印度合作方面发挥着无可替代的作用，同时也为提升美国和印度两国战略合作关系做出较大的贡献。

本章小结

本章通过分析“印太战略”背景下美国与印度海上合作的内外动力，着重研究美印两国海上合作的原因和理由。从内在动力来看，美国与印度海上合作与美国自身战略利益的考量密不可分，其中美国海上战略利益需要、美印海上力量结构互补以及中国等区域内因素影响成为推动美国与印度海上合作的主要内在力量。从外在动力来看，美印海上相互依存以及美国与印度多边机制框架内的战略合作进一步加速了两国双

① 罗藏才让：《美印防务安全合作最新动态探析》，《南亚研究》2016 年第 2 期，第 106—107 页。

边海上合作的进程，其中涵盖印度对美国海上合作的积极回应、美印海上战略层面相互依存需要、地区海上多边合作框架积极推动等多个方面。另外，在“印太战略”背景下，美印共同享有的战略文化也是推动美国与印度海上合作的重要因素之一，其中两国共同享有海上国家的身份、在印度洋—太平洋海上战略互动，以及印裔美国人的积极游说在促进美国与印度海上合作方面发挥着重要的作用。

第五章　美国与印度海上合作的制约因素

美国与印度在海上合作领域取得了实质进展和丰硕成果，但同时也存在阻碍双方进一步深化合作的潜在因素，这些因素制约着美国与印度海上合作的未来发展。美国和印度各自国内政治体系、美印两国战略互动以及国际地区层面的影响，都可能以消极负面的方式制约美印两国合作的深度和广度。

第一节　美国国内政策的约束

任何国家对外政策的讨论、制定与实施都在很大程度上受制于国内的政治权力结构、政治文化、政党博弈以及主要领导人的决策。[①] 美国与印度的海上合作同样受到美国国内政治的影响和制约，主要包括美国国内政治体制、美国对外政策传统以及美国与印度合作的疑虑三个方面因素。

一、美国国内政治体制影响

美国国内政治体制是影响美国与印度海上合作的主要因素之一。一方面，美国军方战略司令部对印度洋地区的不同划分不利于美国与印度

① 马荣久：《国内政治与外交决策：以领土争端中的印度对华决策为例（1959—1962年）》，《世界经济与政治》2009 年第 12 期，第 34 页。

在整个印度洋地区的战略合作；另一方面，美国国内两党对与印度合作的不同趋向潜在地影响美国与印度两国的海上合作。更为重要的是，美国历届政府对外政策的不稳定性也对美印海上合作构成一定挑战。

第一，美国在印度洋地区战略司令部的不同划分是阻碍美国与印度海上合作的主要障碍之一。自二战结束以来，美国国防部所属的美国联合作战司令部将印度洋地区划分归为三个不同的司令部，即中央司令部、非洲司令部和太平洋司令部。此前美国并未明确指定由哪个战区司令部负责印度洋地区，而一般默认印度洋地区的安全与防务由太平洋司令部负责，但实际上印度洋地区的安全却与其他两大司令部有着交叉关系。[①] 受此影响，美国与印度在印度洋地区的合作相对有限，因为印度只有在美国太平洋司令部的框架内才能与中央司令部和非洲司令部进行建设性接触，特别是中央司令部涉及美国与巴基斯坦的战略合作，对与印度的双边合作一直表现出敏感和顾虑。随着美国与印度两国在印度洋地区海上合作的日益提升，印度曾多次向美国明确表示，希望与印度洋域内美国所有战区司令部以及全球范围内开展双边合作。然而，印度的建议却始终未被美国所采纳，美国仍一如既往地将印度保留在指定的太平洋司令部。目前，尽管美国已将太平洋司令部改名为印度洋—太平洋司令部，此举进一步提升了印度和印度洋地区在美国全球战略中的地位，但美国的主要目的是投入更多的力量介入印太地区的事务当中，并没有因为改变现有的责任划分而对整个印度洋地区进行战区上的统合。[②] 从战略角度来看，美国的这一举动仅体现出美国自身的战略需求，却并达到印度所期望的结果，显然不利于美国与印度在整个印度洋地区开展战略合作。

第二，美国国内两党对印度合作的不同趋向也是影响美印海上合作的潜在因素。21 世纪以来，印度及印度洋在全球地缘政治中地位的不

---

① Andrew Feickert, *The Unified Command Plan and Combatant Commands*: *Background and Issues for Congress*, Washington, D. C.: Congressional Research Service, 2012, pp. 9 – 15.

② U. S. Department of Defense, *Davidson Pledges to Continue Mission at U. S. Indo – Pacific Command*, May 30, 2018, https://dod. defense. gov/News/Article/Article/1535814/davidson – pledges – to – continue – mission – at – us – indo – pacific – command/.

断提升促进了美印关系范式的转变。在此背景下，美国两党在安全与防务问题上逐渐达成亲印度的共识，但美国国内政治的发展却使美印贸易争端变得更加紧迫和有争议性。尽管自老布什政府以来的美国历届政府都曾批评印度的经济贸易政策，但最后通常都选择采取与印度的和解政策。美国政府的这种克制源自更为广泛的考量：一方面希望与印度进行包括经济安全政治在内的接触，实现有利于美国国家利益的战略目标；另一方面企图将印度这一世界上最大的民主国家打造成为一个真正负责任的全球大国。虽然美国两党在安全与防务问题上逐渐达成亲印度的共识，但长期指导美国对印政策的假设正在与共和党的基本偏好相背离，美国共和党对迎合印度的利益越来越不感兴趣。据调查，仅有27%的共和党人对印度负责任地处理世界问题的能力持有信心。[①] 尽管民主党建制派的外交政策倾向于优先发展与印度的双边关系，但目前共和党的强势态度和前所未有的政治压力正使美国国内对印度反竞争行为的宽容政策难以为继。显而易见，印度日益崛起所引发的美印战略竞争是美国国内两党对印度政策考量的关键，同时这也将成为影响美国与印度海上合作的潜在因素。

第三，美国特朗普政府政策的不稳定性对美印海上合作构成一定挑战。自就任新一届美国总统后，特朗普本人具有很强的不确定性已成为国际社会的共识。一方面，特朗普的政策主张是否能够得到有效落实还尘埃未定；另一方面，特朗普本人的政治命运能否顺利延续也是前途未卜。上述双重因素构成这一时期美印关系发展的一个重要变量。在此背景下，印度显然不想通过完全对接特朗普的"印太战略"对自身战略发展加以赌注。特朗普始终追求"美国优先"为主要政策原则，以牺牲任何其他国家的利益来维护美国的国家利益。在国际社会的实践中，印度也已经频频看到美国的一系列如美国频繁"退群"、贸易政策反复无常、外交政策飘忽不定等不按常理出牌的做法。对印度莫迪政府而

① Dina Smeltz and Ivo Daalder, etc., *Results of the* 2017 *Chicago Council Survey of American Public Opinion and US Foreign Policy*: *What Americans Think About American First*, The Chicago Council on Global Affaires, 2017, p. 15.

言，特朗普政府并不是印度负责任的合作者和“印太战略”推进者，美国政府的一切行动均以美国利益为出发点，对印度无论在安全还是经济利益方面的关顾都表现为有限和敷衍。由此可见，“印太战略”背景下印度与美国的海上合作也只能是有条件的合作。另外，随着美国新一轮大选的临近，美印海上合作同样面临着新一届美国政府未来政策不确定性的挑战。

二、美国对外政策的战略取向

任何一个国家的对外政策都表现出独特的价值理念。通过历史和文化分析考察，美国对外政策的价值取向主要表现为以维持全球霸权和获得国家利益为目标的霸权主义和实用主义特征。在国家利益和战略考量愈加趋于对等的时代，美国这种对外政策的价值取向也将对美国与印度的海上合作造成一定冲击和影响。

第一，美国霸权政策决定印度需要从属于美国的战略利益。纵观美国全球霸权战略的发展过程，维护美国的海上霸权历来是美国全球战略布局的重要组成部分。对于美国而言，保持对世界海洋的绝对控制仍然是美国大战略的核心要素，因为这种主导控制权将赋予美国在全球范围内的重要影响力，特别是对其他国家的政治经济影响力。① 随着印度在亚洲的迅速崛起，美国将合作重点转向印度并鼓励其在地区安全方面发挥更大作用，主要归因于一个日益强大的印度在印度洋地区日趋提升的安全保障能力将有利于美国的霸权维护和国家利益。自 2001 年开始，美国在中东和阿富汗进行的反恐战争使得印度在美国全球战略布局中的重要性直线上升。2009 年，美国国防部长罗伯特·盖茨宣布美国期待印度在未来几年成为印度洋及其他地区安全的合作伙伴和净提供者。② 印度作为“净安全提供者”的这一提法随后在 2010 年美国《四年防务

① 吴征宇：《霸权的逻辑：地理政治与战后美国大战略》，中国人民大学出版社 2010 年版，第 213 页。

② U. S. Department of Defense, *Secretary of Defense Speech*, *International Institute for Strategic Studies*, May 30, 2009, https://archive.defense.gov/speeches/speech.aspx? speechid=1357.

评估报告》和2015年美国《国家安全战略报告》中被列为美国对外政策的重中之重。2010年美国《四年防务评估报告》指出，“印度的军事能力正在迅速提高，它已经通过打击海盗、维和、人道主义援助和救灾努力建立起全球军事影响力，印度军事实力的增强将为亚洲提供印度洋及其他地区的安全保障”。[①] 2015年美国《国家安全战略报告》进一步指出，“作为世界上最大的民主国家，印度在维护区域安全及扩大在关键区域机构的参与具有重要作用”。[②]

随着美国战略重点向亚太及印度洋转移，美国“印太战略”日渐形成，印度已被美国视为其实施“印太战略”的重要支点。特朗普政府的美国《国家安全战略报告》明确提出，美国欢迎印度成长为一个全球领导型国家和美国更强大的战略与防务伙伴。[③] 在此背景下，美国企图通过与印度合作介入印度洋和南亚地区事务，同时将印度打造成维持美国全球战略布局中的“南亚支点”，为其重心东移的全球战略布局进行“空位补缺”。美国与印度的海上合作以美国维持全球霸权的大战略为基础，企图将印度打造成为在南亚—印度洋和亚洲—太平洋地区的代理人，使美国在大西洋和太平洋的战略部署连成一体。由此可以看出，美国积极谋求与印度的海上合作表面上是谋求平等互利，但实际上只是美国维护其海上霸权地位的关键一局，两国合作的过程中势必体现出美国的主导地位和霸权属性。在印度追求大国地位的背景下，美国仍依照霸权主义的传统外交政策发展与印度的海上合作关系，在很多问题上更多是考虑自身的战略布局而非印度利益，这必然不能被印度所完全接受。正如印度总理辛格此前所说，“印度是一支独立的力量，不是一个附属国，更不是一个哀求者”。[④] 美国的海上霸权政策与印度的战略自主存在的固有矛盾，无疑会成为美印海上合作问题中的主要矛盾

---

① U. S. Department of Defense, *Quadrennial Defense Review Report* 2010, p. 60.

② National Security Strategy Archive, *National Security Strategy of the United States of America*, February 2015, pp. 24 –25.

③ The White House, *National Security Strategy of the United States of America*, December 20, 2017, p. 46.

④ 王新龙：《美印海上合作：动机、矛盾及影响》，《国际论坛》2007年第4期，第25页。

之一。

第二，美国将印度视为牵制中国的一枚棋子，服务于美国海上霸权利益的实现。2008 年国际金融危机以来，中国的全球经济、军事和政治影响力日益增强，在亚太地区的迅速崛起成为美国严重关切的问题。美国始终坚持认为，只有在亚洲推动稳定的力量平衡，才能遏制中国在该地区代替美国的主导地位。早在小布什政府时期，美国布鲁金斯学院高级研究员理查德·福肯瑞斯就曾指出，“中国崛起对美国外交政策是巨大的战略挑战，印度的规模、人口和经济增长赋予其权力，并且印度位于亚洲和中东以及中国南部边境的中心，可能推动实现美国全部战略利益，美国可以通过与印度更具建设性的合作来克服这一挑战”。[①] 此后，奥巴马政府在面向亚太地区的再平衡过程中给予印度特别优先考虑。2012 年 6 月，美国国防部长帕内塔访问印度期间曾公开表示，印度将成为美国正在展开新防御战略的“关键”，该战略围绕“重新平衡”亚太地区力量。[②] 特朗普政府的“印太战略”体现出美国政府遏制中国的战略连续性，这一战略通过提升印度对美国作为该地区关键伙伴的重要性，试图将印度打造成一个可以在建立并巩固自由和开放的印太秩序方面发挥更大作用的准同盟，包括印度能够积极参与并迫使中国将战略资源、军事力量从西太平洋转移或分散到印度洋地区。[③]

总的来看，美国试图从表面上将印度定位为重要的战略伙伴，而在实际操作的过程中则将印度视为自身的战略棋子。自冷战结束以来，维持中美印战略三角的稳定始终是印度所追求的目标。印度最理想的选择就是做中国和美国之间的平衡者，既不过度地与美国发展成为准同盟关

① Richard A. Falkenrath, *U. S. – India Global Partnership and the U. S. – Indian Civilian Nuclear Cooperation Initiative*, The Brookings, May 11, 2006, https://www.brookings.edu/testimonies/us – india – global – partnership – and – the – us – indian – civilian – nuclear – cooperation – initiative/.

② Leon E. Panetta, *Partners in the 21st Century*, Institute for Defense Studies and Analyses, June 6, 2012, https://idsa.in/keyspeeches/LeonEPanettaonPartnersinthe21stcentury.

③ Oriana Skylar Mastro, *Can India Help the United States Against China*? The Lawfare Institute, August 28, 2018, https://www.lawfareblog.com/can – india – help – united – states – against – china.

系，也不过分地与中国发展成为敌对关系，使中美印三国之间始终相互倚重又相互牵制。在三国彼此的竞争与合作中寻求最大获益，才是最符合印度战略利益的理性选择。[①] 在这一目标的指导下，印度对美国的战略捆绑始终持谨慎态度，印度仅仅想借自己平衡中国的战略价值从美国谋取更大的现实利益，而对美国将其作为制衡中国的“急先锋”而非真正意义上的伙伴充满质疑。尽管印度与美国在平衡中国方面有着共同利益，但印度也需要从自身的战略利益出发发展与中国关系，在与美国进行海上合作的同时顾及中国方面的感受。因此，美国与印度在应对中国崛起方面并非完整相容，如果美国执意将印度作为中国崛起的平衡者，不仅将在一定程度上缩小美国与印度在印度洋—太平洋地区合作的空间和范围，而且也可能会为美印两国海上合作带来一定的矛盾和摩擦。

第三，美国长期奉行实用主义的外交政策，在与印度合作中寄望谋求更多的利益。实用主义产生于美国本土，是早期美国文化务实传统的主要体现。[②] 长期以来，实用主义至上已经成为美国对外政策的基本传统，其核心内容之一就是推崇利益至上的理念。纵观美国历史，美国对外政策的根本出发点毫无例外地都是将本国利益的追求放在首位。按照美国实用主义传统的对外逻辑，美国在与印度的战略合作必然更多是以美国利益获得的多少作为评判标准，甚至有时会以损害印度的利益为前提。在具体合作过程中，美国不但不会给予印度平等的战略地位，而且美印两国合作的主导权必须由美国一方所掌控。因此，美印两国海上合作的发展将主要取决于美国对印度战略地位的认可以及美国是否满意印度对美国利益追求的屈从。[③]

从拓展商业利益方面看，美国目前仍然是世界上最大的武器出口

---

① 杨慧、刘昌明：《美国视域中的“印太”：从概念到战略——基于对美国主流智库观点的分析》，《外交评论》2019 年第 2 期，第 76 页。

② 许一多：《实用主义：美国外交战略的哲学理念》，《国际论坛》2002 年第 3 期，第 7—8页。

③ 宋志辉：《美印在印度洋上的博弈对双边关系的制约与推动》，《南亚研究季刊》2008 年第 3 期，第 24—25 页。

国，约占全球武器出口的1/3，其中大部分包含海上防务武器的出口。[①]美国积极推动与印度海上防务贸易的主要目标之一就是向印度出口大量武器来维持美国的工业基础，并通过规模经济来降低美国武装部队成本。从拓展战略利益方面来说，美国向印度洋—太平洋的转向需要印度替美国承担相应的责任，而印度海军建设能力始终是掣肘印度发挥关键作用的重要因素。[②] 在此形势下，美国希望通过向印度进行武器销售推动印度有能力帮助美国分担一定的国际责任，而实现与印度的互操作性就成为美国发展与印度海上合作关系的一种重要方式。美国向印度武器出口的首要目标是提升在印度洋—太平洋地区的自卫能力，并在适当的时候促进印度与美国军队统一运作以应对共同安全挑战。

美国在发展与印度海上防务贸易的同时，更加注重保持自身在相关武器防务方面的巨大优势，这种以美国利益为基础的防务关系在一定程度上成为美印海上武器合作的限制因素。受美国的国家法律限制，尽管美国政府存在向印度销售复杂平台和转让技术的意图，但有些技术显然不会同印度进行有效分享。美国对印度武器和技术的出口也尚有顾虑和保留，更加注重保持自身的技术优势，例如专为印度生产的P－8I海上反潜巡逻机在性能上较原型机有所“降档”。此外，由于印度不是美国的盟友，美国政府还限制向印度出售使用美国先进武器技术的硬件，美国一贯以高价向印度售卖武器，而印度对最低成本出价的偏好与美国的收购模式形成鲜明对比。鉴于涉及知识产权问题，美国对于美印联合生产使用高端技术的硬件犹豫不决，美国与印度的海上防务合作因而更多是倾向于美印两国共同生产，而非印度所希望的共同发展。[③] 美国对印防务出口的矛盾心理让印度认识到美国没有完全致力于向其提供最好的武器技术和相关的专门知识。从长期来看，美国如果一直拒绝向印度提

---

① Stockholm International Peace Research Institute, *Trend in International Arms Transfers* 2018, March 2019, p. 2.

② Vivek Mishra, “India – US Maritime Cooperation: Crossing the Rubicon,” *Maritime Affairs: Journal of the National Maritime Foundation of India*, Vol. 14, No. 2, 2018, pp. 21 – 22.

③ Gurpreet S. Khurana, “Optimising India – US Maritime – Strategic Convergence,” *Strategic Analysis*, Vol. 41, No. 5, 2017, p. 442.

供这些高端武器技术，不能满足印度对技术转让的期望，可能会导致两国其他国防领域的接触减少。[①] 除此之外，美国还企图利用印度对美国武器出口的依赖，进一步实现更广泛的外交政策目标，特别是美国对印度与俄罗斯等国家防务合作的不满，也对美国与印度的海上防务合作造成潜在影响。

值得注意的是，特朗普政府更加倾向于从利益交易的角度发展与盟友伙伴的关系，不仅要求美国盟国和伙伴在共同发展防务能力方面加大投入，而且在贸易方面也要主动采取措施减少美国的赤字。就印度而言，特朗普政府一方面将印度纳入美国“印太战略”的布局之中；另一方面则向印度施压要完全打开从美国进口防务武器的大门。事实上，印度已经提出购买价值超过 20 亿美元的美国海上侦察无人机的请求，与美国洛克希德·马丁公司也达成共同生产 F－16 战斗机的协议，同时印度还表达出继续从美国购买液化天然气的意愿。[②] 虽然印度与美国的直接购买和联合制作协议将有助于满足印度庞大的军事需求，但美印利益分配的不均将使两国合作难免出现裂痕。

三、美国对印度海上能力质疑

印度海军能力不足是美国与印度进一步深化海上合作的又一障碍。长期以来，印度海军防务消费增长缓慢、人员规模不成比例、海军建设投入不足、防务出口政策限制、海军总体战略缺失等问题，始终令美国对印度海军的能力感到担忧。印度海军各项指标与美国希望达到的水平之间存在一定落差，这不仅影响美国与印度发展战略关系的信心，同时也制约两国海上合作的发展进程。

---

① S. Amer Latif, *U. S. – India Military Engagement*: *Steady as They Go*, Center for Strategic & International Studies, December 2012, p. 34.

② Kanti Bajpai, *Redraw the Triangle*: *New Delhi had Tilted Too Far towards the US, Too Aggressive with China*, The Indian Express, June 20, 2017, https: //indianexpress. com/article/opinion/columns/modi – us – visit – narendra – modi – donald – trump – india – us – ties – redraw – the – triangle – 4728275/.

第一，印度海军防务支出和人员规模能力有限。随着经济和国防预算的增长，印度迅速成长为崛起中的大国。虽然印度政府一直致力于打造远洋世界级海军，但目前印度还没有能力将自己的雄心壮志转化为现实，这凸显出印度的抱负与能力之间的现实差距。在国防费用方面，印度在2017年超过法国，成为全球第五大防务消费国，总国防支出为639亿美元，约占世界国防总支出份额的3.7%。① 然而，在过去五年，印度海军的开支大约仅占国防总预算的15%，并且增长较为缓慢，这一水平远远低于陆军和空军，陆军占国防总预算高达55%，而空军占比也达到23%。除此之外，自2010年以来，印度国防部拨款中的工资和津贴以及养老金比例的持续增加，其中很大一部分以削减其他预算为代价，同样限制了印度海军军费的数额。② 在人员规模方面，印度海军拥有包括海军陆战队和海军航空兵在内的58350名现役人员。相比之下，印度空军有12.72万人；而长期以来印度主要军种——陆军的现役军人多达112.91万人。③ 虽然海军在人员规模上是最小的，但其在研发和采购上的花费却相对较多，这意味着在某些方面海军的投射能力与其规模不成比例。印度海军费用的限制以及相对较小的规模，实际上限制了印度与美国等其他外国海军进行接触的能力。虽然印度海军在总理办公室和外交部中有一定数量的支持者，但在更大的国家优先事项范围内仍面临着相当大的能力挑战。此外，印度海军文职人员还普遍存在缺乏安全事务专业知识的问题，在某种程度限制了自身与美国同行就具有战略重要性的问题进行深入讨论的能力。例如，美印国防政策小组会议是美国与印度间最高级别的防务对话，目的是讨论美印共同的安全挑战，提出未来合作的领域，并为下属防务集团和官员提供政策指导。这同时也是两国加强海上安全合作中的一个重要平台。虽然印度官员非常熟悉技术

---

① Stockholm International Peace Research Institute, *Trends in World Military Expenditure 2017*, May 2018, p. 2.

② Laxman K. Behera, *Defence Budget 2018 – 19: The Imperative of Controlling Manpower*, Institute for Defense Studies and Analyses, February 2, 2018, https: //idsa. in/issuebrief/defence – budget – 2018 – 19 – controlling – manpower – cost – lkbehera – 020218.

③ International Institute for Strategic Studies, *The Military Defense, Chapter Six: Asia*, 2014, pp. 241 – 244.

防御问题中的细微差别，但在进行战略讨论时却存在明显的空白，严重影响印度在美国更为关心的领域进行更具创造性的合作。

第二，印度海军建设方面始终存在问题。印度工业基础相对薄弱，几乎所有的海军装备都是从其他国家采购进口。随着本土国防工业的崛起和印度海军致力于遵循政府的“印度制造”政策，印度开始大力发展国内船舶产业，但印度军船业仍存在诸多痼疾。例如，印度大部分造船厂基础设施陈旧，场地面积太小，不能快速建造平台来适应自身的需求，事实上印度海军舰艇退役的速度比被替换的速度还要快。[①] 这种供需上的矛盾造成印度海军建设相对滞后。除了新船的运力不足之外，印度海军舰船事故也频频发生，包含军舰沉没、撞船和搁浅等突发情况，以及潜艇起火、爆炸和有毒气体泄漏等意外情况。据有关统计，自 20 世纪 90 年代以来，印度海军在和平时期每 5 年会失去一艘战舰；自 2004 年以来，印度每两年就会失去一名海军战士，这在全球海军同一时期是非常少见的记录。[②] 印度海军的每次事故不仅会造成海军巨大的人员财产损失，而且也会导致关键海上能力的丧失。毫无疑问，印度频发的海上安全事故将引发美国对印度海军能力的质疑，除装备老化等客观原因外，美国势必对印度海军的技能水平低下、专业训练单一、安全概念模糊以及航行规则失守等众多问题表现出很大程度的担忧和不满。

第三，美国对印度进行防务出口遇到阻力。过去十几年间，美国公司在印度市场取得了长足进展，但双边防务贸易却始终未能达到美国的预期。随着美印两国防务贸易的日益深化，印度海上和空中战略军火库的中流砥柱，包括运输船队、重型攻击机和重型直升机、海军旋转式反潜作战平台和远程海上巡逻机全部是“美国制造”，但印度国防工业增长过度依赖美国的情况却遭到了国内的广泛批评，其面临必须解决阻碍

① Nilanthi Samaranayake, Michael Connell, and Satu Limaye, *The Future of U. S. – India Naval Relations*, The CNA Corporation, February 2017, p. 18.

② Sandeep Unnithan, *Indian Navy's Dubious Safety Record Worrisome for National Security*, Indian Today, August 26, 2013, https: //www. indiatoday. in/india/north/story/indian – navys – dubious – safety – record – worrisome – for – national – security – 175043 – 2013 – 08 – 26.

本土国防工业增长的问题。[①] 近年来，印度国内已经开始致力于实现国防设备的自给自足，并开发了一项旨在将外国技术和生产线转移到印度本土的收购流程，主要目标就是促进本土国防工业和促进就业增长。[②] 莫迪就任总理后更是通过推动“印度制造”，在军工制造方面力推本土化，希望在印度国内制造先进武器。根据“印度制造”政策要求，在印度引进外国武器的过程中，海外防务公司必须将合同金额的至少30%“反哺”给印度的军工产业，通过技术转让来实现外国武器部分零部件的本地生产，以此提高印度的军工制造能力。这样一来，利润限制就成为影响美国政府和企业与印度进行合作的重要因素之一。此外，美国与印度共享敏感技术取决于印度政府是否能够提供安全保证，目前印度鼓励大量国内私营公司参与国防制造和技术发展，美国更加担心印度在最敏感的机密军事信息的扩散或盗窃方面存在较大漏洞，从而影响美国技术的潜在安全。[③]

第四，印度海军服务美国战略布局的局限性。进入 21 世纪，世界地缘政治的结构性转变扩大了美国战略利益的范围，军事竞争和经济财富积累的传统来源不再局限于欧亚大陆的东、西方两极，印度洋地区日益增长的重要性促使美国重新定义地缘战略的重点。[④] 随着印度和印度洋战略地位的不断提升，美国积极推动并扩大与印度海军的合作，力图使其能够在印度洋和西太平洋地区安全上扮演关键的角色。然而，受国家政策和战略实践的双重影响，印度海军服务美国的印度洋—太平洋区域战略布局仍存在一定的局限。目前，印度没有形成正式的国家安全和国防战略，缺乏战略规划和优先考虑的核心战略目标，军事总部和国防

---

① Vivek Mishra, “India – US Defence Cooperation: Assessing Strategic Imperatives,” *Strategic Analysis*, Vol. 42, No. 1, 2018, p. 10.

② Cara Abercrombie, *Removing the Barriers to U. S. – India Defense Trade*, Carnegie Endorment, January 10, 2018, https://carnegieendowment.org/2018/01/10/removing-barriers-to-u.s.-india-defense-trade-pub-75206.

③ 孙现朴：《印美海洋合作的进程及限制性因素——兼论中国印度洋政策的路径选择》，《南亚研究季刊》2018 年第 1 期，第 13—14 页。

④ Toshi Yoshihara, “The US Navy's Indo – Pacific Challenge,” *Journal of the Indian Ocean Region*, Vol. 9, No. 1, 2013, p. 91.

部的单独运作也造成缺乏国防政策协调的局面，这种“战略赤字”在一定程度上阻碍了印度海军发挥更大作用。① 就实际操作而言，印度海军尽管认识到它的利益延伸到整个印度洋和西太平洋，但仍需要将其战略利益划分为“主要”和“次要”地区，实际上分裂了印度洋—太平洋的统一战略结构。即便是印度实施印度洋战略，印度海军也只能在扩张计划所设定的限制范围内发挥作用。到目前为止，印度只是部分地利用孟加拉湾的安达曼和尼科巴群岛，在这些岛屿上存在一个“联合服务司令部”，但当地的海军和空军部署也仍然有限。② 简言之，印度海军在印度洋—太平洋地区的海上军事行动中所发挥的作用与美国的期望值仍然有一定的距离，制约着美印海上安全合作的深入开展。

第二节 印度国内政治的制约

对外政策是国内政治的延续和发展，印度的对外政策常常根植于其历史文化传统、国内政治环境以及大国外交的战略取向。在现实的外交实践中，美国与印度的海上合作也不可避免地受到印度国内政治的制约，主要表现为印度战略自主传统对美印海上合作的制约、印度内部官僚主义对美印海上安全关系合作的阻碍以及印度防范美国心理对美印海上安全关系合作的束缚三个方面。

一、印度保持战略自主的传统

印度的战略观点是文化和历史的产物，印度的政治精英始终坚持印

① Harsh V. Pant and Abhijnan Rej, “Is India Ready for the Indo - Pacific?” *The Washington Quarterly*, Vol. 42, No. 2, 2018, p. 49.

② Rahul Roy - Chaudhury and Kate Sullivan de Estrada, “India, the Indo - Pacific and the Quad,” *Survival: Global Politics and Strategy*, Vol. 60, No. 3, 2018, p. 191.

度独立自主的外交政策。[①] 长期以来，印度的国家总体对外战略以“不结盟”和“战略自主”政策为指导，该战略以印度自身作为一个民族国家的历史演变及其悠久的文化精神为基础。不结盟主义体现的思想符合印度历史和文化遗产的元素，反对殖民主义、种族隔离和坚持不结盟的道德立场与印度的甘地精神遗产非常吻合。[②] 在两极格局的国际形势下，印度首任总理贾瓦哈拉尔·尼赫鲁曾提出不结盟的独特战略观点，避免与域外大国结成双边联盟成为印度外交政策的一个关键要素，这一原则包括承认国家主权、第三世界团结以及拒绝加入“冷战”集团的任何一方来维护印度的行动自由。冷战期间，印度拒绝加入美国和苏联阵营，独立于美、苏两个超级大国之外，为国家的发展赢得了很大空间。[③] 这一时期，印度在联合国的维和行动、全球裁军以及促进非殖民化等方面发挥了至关重要的作用，国际形象和国际地位得到极大提升。

即使在冷战结束后，印度的历届政府似乎仍然无法摆脱对不结盟主义传统的遵循。苏联解体和20世纪90年代的经济改革迫使印度重新制定外交政策的主要原则，以适应现实环境变化和发展需要。一方面，鉴于全球地缘政治格局的转变以及国家作为全球参与者的逐渐兴起，不结盟政策已经不再适应印度在战略话语和外交实践中的变化和需求；另一方面，随着现实主义学派战略精英的出现和印度人民党作为执政党的崛起，传统的尼赫鲁主义话语逐渐被边缘化。[④] 自尼赫鲁时期以来，印度的内外环境已经发生巨大变化，但大多数印度官僚政治精英却仍然坚持遵循尼赫鲁时期的不结盟传统，反对偏离和放弃不结盟的路线。在此形势下，印度的政策制定者开始致力于与所有世界大国接触的外交政策，通过提出“战略自主”这一新的语义来更新传统的“不结盟”概念，

① Sumit Ganguly and Majeet S. Pardesi, “Explaining Sixty Years of India's Foreign Policy,” *India Review*, Vol. 8, No. 1, 2009, pp. 4 – 19.

② Sumit Ganguly, *India's Foreign Policy*: *Retrospect and Prospect*, New Delhi: Oxford University Press, 2010, p. 1.

③ Stephen P. Cohen, *India*: *Emerging Power*, Washington, D. C.: Brookings Institution Press, 2001, p. 271.

④ Guillem Monsonis, “India's Strategic Autonomy and Rapprochement with the US,” *Strategic Analysis*, Vol. 34, No. 4, 2010, pp. 613 – 614.

在保持“不结盟”原则核心要素的同时，更加适应新时期印度外交政策的发展变化。“战略自主”是印度冷战期间不结盟政策的延续，与“不结盟”相比，印度当前的“战略自主”政策实现了理想道德主义和现实主义的折中融合，更加适应与世界大国建立战略伙伴关系的需要。[①] 由于“战略自主”是在冷战后地缘政治环境下运行的，具有更加积极、包容和主动的内涵，使印度能够实行“多方向”外交政策，可以与任何其他大国进行战略合作。

近些年来，“战略自主”政策已经发展成为印度管理与其他大国开展军事合作的重要参数。就印度本身来说，“战略自主”被认为是保持自身大国地位的必要条件，任何对印度战略自主原则的妥协都被认为“可能会防碍印度成为大国”。尽管印度外交政策在概念上从中立演变为一定意义上的伙伴关系，并在海事领域产生影响，但印度与美国关系的发展仍牢牢扎根于不结盟和中立理念之中。考虑到战略自主传统在印度国内政策延续的必然性，对于任何暗示可能加强与美国或任何其他民族国家紧密联系而废除其外交政策中自主原则的暗示，印度政治界都会表现得极为敏感。在具体实践中，印度国防部经常找到切实可行的方法来促进与美国的双边军事关系，形成所谓的非正式同盟，但印度与美国海上安全合作的任何动向都会受到印度国内战略自主支持者的强烈质疑。

印度长期坚持的战略自主传统，造成印度与美国建立过于密切的伙伴甚至同盟的可能性大大降低，这种根深蒂固的观念在一定程度上阻碍了美国与印度在短期内将双边海上安全合作提升到合乎逻辑的新水平。战略自主的思想对印度在印度洋地区的战略行为产生了潜移默化的影响，这一目标与印度国内务实派提出的有必要与作为该地区主导力量的美国进行合作之间存在着相当大的矛盾。因此，印度仅仅与美国在海上安全领域进行包括军事演习、情报共享及技术转让等方面的有限合

① Gurpreet S. Khurana, “Optimising India - US Maritime - Strategic Convergence,” *Strategic Analysis*, Vol. 41, No. 5, 2017, p. 435.

作。[①] 虽然美国热切希望帮助印度实现海军、空军和陆军的现代化，并发展美印两军间的演习伙伴关系和互操作性，但印度的政策制定者和专家们一贯强调战略自主的重要性，并没有感到有必要大幅提升目前的伙伴关系。比如，印度领导人愿意在印度洋巡逻和确保航行自由方面继续与美国合作，却在允许海军高度"互操作性"方面始终保持着谨慎的态度。[②]

从实际操作层面来看，印度"战略自主"政策对美印海上安全合作最直接的约束在于对美国同盟和军事协议的抵制。近年来，印度人民党政府谋求发展与美国所谓"战略同盟"关系的倾向已经遭到印度国内相当大一部分人士的批评和指责。一些政治阶层和战略团体通常将美国促使印度签订军事协议与推动印度加入美国军事和政治同盟的意愿联系在一起。印度退休官员和学者精英群体发布的官方战略文件就曾指出，"美国的历史记录证明，与美国结成正式联盟的大国往往会看到自己的战略自主权受到侵蚀"。[③] 新德里政策研究中心主席梅塔进一步强调，"通过签署军事防务协议与美国捆绑标志着印度外交思想和政策的根本转变，不仅削弱了印度的政治自主权，而且可能将印度卷入到美国的海外战争中"。[④] 印度国内一些批评人士也认为，美印防务基础协议只会导致未来几年与美国建立正式的军事同盟，对印度的国家主权和战略利益构成严重损害。[⑤] 总的来说，印度对战略自主的重视意味着印度

---

① David Brewster, "Indian Strategic Thinking about the Indian Ocean: Striving towards Strategic Leadership," *India Review*, Vol. 14, No. 2, 2015, p. 225.

② Stephen Burgess, "The U. S. Pivot to Asia and Renewal of the U. S. – India Strategic Partnership," *Comparative Strategy*, Vol. 34, No. 4, 2015, p. 373.

③ Paul Smith and Tara Kartha, "Strategic Partners or an Emerging Alliance? India and the United States in an Era of Global Power Transition," *Comparative Strategy*, Vol. 23, No. 5, 2018, p. 453.

④ Pratap Bhanu Mehta, *The American Hug: Fundamental Military Alignments with US, Taking Place without Open Debate, May Foreclose India's Options*, The Indian Express, April 2, 2016, https: //indianexpre – ss. com/article/opinion/columns/the – american – hug – indo – us – relations – narendra – modi – barack – obama – indias – foreign – policy/.

⑤ Rajat Pandit, *Seven Months on, India – US Logistics Pact Suffering from Bottlenecks*, The Time of India, March 19, 2017, https: //timesofindia. indiatimes. com/india/seven – months – on – india – us – logistics – pact – suffering – from – bottlenecks/articleshow/57722882. cms.

或将排除与美国形成战略同盟关系的可能，并在某种程度上延缓印度巩固和发展其与美国海上安全合作的脚步。

二、印度内部官僚体系的影响

虽然印度军方希望与美国在印度洋—太平洋地区有更多的接触和合作，但同时也面临着印度国内政治官僚体系的影响和制约。印度国内根深蒂固的反美情绪、复杂的官僚运行机制、不同党派之争及对美合作政策的不确定性，对印度发展与美国关系产生某种负面效应，制约着美印两国在海上安全领域的合作与发展。

第一，印度知识分子和官僚精英仍然保留着明显的反美情绪。冷战期间，由于苏联和印度的亲密关系，美国与印度之间长期存在着隔阂、怀疑和积怨，两国关系一直处于敌对状态，印度国内一部分知识分子和官僚精英保持着一种明显的反美情绪。[①] 冷战结束之后，印度政府根据国家利益权衡，抛弃此前的意识形态束缚，印度国内对美国的政治态度逐步有所改善，美印两国在防务安全上的密切度相应有所提升，但印度国内知识分子和官僚政治精英对美国的敌意始终是阻碍两国海上安全合作发展进程的一个重要因素。近年来，莫迪政府比往届任何印度政府都更渴望加快与美国的防务合作，企图通过摆脱印度内部外交决策中的许多陈规陋习，从根本上重振印度的外交政策，其中重点就包含摒弃印度外交政策长期以来所具有本能的反美倾向这一目标。[②] 莫迪在印度内部官僚体系推陈出新的变革，势必为美印海上安全合作营造良好的氛围。然而，印度长期以来形成的较为完善的外交和国防政策决策机制以及根深蒂固的渐进式变革倾向的政治文化，使印度政府在相当长的一段时期

① Arzan Tarapore, "India's Slow Emergence as a Regional Security Actor," *The Washington Quarterly*, Vol. 40, No. 2, 2017, p. 172.

② C. Raja Mohan, *Modi's World: Extending India's Sphere of Influence*, New Delhi: Harper Collins, 2015, pp. 1 – 20.

内无法从根上改变自身内部官僚体制的运行和发展轨迹。[①]

第二，印度国内官僚阶层在政策执行和机构建设上存在诸多弊端。印度的文职人员，特别是外交部和财政部的文职人员，历来是军事服务人员行动自由的主要障碍。根据国内相关法律规定，印度在与包括美国在内诸多国家的海上合作项目首先要由印度海军司令部和参谋部提出，再报送印度外交部和财政部进行审批，只有这两个部门联合签署同意后，才能呈交到印度国防部的各个部门逐级批复。[②] 需要注意的是，印度财政部下属的国防部门拥有对任何提交决定的否决权，加之最后需要国防部长亲自审查并予以授权，期间原始请求在任何一个环节中都有可能陷入僵局，甚至有可能被拒绝。鉴于印度国内各机构存在因部门之间互相推诿而造成手续烦琐等情况出现，以及因办事人员搪塞拖延而办事效率低下等现象频发，印度与美国海上安全合作相关协议的执行和落实必然需要很长的周期。除此之外，印度日益扩大的军事联系也为印度官僚机构带来沉重的负担。一方面，印度外交、国防文职官员数量不足与印度大国外交发展需求之间存在匹配度的差异，尤其在职官员在国防与安全事务方面缺乏相关专业知识和经验，导致印度面临不能有效应对和处理军事合作数量和范围日益增加所带来的问题；另一方面，由于非专业人士主导着官僚机构，没有参谋长联席会议主席代表各军种发表联合统一的意见，印度国防部很难形成一种明确和连续的制度保障机制。[③] 在莫迪上任之后，印度政府已经着手致力于减少内部官僚主义对外交政策的阻碍，但美国和印度两国的海上安全合作仍然不可避免地面临着这些问题的困扰。

第三，印度国内党派对印度与美国合作政策的分歧比较明显。与任何政党制度一样，印度的政党政策的制定者必须始终适应本身对美国政

---

① Sumit Ganguly, "Has Modi Truly Changed India's Foreign Policy?" *The Washington Quarterly*, Vol. 40, No. 2, 2017, p. 132.

② Stephen Cohen and Sunil Dasgupta, *Arming without Aiming: India's Military Modernization*, Washington, D. C.: Brookings Institution Press, 2010, p. 5.

③ Nilanthi Samaranayake, Michael Connell and Satu Limaye, *The Future of U. S. – India Naval Relations*, The CNA Corporation, February 2017, p. 12.

策和接触的独特性和连贯性。从对美关系上看，印度人民党一向是深化发展与美国战略关系的积极推动者。虽然人民党执政下美印海上合作取得了积极有效的成果，但其对美政策也遭到了印度国内其他党派的批评和指责。印度国大党在意识形态上始终同“不结盟”政策联系在一起，与美国更密切接触常常被党内人士看作是有损于国大党政治发展前景的行动，特别是印度官僚机构对美印防务合作批评的做法长期得到国大党的政治支持。有印度国大党内人士直截了当地批评印度人民党与美国签署海上防务协议是对印度“战略军事中立”政策的“根本偏离”，认为此举意味着“贬低印度主权”和“放弃战略自主”。[①]印度左翼重要政党印度共产党（马克思主义）对印度与美国深化战略合作更是深感不安，并将人民党政府推动美印海上合作看作是对印度国家主权和安全构成威胁的举动，其不仅明确反对印度与美国签订相关海上合作协定，同时对印度与美国举行海上联合军事演习提出强烈抗议。此前印度共产党（马克思主义）就曾对印度海军与美国、日本在印度洋地区举行海上三边联合军事演习予以猛烈批评，而美国“尼米兹号”航空母舰访问印度南部的钦奈港更是引发了印度共产党（马克思主义）对印度陷入美国军事影响范围的极度担忧。[②] 在国内政党政治的高压下，印度人民党政府也不得不保持对国内政治风向的高度警惕，避免与美国关系过热而引发印度政界左翼分子的政治反对，以确保美国的参与不会越界成为一种政治负担，这在一定程度上延缓了美印海上合作的发展进程。

第四，印度国内政治发展存在着一定的不确定性。印度国内政治的发展是美印关系以及美印海上合作的一个重要变化指数。印度国内政党对美合作政策的不同态度导致印度政府对美关系的冷暖变化，印度国内政治发展的不确定性也影响着美印海上合作的未来发展。早在 1999 年，印度人民党阿塔尔·瓦杰帕伊领导的国家民主联盟就曾不顾国内反对，

---

① Vijay Sakhuja, *India - U. S. Naval Cooperation Gathers Momentum Despite Doubts*, Sigur Center for Asian Studies, September 2016, pp. 2 -3.

② The Webindia123, *Sailors of USS Nimitz Take to Community Work in Chennai*, July 3, 2007, https: //news. webindia123. com/news/ar _ showdetails. asp? id = 707030254&cat = &n _ date = 20070703.

允许印度海军对穿过马六甲海峡进入孟加拉湾的24艘美国军舰进行高成本的护航。2004年，印度国大党辛格出任总理后，美印两国海上防务合作逐渐趋于平缓。在印度与美国缔结美印核协议的举动遭到印度国内政治力量的广泛批评后，辛格政府未能继续与美国保持密切防务合作关系。到辛格离任时，美印关系已经处于历史上的低谷时期，两国海上合作也因此受到了某种程度的限制。① 2014年，莫迪领导的印度人民党政府再次回到积极发展对美关系的轨道。莫迪政府不顾国内批评和指责，强势推动与美国签署《后勤交流协议备忘录》《通信兼容和安全协议》和《地理空间合作基本交流与合作协议》，将美印海军关系提升到历史最高水平。事实上，莫迪执政的任期内，印度与美国在海上安全领域开展了多种形式的互动与合作，并取得前所未有的阶段性成果。② 2019年5月，莫迪政府在新一轮大选中获得连任，但美印海上合作仍充满着不确定性。正如此前有学者指出，"莫迪政府可能会在第二任期内发现自己的政治命运受到挑战，这些挫折有可能影响莫迪政府与美国国防和海军领域的关系；即使莫迪政府想要继续深化与美国的合作关系，也取决于印度国内的政治形势，目前的趋势能否在未来十年内保持下去还有待商榷"。③

三、印度存在防范美国的心理

源于历史因素及外交政策的影响，许多印度政府官员对美国仍然存有持续的"信任赤字"。21世纪以来，尽管印度政府对与美国积极发展双边关系的转变表示欢迎，但印度战略精英中的一些人士仍对美国持谨慎态度，存在严重防备美国的心理。

---

① 张力：《印美民用核合作受挫及其对印美关系的影响》，《四川大学学报（哲学社会科学版）》2008年第4期，第75—77页。

② 刘磊、寇鹏程：《析莫迪执政以来印度与美国海上安全合作》，《国际关系研究》2018年第5期，第86—89页。

③ Nilanthi Samaranayake, Michael Connell and Satu Limaye, *The Future of U. S. – India Naval Relations*, The CNA Corporation, February 2017, p. 10.

第一，印度对美国在印度洋西部阿拉伯海和波斯湾地区的军事部署存有戒备。长期以来，印度对美国海军主导统治亚洲海洋事务表示出一定的警觉。受冷战思维影响，印度人始终保留将美国视为一个“准殖民大国”的看法，认为美国的殖民倾向将在本质上否定印度在南亚和印度洋的主导地位以及在更大的全球舞台上扮演重要角色的地位。[①] 尽管印度与美国的海上关系愈加密切，但印度官员仍对 1971 年印巴战争期间美国第七舰队部署在孟加拉湾的记忆感到愤怒。与此同时，他们还始终对美国在迭戈加西亚的军事部署存在矛盾情绪，认为那里是美国在印度洋地区的滩头阵地。[②] 在具体实践中，印度不仅长期反对美国加入印度洋海军论坛，还拒绝参加美国在印度洋地区主导的联合反恐行动。目前，鉴于海军能力的不足，印度暂时被迫承认美国是印度洋地区的主导国家，但印度也清楚地认识到，印度与美国未来在印度洋上的制海权之争会不可避免。印度与美国在印度洋地区的海上合作势必表现出戒备的心态。[③] 此外，从美印两国的历史交往来看，凡是涉及美国自身重大利益的问题，如印度与巴基斯坦的关系、防止核扩散等，美国都会为了自身战略需要而牺牲印度的国家利益，印度因而对美国忠实可靠的战略伙伴地位存有疑虑。

第二，印度政府存在对美国“靠不住”的愤懑情绪。美印防务合作提升促进了美国对印度海上防务武器的出口，美国近年来已成为印度最大的武器出口国，但由于海上作战领域日益向美制系统靠拢，印度国内也担心其将严重依赖美国的武器供应和技术支持而完全受到美国的管控。[④] 基于这种担忧，印度一方面致力于防务武器的自主研发，通过加大推行“印度制造”，降低自身对美国进口军事技术和设备的依赖；另

---

① Stephen P. Cohen, *India: Emerging Power*, Washington, D. C.: Brookings Institution Press, 2001, pp. 86 - 87.

② James R. Holmes and Toshi Yoshihara, “Strongman, Constable, or Free - Rider?: India's ‘Monroe Doctrine’ and Indian Naval Strategy,” *Comparative Strategy*, Vol. 28, No. 4, 2009, p. 333.

③ 陈利君、许娟：《弹性均势与中美印在印度洋上的经略》，《南亚研究》2012 年第 4 期，第 13 页。

④ Stephen Cohen, *U. S. - India Relationship on the Rocks?* The National Interest, May 26, 2011, http://nationalinterest.org/commentary/us - india - relationship - the - rocks - 5361.

一方面，印度坚持防务武器进口的多元化，不顾美国的压力继续发展与俄罗斯传统的防务贸易关系，试图摆脱美国在军事装备和技术方面可能带来的控制。与此同时，印度对与美国已达成的协议也存在疑虑。目前，印度与美国签署《一般军事信息安全协议》《后勤交流协议备忘录》《通信兼容和安全协议》和《地理空间合作基本交流与合作协议》四个基础性军事协议，但这些协议中含有诸如美军进入印度港口、美军获取印度关键信息等敏感内容牵涉到印度国家安全和核心利益，因而印度对协议的具体实施持有一定的保留态度。除此之外，美国对印度“重安全，轻经济”的战略传统也是协议在国内遭受诟病的主要方面，特别是美国往往将经济与安全挂钩，干涉印度与他国的战略合作，严重影响了印度对美国的战略信任。

第三，印度一直对自身成为美国遏制中国的“马前卒”持戒备态度。美国为迎合其全球战略布局需要，相继提出了诸如“互操作性”“净安全提供者”“关键支点”等术语，并通过不断提升印度及印度洋的战略地位，进一步加强与印度的海上合作，美国特朗普政府将强大的美印关系视为推进其“印太战略”的重中之重。印度始终将美国的意图解读为“美国试图将印度发展成为类似联盟的关系，作为平衡中国的一种策略”。在印度看来，近年来印度之所以越来越多地被美国要求组建领导联盟以解决地区和全球性问题，是因为美国始终坚持认为目前的协议（而非联盟的模式）将会制约美印两国的长期战略合作方向。① 实际上，美国与印度结盟的倾向侵蚀了印度长期以来对外政策的战略基础，是印度国内特别顾忌的敏感问题。印度并不能被塑造为美国所期望的愿意合作的伙伴或“非正式盟友”，限制了两国从战略到战术的各个层面的常规双边接触。例如美国在2017年与盟国日本进行了28次大型海军演习，并与非盟国新加坡进行了8次演习；相比之下，美国和印度在同一年只进行了1次海军演习。② 另外，中国的迅速崛起以及中美海

① ［美］傅立民著，王柏松、王在亮译：《有趣的时代：美国应如何处理中美关系》，社会科学文献出版社2018年版，第232页。

② Rohan Mukherjee, “Chaos as Opportunity: The United States and World Order in India's Grand Strategy,” *Contemporary Politics*, Vol. 26, No. 4, 2020, p. 426.

上竞争日趋激烈，使美国希望在遏制中国的战略中突出印度的支点作用。印度则认为，印度成为美国遏制中国的前沿国家并不符合其国家利益。也就是说，如果印度在成为中国的主要对手的情况下，不能从美国方面获得相应的回报。对印度来说，这将是一个严重的战略失误，而中印交恶最大的受益者则是美国。鉴于此，印度一直对自身成为美国遏制中国的“马前卒”持戒备态度，同时印度在美印两国在印度洋—太平洋地区海上安全的合作中也始终谨防落入美国的“战略陷阱”。

第四，印度对美国“印太战略”的迎合实际上是合作与提防并重。在“印太战略”的规划中，美国向外界强调不寻求对印度洋—太平洋支配地位以及确保印度洋—太平洋地区自由开放的愿景，同时强调与印度的战略伙伴关系不是谋求所谓的战略优势和战略依赖，这一举动表明了美国在印度洋—太平洋安全方面的战略意图和对印度的安全困境的承诺保证。① 然而，印度虽然同意致力于构建“自由、开放、包容”的印太地区，但对印度洋地区的开放极其担忧。按照美国“印太战略”的构想，美国的战略重心将进一步向印度洋东移，由此带来的结果将是，美国向印度洋深入扩张以及增加美军在印度洋的军事存在。美国特别强调反对任何国家支配主导印度洋—太平洋的立场，这在一定程度上大大压缩了印度在印度洋的战略空间。为此，印度将会面临丢掉在印度洋的区域主导权并接受美国取得印度洋地区绝对领导地位的风险。目前，很多印度的政治分析人士已经对美国的“印太战略”产生很大的怀疑，建议印度必须小心谨慎，不要与美国过于紧密地联系，尤其是在安全领域的合作方面。② 整体而言，美国的“印太战略”对印度在印度洋地位的潜在威胁客观上造成了印度与美国海上合作的敏感性和脆弱性，进一步引发了印度在海上合作领域对美国的担忧和防范。

---

① U. S. Department of State, *Remarks on America's Indo - Pacific Economic Vision*, July 30, 2018, https://www.state.gov/secretary/remarks/2018/07/284722.htm.

② Subhash Kapila, *Indo - Pacific's Centrality in US National Strategy and Indian Position*, South Asia Analysis Group, Paper No. 6403, August 4, 2018, http://www.southasiaanalysis.org/node/2325.

第三节　美印战略互动的限制

根据以往的历史经验，印度作为新兴崛起国家不可避免地会与传统霸权国美国表现出越来越多的竞争和矛盾，两国在政治、经济、安全各领域的摩擦和冲突或将不断加剧，其中在海上安全领域也毫无例外。

一、美印海上战略矛盾难以调和

通过二战后的数十年努力，美国控制着世界主要大洋的重要航道，最终实现了称霸海洋梦想。除了对传统太平洋和大西洋的绝对控制外，美国在印度洋也始终保持着绝对优势地位。随着印度洋地缘地位的不断提升，美国更加重视印度洋在其全球战略中的突出作用。美国学者罗伯特·卡普兰就一直强调印度洋对于美国尤其重要，特别指出在军事优势减弱的背景下，美国在印度洋必须获得不可或缺的地位。① 早在 2007 年，美国就将海军和海军陆战队由传统的大西洋和太平洋地区重新定位到印度洋和太平洋地区，重新打开美国在印度洋战略部署的大门。② 随着中国和印度的迅速崛起，美国近年来不断加强在亚太地区的军事部署，美国国防部 2012 年战略指南将从西太平洋和东亚延伸到印度洋地区和南亚的弧形地带视为美国的重要战略地区。③ 特朗普就任美国总统后，美国进一步加大对印度洋地区的关注力度，并将印度洋与太平洋进行地缘整合，提出自由开放印太地区战略愿景。美国在印度洋的战略目标就是通过前沿部署、建立制度联系及维持和巩固在印度洋地区主导地

---

① Robert Kaplan, "Center Stage for the Twenty - first Century," *Foreign Affairs*, Vol. 88, No. 2, 2009, pp. 31 - 32.

② U. S. Department of the Navy, *A Cooperative Strategy for 21st Century Seapower*, October 17, 2007, https：//www. hsdl. org/? view&did = 479900.

③ U. S. Department of Defense, *Sustaining U. S. Global Leadership*：*Priorities for 21st Century Defense*, January 3, 2012, http：//archive. defense. gov/news/Defense_Strategic_Guidance. pdf.

位，防止区域内出现对美国霸权构成威胁的潜在挑战国，进而有力维护其在印度洋的霸权地位。①

2004 年和 2009 年的“印度海洋学说”确定印度从波斯湾到马六甲海峡的弧线作为“核心区域”，以及红海、南海和南印度洋作为其海洋利益的“次要区域”。② 2007 年，印度在《使用大海的自由：印度的海上军事战略》中明确印度在保护其印度洋利益以及发挥区域海上力量和安全提供者作用的雄心壮志。③ 2015 年，印度进一步规划至 2030 年的海上战略发展的路线图，明确表示印度洋不能成为大国权力斗争的竞技场，而要保证印度成为印度洋真正的主导国。④ 从上述文件可以看出，印度奉行的印度洋战略是排他性的，其目标就是要获得在该区的主导地位，通过阻止其他域外国家控制印度洋，实现自身完全获得印度洋的主导权力，进而以印度洋为基础延伸和扩展海洋空间，实现成为世界海上强国的战略目标。

印度将印度洋视为自身“势力范围”、排除域外大国介入以及获得印度洋主导地位目标，与美国防止印度洋潜在挑战国家出现和维护美国在印度洋的领导地位之间有着无法共存的矛盾，美印在印度洋的海上战略目标显然存在严重分歧。美国控制和主导印度洋已经成为既定事实，虽然印度一直追求印度洋地区的霸权，但美国的均势政策绝不允许有任何一个地区超级大国出现并对美国的霸权造成威胁。⑤ 长期以来，印度始终坚持认为域外大国在印度洋上的军事存在缺乏法律依据，印度实施印度洋战略面临的最大挑战主要来自美国。历史上，在第三次印巴战争之后，美国航空母舰进入印度洋东北部就曾遭到印度的极力反对和抵

---

① 孙现朴：《美国的印度洋战略》，《太平洋学报》2013 年第 6 期，第 35—38 页。

② Andrew S. Erickson, Ladwig C. Walter III and Justin D. Mikolay, “Diego Garcia and the United States’ Emerging Indian Ocean Strategy,” *Asian Security*, Vol. 6, No. 3, 2010, p. 230.

③ Jan Hornat, “The Power Triangle in the Indian Ocean: China, India and the United States,” *Cambridge Review of International Affairs*, Vol. 29, No. 2, 2016, p. 432.

④ India Navy, *Ensuring Secure Seas: India Maritime Security Strategy*, National Strategic Publication, October 2015, pp. 16 – 17.

⑤ 王晓文：《21 世纪美国的印度洋战略与美国霸权》，《世界经济与政治论坛》2014 年第 4 期，第 31 页。

抗。虽然21世纪以来印度与美国关系发生翻天覆地的变化，印度表面上也承认了美国在印度洋的主导地位，但其对美国在印度西部阿拉伯海和波斯湾地区的军事存在始终存有戒备。《印度海事学说》就曾指出，阿富汗战争所造成的事态发展使印度西部海岸所受到的威胁更加突出。美国和西方国家不断增加的海军存在和部署、争夺石油主导地位的战争以及对沿海和内陆地区的控制都是可能对印度洋地区整体安全环境产生不利影响的因素。① 鉴于印度把印度洋看作是自身的“内湖”，防止美国海上力量插手和染指印度洋也就成为印度战略实践的重要趋向。近年来，印度已开始在安达曼—尼科巴群岛举行大规模军事演习，目的就在于以此为支点协调本地区陆海空三军的协同作战能力，加强对冲包括美国在内的域外大国在印度洋地区的战略存在。②

二、美印海上战略竞争难以避免

在世界历史发展进程中，最具有里程碑意义的事件就是新的和有影响力的国家在世界权力格局中的崛起。伴随美国相对实力的日渐衰落，印度经济迅速发展的轨迹已表明其在未来几十年内将在地区和世界事务中发挥更大作用。现实主义国际关系理论认为，无论是出于纯粹防御原因，还是作为具有攻击性外交政策的前兆，崛起的大国将建立与其财富相称的政治和军事力量。正如印度学者所指出，“崛起中的印度势必将立志发展成为南亚和印度洋地区的地区霸主，并进一步成为中东、中亚和东南亚地区的域外大国；与其他国家相比，一个崛起的印度将试图建立地区霸权，就像自拿破仑时代以来所有其他崛起的大国一样，长期目

① James R. Holmes and Toshi Yoshihara, “China and United States in the Indian Ocean: An Emerging Strategic Triangle?” *Naval War College Review*, Vol. 61, No. 3, 2008, p. 44.

② Rajat Pandit, *India Conducts Major Exercise in Strategically Located Andaman & Nicobar Islands*, The Time of India, November 24, 2017, https://timesofindia.indiatimes.com/india/india-conducts-major-exercise-at-the-strategically-located-andaman-nicobar-islands/articleshow/61784692.cms.

标是在亚洲乃至全球范围内建立大国地位”。[①]

印度作为崛起的大国身份和独特地理环境决定了印度洋在印度崛起中的特殊作用和路径依赖。马汉曾预言，“无论谁在印度洋获得海上霸权，它都将是国际舞台上的一个重要角色”。[②] 印度在印度洋独特的地缘环境使得南亚次大陆和印度洋是印度崛起的基础，印度任何向外扩展的重要影响都只能发生在海洋范围。[③] 印度谋求世界大国地位的起始在于海洋，它的海洋战略意在以控制印度洋为跳板，进一步向太平洋、大西洋和非洲海岸渗透，通过完全掌控世界主要海上航道和要塞，实现独霸印度洋进而称霸世界的大国梦想。在对海权追求的过程中，印度通常会参考已有历史经验和理论模式。一方面，受“海权之父”马汉的影响，印度一直试图通过控制和获取海上关键节点，无论是拥有领土还是进入安全通道都会带来权力投射，以拒绝竞争对手获得和控制阻塞点；[④] 另一方面，受美国早期“门罗主义”政策影响，印度有理由通过寻求采取类似于19世纪美国在西半球建立势力范围的行动，在印度洋实行印度版的“门罗主义”，防止一些域外大国干涉印度洋的事务，并依靠自身力量确立在印度洋的绝对优势。[⑤]

印度追求印度洋海上霸权将不可避免地对美国全球海权霸主地位构成挑战，限制美国在南亚及印度洋地区的活动范围。作为仅次于中国和日本的亚洲第三大海军，印度海军制订出雄心勃勃的扩张计划，试图努力建立一支有“蓝水”能力的远洋海军来获得在印度洋地区的主导能力。根据这一计划，印度大力推动建设以航空母舰为核心的战斗群、战略核潜艇及大中型作战舰艇，一方面在于为印度洋的全面扩张做好准

---

① Manjeet Pardesi Singh, *Deducing India's Grant Strategy of Regional Hegemony from Historical and Conceptual Perspectives*, Singapore: Institute of Defence and Strategic Studies, 2005, p. 55.

② Amrita Jash, "India's Ocean: The Story of India's Bid for Regional Leadership by David Brewster," *Strategic Analysis*, Vol. 39, No. 4, 2015, p. 466.

③ 时宏远:《印度的海洋强国梦》,《国际问题研究》2013 年第 3 期，第 105—106 页。

④ David Scott, "India's 'Grand Strategy' for the Indian Ocean: Mahanian Visions," *Asia – Pacific Review*, Vol. 13, No. 1, 2006, p. 98.

⑤ James R. Holmes and Toshi Yoshihara, "Strongman, Constable, or Free – Rider?: India's 'Monroe Doctrine' and Indian Naval Strategy," *Comparative Strategy*, Vol. 28, No. 4, 2009, p. 333.

备，另一方面则是对包括美国在内的域外大国形成有效威慑。[①] 印度还在非洲东海岸到南印度洋的广阔海域搭建起海上监控网。除在印度本土西岸孟买和科钦两个海军基地及海外领地安达曼—尼科巴群岛建立情报监听站外，印度海军在位于南印度洋的马达加斯加北部海域首次建立域外海岸警戒雷达站，并在马达加斯加邻近的毛里求斯租借一座岛礁，以补充马达加斯加基地的战略功能。[②] 印度还与塞舌尔达成租借阿桑普申岛作为海空军基地的协议，并在该岛上建立一个海军通信基站，进一步加强了印度对印度洋中心航道的控制力。

另外，印度海军的战略存在也从印度洋扩展到西太平洋海域。早在2010年，印度就与越南达成扩大金兰湾基地的协议，使印度将活动范围进入到西太平洋。[③] 2017年，印度与新加坡签订一项两国海军可使用对方基地的协议，印度借此控制马六甲海峡的咽喉，并向南海扩展迈出实质一步。[④] 从表面上看，印度在印度洋—太平洋区域建设基地是保障自身的海上利益，但这些行动实则为印度海上力量扩展的重要手段。印度海军还利用远洋海军部队的海军外交来辐射国家的软实力，通过推动加强与沿海相关国家的海上交流与合作演习，强化在印度洋的强大安全提供者的身份，凸显出印度海军维护区域海上安全毋庸置疑的重要地位。[⑤] 总而言之，印度在追求大国地位的同时将战略重心明显倾向于海洋扩张，势必将对美国的海上霸权和战略利益产生一定冲击和损害，而美国对此也一定不会袖手旁观。

美国学者克里斯托弗·莱恩曾谈到，“美国自二战结束以来的战略

---

① 杨震、汪小伍：《海权视域下的印度海上扩张研究》，《人民论坛·学术前沿》2018年第5期（下），第108—109页。

② G. V. C. Naidu, “India, Africa and the Indian Ocean,” *Journal of the Indian Ocean Region*, Vol. 9, No. 2, 2013, pp. 202 – 203.

③ Xuan Vinh Vo, “Vietnam – India Maritime Cooperation,” *Journal of the Indian Ocean Region*, Vol. 13, No. 1, 2017, pp. 65 – 66.

④ Prashanth Parameswaran, *Why the New India – Singapore Naval Pact Matters*, The Diplomat, November 30, 2017, https://thediplomat.com/2017/11/why-the-new-india-singapore-naval-pact-matters/.

⑤ Baljit Singh Mann, “Changing Dynamics of India's Indian Ocean Policy,” *Maritime Affairs: Journal of the National Maritime Foundation of India*, Vol. 13, No. 2, 2017, pp. 15 – 17.

重点是防止欧洲或亚洲地区出现一个与之抗衡的霸权国家，同时保障周边海上地区秩序的安全稳定”。[①] 从某种意义上说，美国的全球霸权建立在以对全球海洋关键海域的有效控制基础之上，一旦有国家对美国的海上霸权构成威胁，进而替代美国取得在关键海域的制海权，美国在全球的霸权地位就会被动摇。[②] 为进一步巩固和拓展在全球范围内的海上霸权利益，美国一方面加强在太平洋和印度洋关键海域的军事存在以获得绝对控制权；另一方面防范遏制潜在崛起的海上强国，避免其对自身海上霸权的威胁和挑战。印度海上崛起与美国在印度洋地区权力和利益交融汇合，为美印两国的海上安全关系埋下潜在冲突的种子。因此，在印度国家不断崛起的进程中，美国绝不会漠视印度独霸印度洋，更不可能让印度过多干涉西太平洋地区事务。

尽管印度崛起在短期内没有足够能力对美国的海上利益构成威胁，但美国在与印度合作的同时也对印度有所防范。事实上，美国海军早在2002 年开始就曾连续通过在印度洋从事间谍活动来评估印度隐藏的海军能力，并在印度专属经济区内进行未经印度授权的演习，美国海军在印度专属经济区的突击行动始终是其向印度宣示美国在印度洋战略存在的重要举措。[③] 印度洋中部的迪戈加西亚岛是美国在印度洋最重要的军事基地，该基地不仅能够监视印度海军的主要活动，而且能够对印度洋区域内的事件做出迅速反应。美国保有印度洋上这一重要军事基地，在某种程度上可以看作是其有效限制印度海军活动的军事前哨。与此同时，鉴于伊朗和中东复杂的地区形势，美国还派遣第五舰队长期驻守霍尔木兹海峡，在维护局势稳定的同时，进一步限制印度海军向波斯湾海域的活动范围。美国已在连接印度洋和太平洋的马六甲海峡租借新加坡的樟宜海军基地，通过在这一基地驻扎美国海军的濒海战斗舰，进一步

---

① Christopher Layne, *The Peace of Illusions: American Grand Strategy from* 1940 *to the Present*, Ithaca, NY: Cornell University Press, 2006, p. 27.

② 杨震、方晓志：《海洋安全视域下的中国海权战略选择与海军建设》，《国际展望》2015 年第 4 期，第 86—87 页。

③ Ranjit Bhushan, *Port Hole: An American Warship Is "Caught" Spying in the Indian Waters under the Pretext of Research*, Outlook, June 7, 2007, https://www.outlookindia.com/magazine/story/port－hole/224131.

加强太平洋和印度洋的军事前沿存在，并对印度的安达曼—尼科巴群岛军事基地形成一定的对冲和钳制。另外，从美国的行动可以看出，虽然印度通过宣扬“中国海上威胁论”，转移美国对印度发展海权的视线，同时也尽力避免在印度洋地区与美国发生碰撞，但美国对于印度崛起中海权野心的防备却长期存在。

三、美印海上合作难以弥合分歧

美国与印度两国在印度洋—太平洋地区的海上合作存有矛盾，本身决定了两国合作的根基不够稳固。近些年来，受反恐战争及国际金融危机等因素的影响，美国国家实力呈现出再次衰落的迹象。① 在此背景下，美国在很大程度上希望由地区盟友和伙伴填补其在印度洋上能力不足的缺口，以维持业已建立起来的印度洋海上霸权。尽管美国期待日本、澳大利亚等其他国家为这一地区安全承担更多的责任，但印度在印度洋独特的地缘位置和突出作用，使美国相信印度的战略利益与自身有着广泛的交集，印度可以在印度洋就某些海上安全事务为美国分担更多责任。美国推动与印度在印度洋地区的海上合作很符合美国为控制全球制海权而促进与他国加强合作的战略。这一直被描述为美国是全球安全体系的“主管”，承认美国海军面临来自全球压力以及建立长期海军伙伴关系的价值理念。② 美国从亚洲—太平洋逐渐向印度洋的战略转向显示出美国寄望印度遏制中国进而控制全球这一关键地区重要海上通道的愿望。换言之，美国希望印度能够成为其真正盟友，作为实现“永恒利益”的工具，为美国维护印度洋地区的霸权贡献力量。实际上，美国的傲慢心态、极强控制欲以及要求印度保持绝对忠诚，显然与印度国家利益相违背。

就印度而言，印度寻求与印度洋地区邻国以及该地区关键外部参与

---

① 张东冬：《美国国家实力衰落与国际权力格局的变化》，《国际展望》2018 年第 2 期，第 27—44 页。

② ［澳］大卫·布鲁斯特著，杜幼康、毛悦译：《印度之洋：印度谋求地区领导权的真相》，中国科学出版社 2016 年版，第 230—231 页。

者建立更紧密的关系并非偶然。相反，印度只是系统地针对那些会给它带来潜在的和切实的安全和经济利益的国家。印度在印度洋的主要愿望是成为主导力量和安全提供者，但其能力和信心远远落后于这一目标。美国是印度洋地区的关键外部参与者，在波斯湾和阿拉伯海、巴基斯坦、东非和东北部非洲、新加坡和迪戈加西亚等地区拥有更重要的军事存在。与美国建立合作关系旨在增强和扩大印度自身的力量，可以视为是印度推动在印度洋地区实现自身议程的重要措施。由于美国在印度洋中原始存在的强大力量，迫使印度至少在一段时间内只有讨好美国，才能实现自己的地区目标。[①] 尽管近些年来印度与美国在印度洋—太平洋地区的军事合作关系飞速提升，但印度的本意是借助美国实力巩固在印度洋地区的战略地位，而决不允许美国反客为主对印度在这一地区的利益构成现实威胁。作为一个具有强烈全球大国情结的国家，印度渴望在具体事务上与美国平起平坐而不是顺从行事，“战略自主”政策使其一直对美国的笼络有所抵制。

在印度洋—太平洋地区的航行自由、海洋秩序和海洋安保问题上，印度与美国存在分歧也比较明显。首先，美国与印度对自由航行的理解存在分歧，导致两国矛盾日益凸显。近年来，美国频繁干涉中国在南海的活动，加强了对海军机动性和军事活动的重视。美国此前发布的《亚太海上安全战略》就指出，美国一直出于经济和安全的考虑主张海洋自由，但海洋自由不仅包括商业船只通过国际水道的自由。虽然“海洋自由”一词并非国际法所界定，但使用“海洋自由”一词，是指国际法所承认的所有权利、自由以及对海洋和领空的合法使用，包括对军用船只和飞机的合法使用。[②] 相比之下，印度发布的《海上安全战略》与美国的“航行自由”的概念则有所不同，该战略指出，“印度的贸易和能源安全，深海矿区的发展以及对南极科考站的支持都依赖于其海上通信线路，这为维护印度海上航道安全发挥了关键作用，提高海路、国际航

---

① Don Berlin, “The Rise of India and the Indian Ocean,” *Journal of the Indian Ocean Region*, Vol. 7, No. 1, 2011, pp. 8 –9.

② U. S. Department of Defense, *The Asia – Pacific Maritime Security Strategy*, August 2015, pp. 1 –2.

运和航行自由对印度国家利益具有重要意义”。[①] 显然，对于印度而言，即使“航行自由”的概念涉及海上安全，但也只是与安全的非军事目的密切相关，印度对航行自由的解释不包括其主权管辖范围水域内的外国“军事活动”。事实上，印度和美国对“航行自由”概念的强调不同，导致在战略上的汇合出现矛盾，如印度反对域外国家在印度海域进行军事活动也包含了美国在印度洋地区的航行自由行动。

印度与美国在维护海上秩序和海上安保方面也有不同。美国始终坚持认为，中国试图在印度洋—太平洋地区取代美国，扩大势力范围并改写地区秩序，对美国的权力、影响和利益构成挑战，目前印太地区的秩序之争就是以中国为代表的“非自由霸权”秩序和以美国为首的西方国家基于“自由规则”秩序之争。[②] 在2018年香格里拉安全对话会上，美国国防部长马蒂斯对特朗普政府的“印太战略”及其原则进行详细阐述，表示印度洋—太平洋地区是美国的首要战场，不仅强调美国致力于建设自由开放的印太安全秩序，同时对中国在印太地区的行动大加指责。[③] 当美国把矛头直接对准中国时，出席会议的莫迪并没有迎合美方腔调，非但没有指责中国，反而明确主张应“建立自由、开放、包容的印太地区，将该地区所有国家都置于对进步和繁荣的共同追求中”。[④] 另外，美国在将印度作为“印太战略”支点的同时，企图将日本、澳大利亚等国家共同纳入美印海上合作框架之中，形成印太海上多边安全机制互动，对印度主导印度洋的战略趋向形成一定制衡。尽管印度多次参加美国主导的四方安全会议，但印度发布的会后声明与其他三国表现

---

① India Navy, *Ensuring Secure Seas: India Maritime Security Strategy*, National Strategic Publication, October 2015, pp. 5 – 6.

② The White House, *National Security Strategy of the United States of America*, December 20, 2017, pp. 2 – 25.

③ U. S. Department of Defense, *Remarks by Secretary Mattis at Plenary Session of the 2018 Shangri – La Dialogue*, June 2, 2018, https://dod. defense. gov/News/Transcripts/Transcript – View/Article/1538599/remarks – by – secretary – mattis – at – plenary – session – of – the – 2018 – shangri – la – dialogue/.

④ Ministry of External Affairs, Government of India *Prime Minister's Keynote Address at Shangri La Dialogue*, June 1, 2018, https://www. mea. gov. in/Speeches – Statements. htm? dtl/29943/Prime + Ministers + Keynote + Address + at + Shangri + La + Dialogue + June + 01 + 2018.

出明显不同，印度忽略任何提及“航行自由和飞越自由”或“国际法”的内容，与美国的声明也形成了鲜明对比。①

印度海军和美国海军在海上的行动方式也有本质不同。印度海军的海军行动方式是良性的，主张在国际法或联合国授权下的多边行动，而美国更为强调在美国主导下通过武力来实现其目标。② 例如，印度海军一直在与美国领导的亚丁湾反海盗行动合作，但印度没有参与美国主导下的海上联合行动，其主要原因在于印度考虑这些行动应该在联合国的授权下，而不是在任何志同道合国家的支持下开展行动。尤其是近年来，印度拒绝美国在南海进行海上联合巡逻的提议，充分表现出印度与美国在事关印度洋—太平洋地区海上安全问题上的不同看法，这本身也延缓了美印两国在这一地区的海上合作进程。

四、政治、经济制约因素难以消除

美印海上合作是美印建设全球战略伙伴最重要的组成部分，而美印全球战略伙伴关系的构建离不开政治、经济等方面的支撑。美国与印度两国关系中的政治、经济因素不仅影响两国全球战略伙伴关系的发展，同时也对两国的海上合作形成潜在的制约。总的来说，美国与印度政治、经济关系中最突出的问题表现在美国移民政策和美印贸易争端两个领域。

美国政府的移民政策，特别是与高技能外国工人的 H－1B 签证相关的移民政策，一直以来备受印度关注。1990 年，美国国会推出 H－1B 签证计划，通过吸引高技能劳动力，以填补信息技术等行业的国内劳动力短缺。H－1B 签证允许临时工作在美停留 6 年，持有 H－1B 签证者可以在规定的签证有效期内自由出入美国。根据 H4 签证类别，在

① Ankit Panda, *US, Japan, India, and Australia Hold Senior Official – Level Quadrilateral Meeting in Singapore*, The Diplomat, June 8, 2018, https://thediplomat.com/2018/06/us – japan – india – and – australia – hold – senior – official – level – quadrilateral – meeting – in – singapore/.

② Sudesh Rani, "Indo – US Maritime Cooperation: Challenges and Prospects," *Maritime Affairs: Journal of the National Maritime Foundation of India*, Vol. 8 No. 2, 2012, p. 137.

此签证类别下的临时工人可以获得携带配偶和未婚子女在美国停留相同期限的许可，他们还可以在美国买卖房产或其他任何财产。此外，由于H－1B签证可以续签，它可以作为获得美国永久居住权，也就是绿卡的第一步。① 长期以来，美国一直被认为是印度移民最有利和最向往目的地之一，H－1B签证计划出台后很快成为印度人移民美国的一种非常流行的方式。尤其是近年来，经济结构、工程技术和社会发展进一步推动印度临时移民涌入美国，而印度计算机和工程领域学生享有良好的声誉也受到美国雇主的欢迎和追捧。② 根据美国公民及移民服务局数据，印度人占美国H－1B签证持有人总数的73.9%。③

H－1B签证的过多发放必然将对美国国内的工人及其就业产生一定冲击。特朗普提出“美国优先”政策后，美国政府逐渐收紧H－1B签证的发放，旨在为国内创造更多的资源和就业机会。特朗普2017年4月发布行政命令明确指出，“只有‘技能最高，收入最高’的外国工人获得美国签证才能保护美国在互联网技术领域的优势”。④ 2018年7月，美国政策国家基金会声称，与此前相比，美国拒绝印度人申请H－1B工作签证的数量增加了42%。美国政策转变势必造成一些印度科技公司和相关人士担忧和不满，他们认为减少此类非移民工作签证发放的任何努力与更广泛的反移民倡导之间存在直接联系。更为重要的是，印度政府已经明确表示，如果印度受到任何H－1B变化的不利影响，其服务出口将会面临很大威胁。印度对美国行动的抗议势必将会影响两国战

---

① Ajaya K. Sahoo, Dave Sangha and Melissa Kelly, “From ‘temporary migrants’ to ‘permanent residents’: Indian H－1B visa holders in the United States,” *Asian Ethnicity*, Vol. 11, No. 3, 2010, p. 300.

② Payal Banerjee, “Indian Information Technology Workers in the United States: The H－1B Visa, Flexible Production, and the Racialization of Labor,” *Critical Sociology*, Vol. 32, No. 2－3, 2006, pp. 425－445.

③ The Economic Times, *Three－Fourths of H－1B Visa Holders in* 2018 *are Indians: US Report*, October 20, 2018, https://economictimes.indiatimes.com/nri/visa－and－immigration/three－fourths－of－h1b－visa－holders－in－2018－are－indians－us－report/articleshow/66289772.cms.

④ The White House, *Remarks by President Trump on Buy American, Hire American Executive Order*, April 18, 2017, https://www.whitehouse.gov/briefings－statements/remarks－president－trump－buy－american－hire－american－executive－order/.

略伙伴关系的深入发展，进而间接对两国的海上合作产生潜在影响。

2008 年以来，印度成为世界上增长最快的经济体之一，美印经贸关系不断呈现出增长态势，尤其是印度在美国经济领域的重要性得到显著提升。据有关数据统计，美国和印度 2016 年双向商品和服务贸易额约为 1150 亿美元，印度是美国商品进口的第 9 大来源国和第 18 大商品出口市场，也是美国服务贸易的顶级合作伙伴。与此同时，美国是印度最大的货物出口国家，也是仅次于中国的第二大货物进口来源国。[①] 尽管美印两国经贸关系得到很大提升，但美国贸易保护主义政策、印度经济改革受阻以及美印双边经贸摩擦不断，使得美印两国在经济合作方面出现较大矛盾。虽然自 20 世纪 90 年代印度在贸易自由化方面取得长足进展，但由于受自身贫困问题、对制造业和农业部门国际竞争力的担忧以及与中国的区域经济竞争等因素影响，印度仍然存在国内保护主义政策，印度的商品贸易逆差仍然很大。

鉴于对印度的经贸始终处于逆差状态，美国与印度的经贸摩擦不断。自克林顿执政以来，美国已在世界贸易组织至少提起 6 起针对印度的案件。[②] 特朗普政府经济政策主要目标之一是削减美国的贸易逆差，为此曾公开提出印度对摩托车高额进口关税问题，并威胁对印度进口产品征收相互关税。2018 年，美国宣布对多国开征钢铝关税，印度也含列其中，而印度在政策上的反击进一步加剧了两国贸易摩擦的程度。2019 年 3 月，美国宣布计划取消给予印度“发展中国家普惠待遇”，被外界看作是特朗普政府对印度采取的最为强硬措施。此举可能进一步对印度经济产生不利影响，不仅降低印度作为制造业中心的吸引力，而且将影响未来几年外国直接投资流入。[③] 就特朗普政府而言，虽然印度可以成为该地区的“净安全提供者”，但印度所拥有的巨额对美贸易顺差使

---

① K. Alan Kronstadt and Shayerah Ilias Akhtar, *India – U. S. Relations: Issues for Congress*, Congressional Research Service, June 19, 2017, p. 23.

② Sreeram Chaulia, *India is the Latest Front in Trump's Endless Trade War*, Foreign Policy, June 21, 2018, https://foreignpolicy.com/2018/06/21/india-is-the-latest-front-in-trumps-endless-trade-war/.

③ Pratik Chougule, *Trump's Republican Base is Wary of India*, The National Interest, April 6, 2019, https://nationalinterest.org/feature/trumps-republican-base-wary-india-50817.

其能够而且必须在双边贸易谈判等问题上扮演更为积极的角色，以配合特朗普的国内和国际政治议程。[①] 美国对印移民政策的限制及美印贸易摩擦的升级或将侵蚀两国之间迅速发展的战略伙伴关系，同时也将对美印合作的战略互信产生一定的冲击，从而间接影响两国的海上合作关系。

第四节 国际地区层面的影响

中国与俄罗斯是美印关系发展的主要变量，深刻影响着美国与印度在印太地区的海上合作和战略互动。除此之外，受印太区域国家关系影响，巴基斯坦、伊朗以及南亚地区等热点问题的存在同样对美印两国的关系产生一定影响，成为制约美印两国海上合作的重要因素。

一、中国对美印海上合作影响

美国与印度关系迅速升温与中国在印度洋—太平洋地区的迅速崛起密不可分，美印在防范中国方面所谓的共同利益进一步推动两国在海上安全领域的合作。美印与中国都存有竞争与合作的关系，美国和印度一方面通过加强彼此间合作向中国传达威慑信号，以平衡中国迅速崛起；另一方面双方都对中国采取“防范加接触”政策，以防止对方转向与中国合作。在中美印三国战略互动中，中国因素不仅从某种程度上加剧美印两国彼此间可靠性的担忧，同时还对美印两国海上合作的不断深化起到一定的制约作用。

中美关系是世界上最重要的双边关系，两国虽然在一些领域存在战略竞争，但也有广泛的共同利益和合作空间。近年来，中美在海上安全方面的共同利益不断增多，两国在印度洋—太平洋地区的海上合作也日

① 李少丹：《认知视角下的美印战略与经贸双轨互动及其影响》，《南亚研究季刊》2020 年第 2 期，第 104 页。

益成为增进双边战略互信和促进两国安全合作的重要纽带。[①] 早在1998年，中美就已签署《关于建立加强海上军事安全磋商机制的协定》，从而开启两国海上合作的先河。[②] “9·11”恐怖袭击事件发生后，小布什政府重新调整美国的安全优先事项，着手拓展与中国包括军事联系在内的潜在合作。这一时期，美国推动中国加入其主导的“集装箱安全倡议”，并与中国签署了《中美海运协定》和《中美海上合作备忘录》。除此之外，中美两国海军于2003年首次开启海上联合搜救演习，美国海岸警卫队还于2006年首次在美国驻华使馆设立联络官，这些举措为推动两国海军进一步合作和交流提供了前期基础。[③]

尽管奥巴马上台后南海局势紧张加剧，但中美海军之间的沟通和参与程度仍有所提高。为应对印度洋海域日益猖獗的索马里海盗，中美两国在2008年共同开展反海盗联合行动，并于2009年签署《海上合作谅解备忘录》。2013年，中国海军军舰停靠美国珍珠港，与美国海军就搜索救援等领域开展了联合训练。[④] 2014年，中美共同签署《重大军事活动通知》和《海军和空军相遇安全行为准则》两项具有历史意义的建立信任协议，避免在危机发生时导致意外升级。[⑤] 与此同时，中国海军舰队还首次参加在美国夏威夷举行的环太平洋军事演习。在2015年和2016年举行的中美战略与经济对话上，海上安全问题在议程中占据相当比例的位置。中美双方一致决定，开展与航空和海上遇险安全行为规

① 朱峰：《中美海上合作：原则与路径》，《亚太安全与海洋研究》2018年第1期，第16—17页。

② Federation of American Scientists, *Agreement Between The Department of Defense of The United States of America and The Ministry of National Defense of The People's Republic of China on Establishing a Consultation Mechanism to Strengthen Military Maritime Security*, January 19, 1998, https://fas.org/nuke/control/sea/text/us - china.pdf.

③ 史春林：《中美海运安全合作：进展及存在的问题》，《现代国际关系》2010年第5期，第47页。

④ ［美］安德鲁·埃里克森、奥斯丁·斯特兰奇、何岸：《迈向“竞争性共存”：通过海上建立信任措施与非传统安全合作构建行动互信》，《中国国际战略评论2015》，世界知识出版社2015年版，第107页。

⑤ Bonnie Glaser, *A Step Forward in US - China Military Ties: Two CBM Agreements*, Asia Maritime Transparency Initiative, November 11, 2014, https://amti.csis.org/us - china - cbms - stability - maritime - asia/.

则有关的演习和港口访问，在自然灾害和反海盗行动期间进行合作，并支持制定中国海岸警卫队与美国海岸警卫队之间的合作文件，以及加强中美有关海上安全机构之间的双边交流。[①] 特朗普就任美国总统后，美国频繁在南海海域执行“航行自由行动”，并未中断与中国在海上安全领域的合作。总的来说，中美在海上安全领域的共同利益为两国海上建立信任措施和海上安全领域合作提供了巨大潜力，在一定程度上对美印海上合作形成有效对冲。

中美印三边关系中任何双边关系的潜在变化都会对第三方产生影响。在中美海上合作的背景下，印度试图保持在中美之间的平衡关系，同时对中美间的良性发展表现出某种程度的敏感性和脆弱性。事实上，奥巴马政府时期美国政界推销的“中美共治论”以及“两国集团论”就曾引起印度的警觉和普遍担忧，特别是 2009 年中美发表的联合声明提及南亚议题，不仅使印度对中美两国联合介入印度安全事务充满疑虑，而且也担心美国政府会因扩大中美合作而降低美印关系的热度。[②] 2017 年中印边境对峙事件发生后，特朗普政府保持谨慎的中立态度再次引发印度政府对于美国“靠不住”的愤懑情绪，并开始重新定位印度自身的对华关系。事实证明，中国和美国采取任何关系缓和合作的行动都将使印度陷入被美国战略边缘化的担忧，中美关系的发展始终是印度与美国合作所不得不考虑的重要因素。

中国和印度在印度洋—太平洋地区的共同崛起造就两国结构性的海上竞争关系。然而，随着两国海上安全利益和军事力量不断扩展，中印在全球海上安全治理和公共产品供给以及地区海上安全机制建设等方面存在共同利益，这也进一步推动中印两国在海上领域的合作。2003 年，中印首次举行两国海军联合军事演习。2007 年，两艘印度军舰靠港访问青岛，并与中国海军举行联合演习。2012 年，印度海军军舰“什瓦

---

① U. S. Department of States, *U. S. – China Strategic & Economic Dialogue Outcomes of the Strategic Track*, June 7, 2016, https://2009 – 2017. state. gov/r/pa/prs/ps/2016/06/258146. htm.

② Evan A. Feigenbaum, *U. S. – India Ties in the Age of Xi Jinping*, *Foreign Policy*, September 22, 2015, https://foreignpolicy. com/2015/09/22/u – s – india – ties – in – the – age – of – xi – jinping/.

利克号”访问中国，中印海军官兵进行参观互访，两国海军舰艇还进行了通信校验、编队运动等海上联合演练。2014 年 9 月，中国国家主席习近平访问印度期间与印度总理莫迪发表的《中印联合声明》首次提及两国就海军和空军联合演习达成协议，强调中印两国将在维和、反恐、海上护航、海上安全、人道主义救援、减灾行动、人员培训和智库之间交流等领域密切合作，并决定举行中印关于海洋事务和安全的首次海上合作对话，包括反海盗、航行自由和两国海事机构之间的合作。[①] 2015 年 5 月，莫迪访问中国期间中印两国发表的联合声明同意双方进行频繁的高层交流，包括联合反恐训练、海军舰艇的互访和举行交汇演习及海上搜救演习。[②] 2018 年 7 月，中印在北京举行了第二次海上安全对话，双方就共同关心的海上安全与合作、蓝色经济及加强务实合作等各种议题交换意见，印度还详细阐述对印度洋—太平洋地区战略愿景的看法。[③] 总而言之，印度与中国加强海上合作可以缓解印度在印度洋地区的安全困境，有助于压缩印度通过与美国合作来防范中国的战略空间。

实际上，印度在处理与中美两国关系过程中面临双重政策困境，一方面来自中国领导的经济一体化的影响力，另一方面则来自美国提供的战略一体化的吸引力。[④] 尽管美国始终坚持将印度塑造成为对中国战略

---

① Ministry of External Affairs, Government of India, *Joint Statement between the Republic of India and the People's Republic of China on Building a Closer Development Partnership*, September 19, 2014, https: //www. mea. gov. in/bilateral – documents. htm? dtl/24022/Joint + Statement + between + the + Republic + of + India + and + the + Peoples + Republic + of + China + on + Building + a + Closer + Developmental + Partnership.

② Ministry of External Affairs, Government of India, *Joint Statement between and China during the PM's Visit to China*, May 15, 2015, https: //www. mea. gov. in/bilateral – documents. htm? dtl/25240/Joint + Statement + between + the + India + and + China + during + Prime + Ministers + visit + to + China.

③ Ministry of External Affairs, Government of India, *Second India – China Maritime Affairs Dialogue*, July 13, 2018, https: //www. mea. gov. in/press – releases. htm? dtl/30048/second + indiachina + maritime + affairs + dialogue.

④ Deepa M. Ollapally, "Understanding Indian Policy Dilemmas in the Indo – Pacific through an India – US – China Maritime Triangle Lens," *Maritime Affairs: Journal of the National Maritime Foundation of India*, Vol. 12, No. 1, 2016, pp. 1 – 2.

牵制的重要力量，但印度根据自身战略利益并未完全倒向美国阵营来遏制中国。在中美印不对称关系中，中印因共同利益所形成的合作态势日趋明显，尤其在上海合作组织及金砖国家合作机制不断深化的背景下，中印之间的合作非但没有实现美国将印度打造成制衡中国的前沿阵地，更是引发美国对中印联合起来冲击其霸权体系的担忧。目前，美国与印度明确表示将共同致力于推动自由开放的印太地区，但两国对“印太战略”的理解却大相径庭，其中印度的“印太战略”不针对任何一个国家，甚至强调了中印携手合作的重要性。① 在中印边境冲突的背景下，习近平主席与莫迪总理在武汉举行首次非正式会晤，就双边和全球重要问题交换意见，从战略和长远角度就中印两国未来发展达成共识。② 2019 年 4 月，印度不顾美国反对派出“加尔各答号”导弹驱逐舰和“沙克蒂号”补给舰访问中国，并参加中国海军 70 周年国际阅舰式，更是凸显印度与美国海上合作针对中国的不同立场。事实证明，印度的对华政策并未朝美国所希望的方向发展，在一定程度上影响着美国对印度的信任及美印海上合作的深入发展。

二、俄罗斯对美印海上合作影响

印度与俄罗斯有着长期的防务合作关系，俄罗斯是印度最大的防务产品供应商，印俄防务关系还包括联合研究、设计、开发和共同生产等一系列广泛活动。③ 早在冷战时期，印度在苏联帮助下获得急需的军事装备和技术，军事力量总体上得到很大提升。苏联解体后，俄罗斯继承与印度传统的合作关系，特别是在普京 2000 年访印后，印俄两国签署

---

① Ministry of External Affairs, Government of India, *Prime Minister's Keynote Address at Shangri La Dialogue*, June 1, 2018, https://www.mea.gov.in/Speeches - Statements.htm? dtl/29943/Prime + Ministers + Keynote + Address + at + Shangri + La + Dialogue + June + 01 + 2018.

② Ministry of External Affairs, Government of India, *India – China Informal Summit at Wuhan*, April 28, 2018, https://www.mea.gov.in/press – releases.htm? dtl/29853/indiachina + informal + summit + at + wuhan.

③ Harsh V. Pant, "India – Russia Ties and India's Strategic Culture: Dominance of a Realist Worldview," *India Review*, Vol. 12, No. 1, 2013, pp. 7 – 8.

的战略伙伴关系协议进一步加强了包含两国海军合作在内的防务贸易作。[1] 进入21世纪，随着印度的迅速崛起，印度海军不仅要有足够的量捍卫自身的海洋利益，同时也需确保拥有未来的海上优势，为迈向界海洋强国做好准备。[2] 在此背景下，俄罗斯不断利用印度大力发展军实力的机会，积极向印度兜售大量具有明显优势的军事装备体系，进一步提升了两国传统防务合作的范围和层次。

随着2008年印美核协议签署后美印关系的日益升温，印度开始致力于摆脱对俄罗斯武器的路径依赖，逐步寻求与美国的防务安全合作，美印两国防务贸易呈逐渐递增态势，特别是美印海上联合军演进一步推动两国海上武器和技术的分享。虽然美国正逐渐取代俄罗斯成为印度最大的武器供应国，但目前从总数来看，俄罗斯依然是印度最大的武器出口国。据统计，在21世纪前十年，印度海军60%的驱逐舰、50%的轻型护卫舰、80%的登陆舰均从俄罗斯购买，印度海军航空兵中约1/5的飞机和1/4的直升机也从俄罗斯购买，反舰、反潜导弹等装备更是数不胜数。[3] 印度与俄罗斯防务合作的密切程度势必会对美印海上合作产生一定的消极影响。一方面，印度推进军事现代化需要包括海军在内的各个军种拥有统一的作战体系，但印度从俄罗斯进口的武器装备具有明显俄式特点，与美国等西方国家武器的设计理念、系统机构及作战样式有着很大不同，因此印度与美国合作将会存在一定的疑虑；另一方面，美国仅仅期望将印度视为遏制中国发展的战略工具，而印度军力实际发展远远超出美国的期望，出于对印度海军等力量防范的角度，适当抑制印度军事力量的发展也是美国的主要战略之一。相比之下，俄罗斯则同意与印度保持尖端技术领域合作，印度与美国的海上合作因而往往受制于美俄对印度的不同态度。

---

① Baidya Bikash Basu, "Putin's Visit and the Future of India – Russia Defense Cooperation," *Strategic Analysis*, Vol. 24, No. 9, 2000, pp. 1763 – 1766.

② David Scott, "India's 'Grand Strategy' for the Indian Ocean: Mahanian Visions," *Asia – Pacific Review*, Vol. 13, No. 2, 2006, pp. 107 – 108.

③ 杨彪、俞俊、吴薇：《印度海军的"俄罗斯情结"》，新华网，2018年4月25日，http://www.xinhuanet.com//globe/2018 – 04/25/c_137124705.htm。

军事和国防产品贸易仍然是印俄关系的主要推动力，俄罗斯依然在印度的防务市场发挥着重要作用。2015 年 12 月，莫迪在接受俄罗斯塔斯社采访时曾表示，“印度在改善世界市场机会的过程中，俄罗斯仍是印度的主要合作伙伴”。[①] 2016 年 10 月，在印俄领导人峰会期间，两国签署一系列重点关注武器出售的防务合作交换协议和备忘录，其中包含印度购买 5 套 S－400 导弹系统，印俄联合生产卡莫夫直升机，以及印度收购和联合生产 4 艘最先进的格里戈罗维奇海军导弹隐形护卫舰等合作意向。[②] 2018 年 10 月，普京访印期间与莫迪发表的印俄联合声明重申，印俄军事技术合作是两国战略伙伴关系的重要支柱，双方欢迎缔结向印度供应 S－400 远程地空导弹系统的合同，并承诺继续致力于加强彼此间的军事技术合作。[③] 尽管印度一直以来试图与俄罗斯和美国之间保持某种意义上的战略平衡，但印俄防务合作的不断深化必然会对美印两国的防务合作产生一定冲击。

特别注意的是，美俄关系的持续紧张同样会对美国与印度的防务合作产生重要影响。自 2014 年 3 月开始，俄罗斯与以美国为首的西方国家的关系因乌克兰和克里米亚局势而恶化，美国奥巴马政府指责俄罗斯的侵略行径并宣布对其实施制裁。2017 年 7 月，美国国会批准实施《通过制裁打击美国对手法案》。[④] 俄罗斯是这个法案的主要对象之一，美国通过这一法案将俄罗斯国防和情报部门及相关人员列为制裁对象，其目的是通过切断其资金来打击俄罗斯在欧洲和欧亚大陆的战略影响。更为重要的是，《通过制裁打击美国对手法案》授权美国政府对与俄罗

---

① Michael O. Slobodchikoff and Aakriti Tandon, “Shifting alliances and balance of Power in Asia: Transition in the Indo－Russia Security Ties,” *Asian Journal of Political Science*, Vol. 25, No. 2, 2017, p. 163.

② Vinay Kaura, “India’s Changing Relationship with Russia: Challenges and Convergences,” *The RUSI Journal*, Vol. 163, No. 1, 2018, p. 50.

③ Ministry of External Affairs, Government of India, *India－Russia Joint Statement During Visit of President of Russia to India*, October 5, 2018, https://www.mea.gov.in/bilateral－documents.htm? dtl/30469/indiaruss－ia+joint+statement+during+visit+of+president+of+russia+to+india+october+05+2018.

④ The 115th Congress, *H. R. 3364－Countering America’s Adversaries Through Sanctions Act*, July 24, 2017, https://www.congress.gov/115/plaws/publ44/PLAW－115publ44.pdf.

斯进行重要贸易的国家实施二次制裁。法案出台后，美国国务院就明确敦促所有盟国和伙伴放弃与俄罗斯的武器交易，否则将对触犯法案条款的国家实施制裁。虽然美国发出警告称印度将面临美国对印俄防务交易的制裁，但印度表示仍将继续推进与俄罗斯达成的协议，美国面临着必须在惩罚印度或豁免印度之间做出抉择。2018 年 7 月，美国国会通过《国防授权法案》修订案，国会授权美国总统暂缓制裁印度。但是这仅是一个临时方案，条件是美国得到印度的让步，确保印度逐步放弃对俄罗斯武器的依赖。① 在此之后，印度仍与俄罗斯达成价值 54.3 亿美元的历史性协议，采购了 4 套 S－400 远程导弹防御系统，根据合同规定在 2020 年底前完成交付。② 从以上可以看出，鉴于印俄长期以来特殊的防务合作关系，美印两国包括海军在内的防务合作将在相当一段时期内受制于印俄关系的影响。

三、其他国家和地区相关问题束缚

长期以来，巴基斯坦一直被印度视为最大的国家安全威胁，而美国基于反恐考量与巴基斯坦建立战略联盟关系，美巴关系的发展影响着美印关系的总体走向。与此同时，美国与伊朗的关系始终处于敌视状态，而印度与伊朗的关系又有能源和地缘战略上的密切联系，印伊合作同样决定着美印关系的发展进程。此外，美国和印度在阿富汗等南亚地区热点问题的不同政策对美印两国关系也产生一定影响，间接地影响美印两国在印太地区的海上合作。

第一，巴基斯坦因素。巴基斯坦与印度互相将对方视为主要国家安全威胁，印度时刻警惕巴基斯坦支持极端分子对其领土发动袭击。冷战

① The Time of India, *US Congressional Conference Report Paves Way for CAATSA Waiver for India*, July 24, 2018, https://timesofindia.indiatimes.com/india/us－congressional－conference－report－paves－way－for－caatsa－waiver－for－india/articleshow/65112640.cms.

② The Time of India, *India－Russia S－400 Missile Deal: All you Need You to Know*, October 5, 2018, https://timesofindia.indiatimes.com/india/india－russia－s－400－missile－deal－all－you－need－to－know/articleshow/66066460.cms? from = mdr.

期间，巴基斯坦和印度分属美苏两大阵营，印度与美国的关系发展较为曲折。冷战结束后，印度与苏联特殊关系不复存在，美国根据形势逐步调整南亚政策，认为印度和巴基斯坦两国都是美国重要的合作伙伴。自小布什政府开始，美国更加突出印度大国地位和作用，通过寻求印巴两国“脱钩”，美国与印度总体关系得到不断改善。尽管与印度关系迅速升温，但美国由于在南亚地区开展反恐战争，战略上越来越依赖与巴基斯坦合作，美巴的关系发生新的变化。2004 年，美国不顾印度反对将巴基斯坦指定为美国“非北约主要盟友”，进一步突出美巴间的军事合作，其中包括允许巴基斯坦从美国购买某些军事装备。美国建立与巴基斯坦的“非北约主要盟友”关系后，印度始终希望美国终止与巴基斯坦的同盟关系，但美国在阿富汗行动则需要维持与巴基斯坦“非北约主要盟友”关系。美国认为，一旦阿富汗落入塔利班手中并威胁巴基斯坦，整个南亚地区的安全稳定就会受到严重影响。①

鉴于小布什政府未能从根本上铲除阿富汗和巴基斯坦恐怖主义分子活动，奥巴马在上任不久便宣布美国对阿富汗和巴基斯坦的新战略，并敦促国会批准通过《克里卢格法案》，承诺向巴基斯坦提供经济援助，建立长期的合作伙伴关系。② 美国阿富汗反恐政策需要在加强与巴基斯坦关系和发展美印战略关系中做出平衡和选择。鉴于反恐战略需要，美国势必要保持与巴基斯坦的同盟关系，以便继续进入阿富汗，敦促巴基斯坦打击塔利班和“基地”组织，防止核武器在南亚地区扩散，并反击中国“垄断”与巴基斯坦关系。然而，印度始终将美巴同盟看作是阻碍印美关系发展的主要障碍，认为美国发展与巴基斯坦的关系将对印度国家利益造成严重损害。③ 特朗普上任后，阿富汗问题仍是美国无法回避的敏感问题，美国与巴基斯坦的关系同样是特朗普政府所考虑的重

---

① Stephen Burgess, “The U. S. Pivot to Asia and Renewal of the U. S. – India Strategic Partnership,” *Comparative Strategy*, Vol. 34, No. 4, 2015, p. 373.

② Ishtiaq Ahmad, “The U. S. Af – Pak Strategy: Challenge and Opportunities for Pakistan,” *Asian Affairs: An American Review*, Vol. 37, No. 4, 2010, p. 193.

③ Stephen Burgess, “The U. S. Pivot to Asia and Renewal of the U. S. – India Strategic Partnership,” *Comparative Strategy*, Vol. 34, No. 4, 2015, pp. 373 – 374.

要问题。为此，特朗普宣布对美国在阿富汗和南亚的战略行动进行“全面审查”，并宣布美国新阿富汗和南亚战略。虽然特朗普隐含传达出美国对巴基斯坦双重反恐的批评，但只要美国在以阿富汗为中心的南亚地区开展反恐战争，美国就不会轻视巴基斯坦在南亚地区安全中的作用而解绑美巴盟友关系。[①] 由此可见，巴基斯坦作为未来美国在阿富汗反恐的关键支点，发展与巴基斯坦的关系也将是美国必须考虑的选项。鉴于上述因素，美国一直有意识地限制与印度在西印度洋海域的合作而避免过度刺激巴基斯坦，这不仅制约着美印两国海上合作的范围，而且也加深了印度对美国海上合作的猜疑和不满。

第二，伊朗因素。印度与伊朗一直保持着良好的经济和战略关系，伊朗在美印海上关系中发挥着重要的牵制作用。自国内伊斯兰革命以来，伊朗一直试图通过与其他国家建立联系来摆脱国际孤立的状态，而印度希望在对外实践中实现战略自主，印伊两国为此在后冷战时期建立起更为紧密的经济和军事关系。对印度而言，能源、互联互通和贸易是印度与伊朗双边关系的重要方面。[②] 伊朗原油储备位居世界第三位，天然气储量居于世界第二位，同时也是世界第四大石油出口国。[③] 近年来，印度经济的快速增长在很大程度上依赖于巨大能源需求的供应。鉴于伊朗在能源市场中的地位，特别是石油和潜在的天然气市场以及其地理位置接近，与伊朗的合作显然成为印度能源的首要选择。目前，伊朗已成为印度最大的原油供应国之一，约占印度石油需求量的 12%。此外，伊朗对印度的重要性还在于其特殊的战略位置，尤其是印度将伊朗视为进入中亚的重要战略通道。印度通过帮助伊朗建设具有战略意义的恰巴哈尔港和国际南北运输走廊，使印度可以绕开巴基斯坦获得通往阿

---

① 张杰、郑海琦：《特朗普政府南亚安全战略探析》，《国际论坛》2018 年第 3 期，第 24 页。

② Jaskaran Teja, “India – Iran Relations in a New Context,” *American Foreign Policy Interest*, Vol. 37, No. 2, 2015, p. 88.

③ Shebonti Ray Dadwal, “India – Iran Energy Ties: A Balancing Act,” *Strategic Analysis*, Vol. 36, No. 6, 2012, p. 930.

富汗和中亚的通道，以更低的价格将货物运往欧洲市场。①

与印度和伊朗关系相比，美国与伊朗关系是当今美国对外关系中最棘手的问题之一。自 1979 年“伊朗人质事件危机”爆发以来，美国一直对伊朗采取孤立和遏制政策，特别是伊朗核问题的横空出世，美国更加将伊朗视为国家安全利益的主要威胁。美国公司被禁止在伊朗开展业务后，美国国会通过《伊朗与利比亚制裁法案》。根据这一规定，伊朗石油部门每年超过 2000 万美元的外国投资将受到美国惩罚。该法案后来演变为《伊朗制裁法案》，进一步深化和扩大了此前的对伊制裁，试图阻止其他国家能源公司在伊朗开展业务。2015 年 7 月，伊朗与包括美国在内的伊核问题六国达成伊朗核问题全面协议。根据该协议，伊朗承诺限制发展核计划，包括美国在内的其他国家将解除对伊朗制裁。2018 年 5 月，特朗普政府宣布美国退出伊朗核问题全面协议，并宣布重启对伊朗金融和能源等领域制裁，以削弱伊朗经济对石油的依赖。2020 年 1 月，伊朗高级将领卡西姆·苏莱曼尼在伊拉克巴格达国际机场外遭美军空袭身亡，伊朗为此对美国采取报复性行动，美国则开启了对伊朗的新一轮制裁措施。美国和伊朗之间的长期紧张局势以及它们无法解决的分歧和矛盾，在很大程度上阻碍了印度通过伊朗寻求能源安全的能力。

印度希望与伊朗之间的关系可以理想地保持在双边领域，而不影响第三国的关系。随着印度与美国战略关系的日趋密切，美国逐步将注意力集中到印度对伊朗的政策上，印度与伊朗关系因而成为影响美印关系的重要因素。② 目前，伊朗石油和天然气的出口高达 60% 的消费者集中在印度洋—太平洋地区的主要经济体内，美国通过经济制裁和军事威胁对伊朗开列种种条件，必然也会映射到印度洋地区的相关国家，这将主要表现在包括印度在内的美国的贸易伙伴或盟友完全需要遵循美国的政策要求。由于印度每年需要从伊朗进口价值 100 亿美元石油，而伊朗是

① Meena Singh Roy, “Iran: India's Gateway to Central Asia,” *Strategic Analysis*, Vol. 36, No. 6, 2012, pp. 958 –967.

② Uma Purushothaman, “American Shadow over India – Iran Relations,” *Strategic Analysis*, Vol. 36, No. 6, 2012, pp. 899 –900.

美国所要制裁的国家，这就要求印度应在美国和伊朗中做出选择，印度的伊朗政策最终成为印美关系的试金石。虽然美国政府暂时允许印度继续从伊朗购买石油而不受惩罚，但未来是否给予印度豁免权还尚未确定。事实上，美国想要干涉印度从伊朗进口具有战略发展意义的石油资源，美国与印度的关系必然会受到冲击和影响。①

第三，地区热点问题的挑战。自小布什在阿富汗发动反恐战争以来，阿富汗紧张局势升级一直是南亚地区不稳定的根源。印度在南亚地区的主要利益就是寻求防止反印度的恐怖主义、削弱巴基斯坦在阿富汗的影响力及增加其获取中亚能源资源和投射力量。② 2001 年以来，印度持续开展对阿富汗的经济援助、贸易投资等经贸活动，印度成为阿富汗周边最大的援助国，而阿富汗成为印度第二大对外援助国。2014 年，美国和北约士兵在阿富汗撤离后，印度增加了在阿富汗反恐的参与度，尤其是加强与阿富汗的安全合作。2017 年 8 月，特朗普就美国在阿富汗和南亚的战略问题发表讲话，希望印度在阿富汗为美国提供更多的帮助，共同致力于追求在南亚以及更广泛的印度洋—太平洋地区实现和平与安全的共同目标。③ 2020 年 9 月，阿富汗政府与塔利班双方代表在多哈举行谈判时，印度首次派出高级代表团参加会议。在解决阿富汗问题上，印度在美国南亚政策的作用极为有限，甚至两国存在一定分歧。美国希望印度积极支持美国在阿富汗政策，在加大经济援助和政治支持力度同时，增加军事和安全的投入，但印度在向阿富汗派兵问题上拒绝了美国的建议。特别是特朗普将南亚战略与美印经贸问题相挂钩，进一步加剧两国在这一问题上的矛盾。④ 显然，美印两国在这一问题上的分歧

---

① Raymond E. Vickery Jr. , *The Eagle and the Elephant*: *Strategic Aspects of US – India Economic Engagement*, New Delhi: Oxford University Press, 2011, pp. 175 – 178.

② Larry Hanauer and Peter Chalk, *India's and Pakistan's Strategies in Afghanistan*: *Implication for the United States and the Region*, Santa Monica, CA: RAND, 2012, pp. 11 – 13.

③ The White House, *Remarks by President Trump on the Strategy in Afghanistan and South Asia*, August 21, 2017, https://www.whitehouse.gov/briefings – statements/remarks – president – trump – strategy – afghanistan – south – asia/.

④ 王娟娟：《特朗普政府南亚战略：动因、走向与挑战》，《南亚研究季刊》2018 年第 1 期，第 8 页。

不仅影响着美印战略伙伴关系的整体发展，同时也间接对两国的安全合作，包括海上合作产生间接影响。

本章小结

本章分析了“印太战略”框架下美国与印度海上合作的制约因素，为系统把握美印两国海上合作的发展趋势提供参考基础。尽管“印太战略”框架下美国与印度海上合作取得实质性成果，但也同时存在着制约和阻碍双边深化合作的潜在因素，在一定程度上影响两国海上合作的未来前景。就美国自身国内政策而言，限制其与印度海上合作的因素主要包括美国国内政治体制、美国对外政策传统以及美国国内对与印度合作质疑三个方面。从印度国内政治体系来说，制约美国与印度海上合作主要表现为印度战略自主传统对美印海上合作的制约、印度内部官僚主义对美印海上合作的阻碍以及印度防范美国心理对美印海上合作的束缚三个方面。从美印双边战略互动方面来看，两国海上竞争、海上战略矛盾、海上合作分歧以及政治经济制约等不利因素在影响到美印两国战略伙伴关系的同时，也对两国的海上合作产生消极影响。从国际地区层面影响来看，中国与俄罗斯作为美印关系发展中的主要变量，深刻影响着美印的双边互动和战略平衡，从而对两国在这一地区的海上合作带来潜在影响。除此之外，巴基斯坦、伊朗以及南亚地区等热点问题同样对美印两国关系带来一定挑战，成为制约美印两国海上合作的重要变量。

结　语

随着印度洋—太平洋地区战略地位的不断提升，“印太”概念作为国际政治中的热词逐渐流行起来，并发展成为美国等域内国家的战略架构。美国出台和实施的“印太战略”进一步提升了印度及印度洋的战略地位，美国与印度的战略合作伙伴关系迈入新的阶段。印太海上安全关乎美国及印度等区域国家的战略利益，“印太战略”将印度洋和太平洋进行地缘整合，更加突出了这一地区的海上通道及海上安全的重要性。在“印太战略”框架下，美国与印度在印太海上共同利益日渐一致，海上合作的动力日趋明显，两国的海上合作出现新的变化。本书详细论述了美国与印度在“印太战略”框架下的战略互动以及美国与印度海上合作的主要内容、动力源泉和制约因素。通过上述的分析研究，可以得出如下几点结论：

第一，在印度洋—太平洋地缘价值地位提升及美国“印太战略”出台实施的背景下，美国与印度之间的战略互动不断增强，尤其表现在印太海上安全领域。伴随印度洋—太平洋地区地缘政治、经济、安全环境的发展变化，“印太”概念越来越多地被地区主要国家的学术界、战略界和官方所热捧和认可，这些国家也开始将印太地区上升为国家的对外战略方向。美国作为冷战后世界唯一超级大国及印度洋—太平洋地区的主要存在力量，是“印太战略”的主要倡导者和领导者。目前美国所提出的“印太战略”体现出美国对印度洋地区战略地位和价值的特别重视，而印度作为印度洋地区主要大国，则是美国实施“印太战略”不可忽视的力量。事实上，美国战略谋划中的“印太”，就是通过强化与印度的战略伙伴关系，将印度纳入美国的战略框架，限制中国在印太地区尤其是印度洋地区的影响力，致力维护美国在印太地区的霸权优势地位。与此同时，印度与美国的“印太战略”形成有效的衔接，寄望借美国的“印太战略”推动与相关国家的战略互动，在地缘范围内实现自身利益的最大化。自小布什政府以来，海上安全领域已经成为美国发展与印度双边关系的优先合作方向。美国向印度洋地区的战略转向更加突出印度的战略地位，提升了印度的地缘重要性，特别是“印太战略”被美国与印度两国所广泛应用和实施，进一步推动了美印战略伙伴关系新的发展。在此背景下，作为印度洋—太平洋地区稳定发展的重要前提，海上安全更加成为美印战略合作的重要突破领域。

第二，在“印太战略”框架下，美国与印度的海上合作得到进一步的巩固和强化，两国的海上合作在各方面各层次各领域取得突破性进展和实质性成果。从总体上看，美国与印度双边防务伙伴关系得到不断提升，在海洋领域的共同利益不断趋于一致，两国海上合作的目标意图明显增强，美国与印度在海上防务合作、海军交流合作、海洋安全秩序合作、海上非传统安全合作等诸多领域取得一系列新进展。首先，在海上防务合作方面，美国与印度不仅签署诸多涉及海上安全的防务合作协议，同时不断建立和完善两国的防务机制，海上防务贸易合作也成为美印海上合作的重要议程。其次，在海军交流合作方面，美国与印度联合开展“马拉巴尔”等多种海军年度联合演习，相继通过进行通信练习、船员交换、港口访问及海军人员培训及其他多种形式的海上联合训练，举行多轮海上安全对话以及通过召开多边海军和安全会议进行主题交流活动，定期举行海军双边人员会谈、进行港口访问、开展各级人员交流，进一步建立起相互尊重和信任的海军伙伴关系。再次，在海洋安全秩序合作方面，除维护印太地区海洋航道安全成为美国与印度海上合作的主要内容外，维护现有基于“自由规则”的印太海洋安全秩序也成为两国海上合作的重要目标。最后，在海上非传统安全合作方面，美国与印度两国海军在反恐怖主义、反海盗、防止核武器和大规模杀伤武器扩散以及自然灾害等非传统安全威胁问题上的共同利益日益趋同，海上非传统安全领域的合作也引起两国政府的高度重视，为美印建立牢固的海上安全伙伴关系奠定了坚实基础。

第三，“印太战略”下美国与印度的海上合作有着内外联动的推动力，这些动力助推美国与印度海上合作的顺利发展。一是就内在动力来看，美国与印度海上合作最大程度上取决于美国自身战略利益的驱动。作为印太地区最重要的国家，美国在印度洋—太平洋地区存在经济、政治和安全三个方面战略利益，而在印太地区实现这些利益需要美国在印太地区框架内积极谋求与他国的海上合作。鉴于印度海上力量的发展及美印海上力量的结构互补因素的考量，美国将合作的主要对象特别瞄向印度，并试图将印度打造成地区安全“平衡者”和“提供者”角色，以期实现美国的战略目标。除美国自身战略考量以及美印力量差距外，平衡中国崛起和日本、澳大利亚等域内其他国家力量的联合也对美国与印度海上合作起到了一定助推作用。二是就外在推力来看，美国与印度的双边战略互动、两国海上相互依存度的提升及印太海上多边合作框架的日趋成熟，进一步加速了两国双边海上合作的进程。作为印度洋地区最重要国家，印度的战略利益表现在维护印度洋的海上安全、谋求在印度洋的主导地位以及实现印太海洋强国梦想等几个方面，印度确保上述战略利益实现的最佳路径就是谋求与美国这一全球海军强国的良性互动和战略合作。特别是两国海上共同利益的不断增加，在印太地区海上安全频繁互动日益强化，为美国与印度在印太地区的海上合作提供了良好机制保障。随着东盟地区论坛、西太平洋海军论坛及印度洋海军论坛等地区海上多边机制的兴起，美印两国在地区海上多边合作机制的参与互动更加频繁，加之美、印、日、澳所形成的海上小多边合作机制，进一步推动了美国与印度在这一地区的海上合作。三是就其他动力来看，美国与印度两国共同价值观和海上身份的认同拉近两国关系的距离，两国之间的战略互动更加密切，也为“印太战略”背景下美国与印度海上合作提供了必要前提。印度裔是美国政治不可缺少的一部分，印度裔的游说作为美国政治文化的主流趋势，也是间接影响美国与印度在印太地区开展海上合作的重要因素之一。

第四，尽管“印太战略”互动下美印两国海上合作呈现不断强化的发展态势，但美国与印度海上合作仍然存在诸多限制因素，在一定程度上制约和延缓两国海上合作的发展进程。其一，在国内层面上，美国和印度各自国内政治体系是影响美印海上合作的主要限制因素。美国国内政治的影响和制约主要包含美国国内政治体制、美国对外政策传统以及美国国内对与印度合作质疑三个方面因素；而印度国内政治的制约主要表现为印度战略自主传统对美印海上合作的制约、印度内部官僚主义对美印海上安全关系合作阻碍以及印度防范美国心理对美印海上安全关系合作的束缚三个方面。其二，在双边层面上，美国与印度战略互动成为影响两国海上合作的直接限制因素。首先，崛起的新兴大国印度与守成的霸权强国美国之间的战略竞争不可避免，两国海洋力量的互相防范必然造成两国海上合作存在局限。其次，美国与印度战略的差异决定两国印太海上战略取向的不同，美印在印太地区背道而驰的海上战略目标势必也将进一步激化两国间的战略矛盾。再次，美国与印度海上合作存在一定分歧，主要体现在地区安全责任、航行自由、海洋秩序及海洋安保等问题。最后，美国与印度政治经济关系中最突出问题表现在美国移民政策和美印贸易争端两个领域，对两国的海上合作也会形成潜在的制约。其三，在国际地区层面上，大国和区域国家的联系是影响美印海上合作的间接限制因素。一方面，中国与俄罗斯作为美印关系发展中的主要变量，深刻影响着美国与印度在印太地区的海上合作和战略互动；另一方面，巴基斯坦、伊朗以及南亚地区等热点问题同样对美印两国关系造成一定影响，成为制约美印两国海上合作的重要变量。总的来说，上述因素的共同作用将在一定程度上延缓美印海上合作的进程，制约两国海上合作的未来发展。

作为印太区域的重要大国，美国和印度在中国的外交布局中具有重要的战略地位，美印两国在印太地区海上合作同时也直接关系到中国在此地区的切身利益和战略布局。中国是美国与印度在“印太战略”框架下海上合作最直接的动力，美国与印度在印度洋—太平洋的海上合作及其战略互动深刻影响中国在这一地区的海上安全，中国需要做出战略规划并采取应对措施，维护在印太地区的海上安全和战略利益。

参考文献

一、中文文献

（一）中文著作/译著

［1］杨金森：《中国海洋战略研究文集》，海洋出版社 2006 年版。

［2］吴征宇：《霸权的逻辑：地理政治与战后美国大战略》，中国人民大学出版社 2010 年版。

［3］张贵洪：《中美印三边关系研究》，时事出版社 2013 年版。

［4］吴兆礼：《印美全球伙伴关系研究》，时事出版社 2014 年版。

［5］张春燕：《美印海上合作研究》，四川大学出版社 2014 年版。

［6］李双建、于保华：《美国海洋战略研究》，时事出版社 2016 年版。

［7］宋得星：《印度海洋战略研究》，时事出版社 2016 年版。

［8］师学伟：《21 世纪初印度亚太战略研究》，人民出版社 2017 年版。

［9］王晓文：《美国印度洋战略的历史演进研究》，国家行政学院出版社 2017 年版。

［10］熊显华：《海权简史：海权与大国兴衰》，台海出版社 2017 年版。

［11］郑迪：《21 世纪印度洋的地缘态势与大国博弈》，时事出版社 2018 年版。

［12］［美］杰弗里·帕克著，李亦鸣、徐小杰、张荣忠译：《二十

世纪的西方地理政治思想》，解放军出版社 1992 年版。

［13］［美］安德鲁·埃里克森、奥斯丁·斯特兰奇，何岸：《迈向“竞争性共存”：通过海上建立信任措施与非传统安全合作构建行动互信》，《中国国际战略评论 2015》，世界知识出版社 2015 年版。

［14］［澳］大卫·布鲁斯特著，杜幼康、毛悦译：《印度之洋：印度谋求地区领导权的真相》，中国科学出版社 2016 年版。

［15］［美］詹姆斯·R. 福尔摩斯、安珠·C. 温特、吉原恒淑著，鞠海龙译：《印度二十一世纪海军战略》，人民出版社 2016 年版。

［16］张炜：《西太平洋海军论坛与地区海军合作》，《中国国际战略评论 2017》，世界知识出版社 2017 年版。

［17］［美］傅立民著，王柏松、王在亮译：《有趣的时代：美国应如何处理中美关系》，社会科学文献出版社 2018 年版。

（二）中文期刊/论文

［1］舒旭东：《从克林顿的南亚之行看美国“南亚政策”的调整及影响》，《南亚研究季刊》2000 年第 2 期。

［2］秦亚青：《国际政治的社会建构——温特以及建构主义国际政治理论》，《欧洲》2001 年第 3 期。

［3］许一多：《实用主义：美国外交战略的哲学理念》，《国际论坛》2002 年第 3 期。

［4］陈万新：《高层交流不断、一年两度军演：美印军事合作热度不减》，《国际展望（半月刊）》2002 年第 11 期。

［5］张贵洪：《布什政府的南亚政策与中国的安全环境》，《南亚研究》2003 年第 2 期。

［6］潘忠岐：《霸权的困境——“美国霸权治下的和平”与“新帝国论”的神话》，《美国研究》2003 年第 3 期。

［7］赵东升：《美国南亚新政策下的美印关系结构》，《国际论坛》2005 年第 1 期。

［8］王新龙：《美印海上合作：动机、矛盾及影响》，《国际论坛》2007 年第 4 期。

[9] 宋志辉:《美印在印度洋上的博弈对双边关系的制约与推动》,《南亚研究季刊》2008 年第 3 期。

[10] 张力:《印美民用核合作受挫及其对印美关系的影响》,《四川大学学报(哲社版)》2008 年第 4 期。

[11] 赵青海:《美印军事合作及其制约因素》,《国际问题研究》2008 年第 5 期。

[12] 潘亚玲:《美印核协议中的印裔美国人游说》,《南亚研究》2009 年第 1 期。

[13] 马荣久:《国内政治与外交决策:以领土争端中的印度对华决策为例(1959—1962 年)》,《世界经济与政治》2009 年第 12 期。

[14] 史春林:《中美海运安全合作:进展及存在的问题》,《现代国际关系》2010 年第 5 期。

[15] 马嫚:《试析印度的海洋战略》,《太平洋学报》2010 年第 6 期。

[16] 胡娟:《印度的印度洋战略及其对中国的影响》,《东南亚南亚研究》2012 年第 2 期。

[17] 陈利君、许娟:《弹性均势与中美印在印度洋上的经略》,《南亚研究》2012 年第 4 期。

[18] 时宏远:《印度的海洋强国梦》,《国际问题研究》2013 年第 3 期。

[19] 张力:《"印太"构想对亚太地区多边格局的影响》,《南亚研究季刊》2013 年第 4 期。

[20] 金灿荣、刘宣佑、黄达:《"美国亚太再平衡战略"对中美关系的影响》,《东北亚论坛》2013 年第 5 期。

[21] 孙现朴:《美国的印度洋战略》,《太平洋学报》2013 年第 6 期。

[22] 赵青海:《"印太"概念及其对中国的含义》,《现代国际关系》2013 年第 7 期。

[23] 韦宗友:《美国在印太地区的战略调整及其地缘战略影响》,《世界经济与政治》2013 年第 10 期。

［24］吴兆礼：《“印太”的缘起与多国战略博弈》，《太平洋学报》2014 年第 1 期。

［25］胡志勇：《印度的“印度洋战略”对中国海上丝绸之路建设的影响》，《南亚研究季刊》2014 年第 4 期。

［26］王晓文：《21 世纪的美国印度洋战略与美国霸权》，《世界经济与政治论坛》2014 年第 4 期。

［27］石志宏、冯梁：《印度洋地区安全态势与印度洋海军论坛》，《国际安全研究》2014 年第 5 期。

［28］夏立平：《地缘政治与地缘经济双重视角下的美国“印太战略”》，《美国研究》2015 年第 2 期。

［29］杨震、方晓志：《海洋安全视域下的中国海权战略选择与海军建设》，《国际展望》2015 年第 4 期。

［30］屈彩云：《探析“日美澳印”战略合作的形成及其制衡博弈》，《辽宁大学学报（哲学社会科学版）》2016 年第 1 期。

［31］罗藏才让：《美印防务安全合作最新动态探析》，《南亚研究》2016 年第 2 期。

［32］宋伟：《试论澳大利亚的印太体系概念与战略路径选择》，《上海交通大学学报（哲学社会科学版）》，2016 年第 2 期。

［33］赵雅婧、王有鑫：《“一带一路”背景下中国与中东的经济合作》，《阿拉伯世界研究》2016 年第 2 期。

［34］刘鹏：《印美全球战略伙伴关系中的军事安全合作评估》，《南亚研究》2016 年第 4 期。

［35］慕小明：《美印防务合作升温：动因、进展与影响》，《当代世界》2016 年第 9 期。

［36］王栋、杨宇淳：《海洋领域的中美关系：挑战与机遇》，《现代国际关系》2016 年第 10 期。

［37］楼春豪：《美印防务合作新态势评估》，《国际问题研究》2017 年第 1 期。

［38］张春燕：《美印网络安全合作的新进展与发展趋势》，《南亚研究季刊》2017 年第 1 期。

[39] 许娟：《“印太”语境下的美印日海洋安全合作》，《南亚研究》2017 年第 2 期。

[40] 解晓东、赵青海：《美国对海权的再认识及其政策影响》，《国际问题研究》2017 年第 3 期。

[41] 肖军：《从“主要防务伙伴”关系看新时期的美印安全合作》，《南亚研究季刊》2017 年第 4 期。

[42] [巴] 阿马德·拉希德·马利克著，陈晓鹏译：《中巴经济走廊的经济前景》，《太平洋学报》2017 年第 5 期。

[43] 季澄、宋德星：《印太视域下的中、美、印海上地缘博弈——表象与实质》，《亚太安全与海洋研究》2017 年第 5 期。

[44] 韦红、卫季：《东盟海上合作机制：路径、特征及困境分析》，《战略决策研究》2017 年第 5 期。

[45] 胡二杰：《美国与印度海上合作及其对华影响》，《国际研究参考》2017 年第 8 期。

[46] 张力：《从首脑会晤透视美印战略关系新发展》，《当代世界》2017 年第 8 期。

[47] 韩啸、杨文韬：《印度海军装备引进及其影响浅析》，《现代军事》2017 年第 10 期。

[48] 陈建山：《印美在印度洋地区的战略合作及中国应对研究》，《印度洋经济体研究》2018 年第 1 期。

[49] 葛建华：《试析日本的“印太战略”》，《日本学刊》2018 年第 1 期。

[50] 李莉：《印度东进战略与印太外交》，《现代国际关系》2018 年第 1 期。

[51] 仇朝兵：《奥巴马时期的美国“印太战略”：基于美国大战略的考察》，《美国研究》2018 年第 1 期。

[52] 孙现朴：《美印海洋合作的进程及其限制性因素：兼论中国印度洋政策的路径选择》，《南亚研究季刊》2018 年第 1 期。

[53] 王娟娟：《特朗普政府南亚战略：动因、走向与挑战》，《南亚研究季刊》2018 年第 1 期。

［54］韦宗友：《特朗普时期的大国关系：美俄、美印与中美》，《学术前沿》2018 年第 1 期。

［55］徐金金：《特朗普政府的“印太战略”》，《美国研究》2018 年第 1 期。

［56］夏立平、钟琦：《特朗普政府“印太战略构想”评析》，《现代国际关系》2018 年第 1 期。

［57］杨瑞、王世达：《印度与“印太战略构想”：定位、介入及局限》，《现代国际关系》2018 年第 1 期。

［58］周方银、王婉：《澳大利亚视角下的印太战略以及中国的应对》，《现代国际关系》2018 年第 1 期。

［59］朱峰：《中美海上合作：原则与路径》，《亚太安全与海洋研究》2018 年第 1 期。

［60］朱峰：《“印太战略”阴影下的南海大国较量》，《世界知识》2018 年第 1 期。

［61］张东冬：《美国国家实力的衰落与国际权力格局的变化》，《国际展望》2018 年第 2 期。

［62］胡波：《美国“印太”概念中的海权竞争图谋》，《军事文摘》2018 年第 3 期。

［63］王丽娜：《印度莫迪政府“印太”战略评估》，《当代亚太》2018 年第 3 期。

［64］许少民：《澳大利亚“印太”战略观：内涵、动因和前景》，《当代亚太》2018 年第 3 期。

［65］章节根、李红梅：《澳大利亚对“印太”战略的认知、原因及应对》，《印度洋经济体研究》2018 年第 3 期。

［66］张杰、郑海琦：《特朗普政府南亚安全战略探析》，《国际论坛》2018 年第 3 期。

［67］葛成、沈铭辉：《美印视角下的“印太战略”：政策限度及中国的应对》，《云南社会科学》2018 年第 5 期。

［68］刘磊、寇鹏程：《析莫迪执政以来印度与美国海上安全合作》，《国际关系研究》2018 年第 5 期。

［69］孙现朴：《“印太”语境下的印美关系》，《中国投资》2018年第5期。

［70］仵胜奇、陶文钊：《特朗普政府“印太战略”前瞻》，《国际论坛》2018年第5期。

［71］杨震、汪小伍：《海权视域下印度海上扩张研究》，《人民论坛·学术前沿》2018年第5期（下）。

［72］张洁：《美日印澳“四边对话”与亚太地区秩序的重构》，《国际问题研究》2018年第5期。

［73］杨慧、刘昌明：《美国视域中的“印太”：从概念到战略——基于对美国主流智库观点的分析》，《外交评论》2019年第2期。

［74］师学伟：《印度“印太”战略：逻辑、目标与趋向 》，《太平洋学报》2019年第9期。

［75］李少丹：《认知视角下的美印战略与经贸双轨互动及其影响》，《南亚研究季刊》2020年第2期。

［76］王晓文：《特朗普政府印太战略背景下的小多边主义——以美印日澳四国战略互动为例》，《世界经济与政治论坛》2020年第5期。

［77］戴永红、周禹朋：《美印“印太”战略融合与前景》，《现代国际关系》2020年第7期。

［78］唐玉华：《权力、安全、经济利益与冷战后的印美关系》，暨南大学博士学位论文，2007年。

［79］石志红：《美印中印度洋海上安全战略研究》，南京大学博士学位论文，2016年。

（三）中文网站

［1］联合早报：http：//link. zaobao. com/。

［2］新华网：http：//www. xinhuanet. com/。

［3］中华人民共和国商务部：http：//www. mofcom. gov. cn/。

二、英文文献

（一）英文著作/文集

[1] K. M. Panikkar, *The Basis of an Indo – British Treaty*, Bombay: Oxford University Press, 1946.

[2] Alfred Thayer Mahan, *The Influence of Sea Power upon History*, 1660 – 1783, New York: Dover Publications, 1987.

[3] Dennis Kuhru, *India and the United States: Estranged Democracies*, 1941 – 1991, Washington, D. C.: National Defence University Press, 1992.

[4] Satyindra Singh, *Blueprint to Bluewater: The Indian Navy*, 1951 – 1965, New Delhi: Lancers International, 1992.

[5] Selig S. Harrison and Geoffrey Kemp, *India and American After the Cold War*, Washington, D. C.: Carnegie Endowment for International Peace, 1993.

[6] Rahul Roy – Chaudhury, *Sea Power and India's Security*, London: Brassey's, 1995.

[7] R. F. Watters, T. G. McGee and Ginny Sullivan, *Asia Pacific: New Geographies of the Pacific Rim*, Vancouver, B. C.: UBC Press, 1997.

[8] Chintamani Mahapatra, *Indo – US Relations into the 21st Century*, New Delhi: Knowledge World, 1998.

[9] Alexander Wendt, *Social Theory of International Politics*, Cambridge: Cambridge University Press, 1999.

[10] Tony Smith, *Foreign Attachments: The Power of Ethnic Groups in the Making of American Foreign Policy*, Cambridge: Harvard University Press, 2000.

[11] Stephen P. Cohen, *India: Emerging Power*, Washington, D. C.: Brookings Institution Press, 2001.

[12] Karl Ernst Haushofer, *An English Translation and Analysis of Major Karl Ernst Haushofer's Geopolitics of the Pacific Ocean*, Lampeter: Edwin Mellor, 2002.

[13] Manjeet Pardesi Singh, *Deducing India's Grant Strategy of Regional Hegemony from Historical and Conceptual Perspectives*, Singapore: Institute of Defence and Strategic Studies, 2005.

[14] Christopher Layne, *The Peace of Illusions: American Grand Strategy from* 1940 *to the Present*, Ithaca, NY: Cornell University Press, 2006.

[15] Sumit Ganguly, *US – Indian Strategic Cooperation into the* 21*st Century: More Than Words*, New York: Routledge, 2006.

[16] Indian Navy, I*ntegrated Headquarters*, *Freedom to use the seas: India's maritime military strategy*, New Delhi: Integrated Headquarters, Ministry of Defence, 2007.

[17] James R. Holmes, Andrew C. Winner and Toshi Yoshihara, *Indian Naval Strategy in the Twenty – first Century*, New York: Routledge, 2009.

[18] Martin Sieff, *Shifting Superpower: The New and Emerging Relationship between the United States*, *China and India*, Washington, D. C. : Cato Institute, 2010.

[19] Stephen Cohenand Sunil Dasgupta, *Arming without Aiming: India's Military Modernization*, Washington, D. C. : Brookings Institution Press, 2010.

[20] Sumit Ganguly, *India's Foreign Policy: Retrospect and Prospect*, New Delhi: Oxford University Press, 2010.

[21] Raymond E. Vickery Jr, *The Eagle and the Elephant: Strategic Aspects of US – India Economic Engagement*, New Delhi: Oxford University Press, 2011.

[22] Gp Capt (Retd) GD Sharma, *Indo – US Defence Cooperation*, New Delhi, India: Vij Publishing Group, 2012.

[23] Larry Hanauer and Peter Chalk, *India's and Pakistan's Strategies in Afghanistan: Implication for the United States and the Region*, Santa Moni-

ca, CA: RAND, 2012.

[24] Jeffrey A. Bader, *Obama and China's Rise: An Insider's Account of America's Asia Strategy*, Washington, D. C.: Brooking Institution Press, 2012.

[25] Chas. W. Freeman, Jr, *Interesting Times: China, America, and the Shifting Balance of Prestige*, Charlottesville, VA, Just World Books, 2013.

[26] David Brewster. *India's Ocean: The Story of India's Bid for Regional Leadership*, New York: Routledge, 2014.

[27] Dinshaw Mistry. *The US – India Nuclear Agreement: Diplomacy and Domestic Politics*, Cambridge: Cambridge University Press, 2014.

[28] Euan Graham and Henrick Z. Tsjeng, eds, *Navigating the Indo – Pacific Arc*, Singapore: Nanyang Technological University, 2014.

[29] Mohan Malik, *Maritime Security in the Indo – Pacific: Perspectives from China, India and the United States*, Maryland: Rowman and Littlefield, 2014.

[30] Peter J. Dombrowski and Andrew C. Winner, *The Indian Ocean and US Grand Strategy: Ensuring Access and Promoting Security*, Washington, D. C.: Georgetown University Press, 2014.

[31] C. Raja Mohan, *Modi's World: Extending India's Sphere of Influence*, New Delhi: HarperCollins, 2015.

[32] Hugo Meijer, *Origins and Evolution of the US Rebalance toward Asia*, New York: Palgrave Macmillan, 2015.

[33] Josukutty C. A, *India – U. S. Relations and Asian Rebalancing*, New Delhi: New Century Publications, 2015.

[34] Carina van de Wetering, *Changing US Foreign Policy toward India: US – India Relations since the Cold War*, New York: Palgrave Macmillan, 2016.

[35] C. Raja Mohan. *Modi's World: Extending India's Sphere of Influence*, New Delhi: HarperCollins, 2016.

[36] Douglas T. Stuart, *The Pivot to Asia: Can It Sever the Foundation for American Grand Strategy in the 21st Century*, Carlisle, PA: United States

Army War College, 2016.

[37] Kathleen H. Hicks, Richard M. Rossow and Andrew Metrick, etc. *U. S. – India Security Cooperation: Progress and Promise for the Next Administration*, Washington, D. C.: Rowan & Littlefield, 2016.

[38] Chris Ogden, *China and India: Asia's Emergent Great Powers*, Cambridge, United Kingdom: Polity, 2017.

[39] Rajesh Rajagopalan, India's Strategic Choices: China and the Balance of Power in Asia, Washington, D. C.: Carnegie Endowment for International Peace, 2017.

[40] Thomas T. Holyoke, Interest Group and Lobbying: Pursuing Political Interests in America, New York: Routledge, 2018.

[41] T. B. Millar, Geopolitics and Military/ Strategic Potential, in Alvin J. Cottrell and R. M. Burrell, eds, *The Indian Ocean: Its Political, Economic, and Military Importance*, New York: Praeger Publishers, 1972.

[42] Taicott Parsons, Some Theoretical Considerations on the Nature and Trends of Change of Ethnicity, in Nathan Giazer and Daniei P. Moynihan eds., *Ethnicity: Theory and Experience*, Cambridge: Harvard University Press, 1975.

[43] Robert D. Kaplan, Power Plays in the India Ocean: The Maritime Commons in the 21st Century, in Abraham M. Denmark and James Mulvenon, eds., *Contested Commons: The Future of American power in a Multi – polar World*, Washington, D. C.: Center for a New American Security, 2010.

[44] Samir Saran, Globalization and Climate Change Paradox: Implications for South Asian Security, in K. V. Kesavan and Daljit Singh, eds., *South and Southeast Asia: Responding to Changing Geo – Political and Security Challenges*, New Delhi: Knowledge World, 2010.

[45] Vijay Sakhuja, Multilateral Mechanisms in the Indo – Pacific, in Mohan Malik, *Maritime Security in the Indo – Pacific: Perspectives from China, India and the United States*, Lanham, Maryland: Rowman & Littlefield Publishers, 2014.

[46] Ashley J. Tellis, Protecting American Hegemony, in Ashley J. Tellis and C. Raja Mohan, eds, *The Strategic Rationale for Deeper U. S. – Indian Economic Ties*, Washington, D. C.: Carnegie Endowment for International Peace, 2015.

[47] Koh Swee Lean Collin, "New Normal" in the Indo – Pacific: Sino – Indian Maritime Security Dilemma, in Anit Mukherjee and C. Raja Mohan, eds, *Indian Naval Strategy and Asian Security*, London: Routledge, 2016.

（二）英文期刊

[1] I. M. Cumpton, Consolidation by Conference? *Australian Outlook*, 1956 (2).

[2] H. G. Gelber, Nuclear Arms and the Pacific, *Australian Outlook*, 1971 (3).

[3] Ramtanu Maitra and Susan Maitra, Rao's Meeting with Clinton Opens Door to U. S. – India collaboration, *Executive Intelligence Review*, 1994 (23).

[4] Baidya Bikash Basu, Putin's Visit and the Future of India – Russia Defense Cooperation, *Strategic Analysis*, 2000 (9).

[5] Donald L. Berlin, Neglected No Longer: Strategic Rivalry in the Indian Ocean, *Harvard International Review*, 2002 (2).

[6] Rao PV, Indian Ocean and the Pax Americana, *Indian Ocean Digest*, 2002 (17).

[7] Rahul Bedi, A New Doctrine for India, *Front Line*, 2004 (14).

[8] Michael Richardson, Australia – Southeast Asia Relations in the East Asia Summit, *Australia Journal of International Affairs*, 2005 (3).

[9] Zhang Guihong, US – India Strategic Partnership: Implications for China, *International Studies*, 2005 (3&4).

[10] David Scot, India's "Grand Strategy" for the Indian Ocean: Mahanian Visions, *Asia – Pacific Review*, 2006 (1).

[11] Donald L. Berlin, India in the Indian Ocean, *Naval War College*

Review, 2006 (2).

[12] Payal Banerjee, Indian Information Technology Workers in the United States: The H-1B Visa, Flexible Production, and the Racialization of Labor, *Critical Sociology*, 2006 (2-3).

[13] Annpurna Nautiyal, Current Trend in India - U. S. Relations: Hope for a Secure Future, *Strategic Insights*, 2006 (4).

[14] Ashley J. Tellis, The Evolution of U. S. - Indian Ties: Missile Defense in an Emerging Strategic Relationship, *International Security*, 2006 (4).

[15] Gurpreet Khuarana, Security of Sea Lines: Prospects for India - Japan Cooperation, *Strategic Analysis*, 2007 (1).

[16] Cherian Samuel, Indo - U. S. Defense Cooperation and the Emerging Strategic Relationship, *Strategic Analysis*, 2007 (2).

[17] David Scott, Strategic Imperatives of India As an Emerging Player in PacificAsia, *International Studies*, 2007 (2).

[18] James R. Holmes, India and the Proliferation Security Initiative: A US Perspective, *Strategic Analysis*, 2007 (2).

[19] Barack Obama, Renewing American Leadership, *Foreign Affairs*, 2007 (4).

[20] James R. Holmes and Toshi Yoshihara, China and United States in the Indian Ocean: An Emerging Strategic Triangle? *Naval War College Review*, 2008 (3).

[21] Ashley J. Tellis, The Merits of Dehyphenation: Explaining U. S. Success in Engaging India and Pakistan, *Washington Quarterly*, 2008 (4).

[22] Alanna Simpson, Phil Cummins, Trevor Dhu, etc, Assessing Natural Disaster Risk in the Asia - Pacific Region, *AUSGEO News*, 2008 (90).

[23] Sumit Ganguly and Majeet S. Pardesi, Explaining Sixty Years of India's Foreign Policy, *India Review*, 2009 (1).

[24] Harsh V. Pant, A Rising India's Search for a Foreign Policy, *OR-*

BIS: *FPRI's Journal of World Affairs*, 2009 (2).

[25] Harsh V. Pant, India in the Indian Ocean: Growing Mismatch Between Ambitions and Capabilities, *Pacific Affairs*, 2009 (2).

[26] Robert Kaplan, Center Stage for the 21st Century: Power Plays in the Indian Ocean, Foreign Affairs, 2009 (2).

[27] Walter C. Ladwig III, Delhi's Pacific Ambition: Naval Power, "Look East," and India's Emerging Influence in the Asia – Pacific, *Asian Security*, 2009 (2).

[28] David M. Malone and Rohan Mukherjee, India – US Relations: The Shock of the New, *International Journal*, 2009 (4).

[29] James R. Holmes and Toshi Yoshihara, Strongman, Constable, or Free – Rider?: India's "Monroe Doctrine" and Indian Naval Strategy, *Comparative Strategy*, 2009 (4).

[30] Lee Cordner, Maritime Security in the Indian Ocean Region: Compelling and Convergent Agendas, *Australian Journal of Maritime and Ocean Affairs*, 2010 (1).

[31] Ajaya K. Sahoo, Dave Sangha and Melissa Kelly, From "Temporary Migrants" to 'Permanent Residents': Indian H – 1B Visa Holders in the United States, *Asian Ethnicity*, 2010 (3).

[32] Andrew S. Erickson, Ladwig C. Walter III and Justin D. Mikolay, Diego Garcia and the United States' Emerging Indian Ocean Strategy, *Asian Security*, 2010 (3).

[33] Ishtiaq Ahmad, The U. S. Af – Pak Strategy: Challenge and Opportunities for Pakistan, *Asian Affairs*: *An American Review*, 2010 (4).

[34] Guillem Monsonis, India's Strategic Autonomy and Rapprochement with the US, *Strategic Analysis*, 2010 (4).

[35] Don Berlin, The Rise of India and the Indian Ocean, *Journal of the Indian Ocean Region*, 2011 (1).

[36] Hillary Rodham Clinton, America's Pacific century, *Foreign Policy*, 2011 (1).

[37] John F. Bradford, The Maritime Strategy of the United States: Implication for Indo – Pacific Sea Lanes, *Contemporary Southeast Asia*, 2011 (2).

[38] Lee Cordner, Progressing Maritime Security Cooperation in the Indian Ocean, *Naval War College Review*, 2011 (4).

[39] Charles Ikins, What's Next in the Indian Ocean, *Australian Defence Force Journal*, 2011 (186).

[40] David Scott, The Indo – Pacific: New Regional Formulations and New Maritime Frameworks for U. S. – India Strategic Convergence, *Asia – Pacific Review*, 2012 (2).

[41] Martin N. Murphy, The Abundant Sea: Prospects for Maritime Non – State Violence in the Indian Ocean, *Journal of the Indian Ocean Region*, 2012 (2).

[42] Michael J. Green and Andrew Shearer, Defining U. S. Indian Ocean Strategy, *The Washington Quarterly*, 2012 (2).

[43] Sudesh Rani, Indo – US Maritime Cooperation: Challenges and Prospect, *Maritime Affairs*, 2012 (2).

[44] Meena Singh Roy, Iran: India's Gateway to Central Asia, *Strategic Analysis*, 2012 (6).

[45] Robert S. Ross, The Problem with the Pivot: Obama's New Asia Policy Is Unnecessary and Counterproductive, *Foreign Affairs*, 2012 (6).

[46] Shebonti Ray Dadwal, India – Iran Energy Ties: A Balancing Act, *Strategic Analysis*, 2012 (6).

[47] Uma Purushothaman, American Shadow over India – Iran Relations, *Strategic Analysis*, 2012 (6).

[48] Harsh V. Pant, India – Russia Ties and India's Strategic Culture: Dominance of a Realist Worldview, *India Review*, 2013 (1).

[49] OmPrakash Dahiya, India – Australia Maritime Cooperation: Challenges and the Way Head, *Maritime Affairs*, 2013 (1).

[50] Toshi Yoshihara, The U. S. Navy's Indo – Pacific Challenge, *Jour-*

nal of the Indian Ocean Region, 2013 (1).

[51] G. V. C. Naidu. India, Africa and the Indian Ocean, *Journal of the Indian Ocean Region*, 2013 (2).

[52] Rory Medcalf, The Indo - Pacific: What's in a Name?, *The American Interest*, 2013 (2).

[53] David Scott, Australia's Embrace of the "Indo - Pacific": New Term, New Region, New Strategy?, *International Relations of the Asia - Pacific*, 2013 (3).

[54] Rahul Bedi, First P - 8I Touches Down in India, *Jane's Navy International*, 2013 (5).

[55] Siraj Nizamani, India's Emerging Indian Ocean Strategy, *Islamabad Policy Research Institute Journal*, 2014 (1).

[56] Aditi Chatterjee, Non - traditional Maritime Security Threats in the Indian Ocean Region, *Maritime Affairs: Journal of the National Maritime Foundation of India*, 2014 (2).

[57] David Brewster, Dividing Lines: Evolving Mental Maps of the Bay of Bengal, *Asian Security*, 2014 (2).

[58] Debate, Indo - Pacific: An Emerging Geopolitical Construction India's Interest, Stakes and Challenge, *Indian Foreign Affairs Journal*, 2014 (2).

[59] Chietigj Bajpaee, Embedding India in Asia: Reaffirming the Indo - Pacific Concept, *Journal of Defence Studies*, 2014 (4).

[60] Shishir Upadhyaya, Maritime security cooperation in the Indian Ocean Region: The role of the Indian Navy, *Australian Journal of Maritime and Ocean Affairs*, 2014 (4).

[61] Priya Chacko, The Rise of the Indo - Pacific: Understanding Ideational Change and Continuity in India's Foreign Policy, *Australian Journal of International Affairs*, 2014 (4).

[62] Harsh V. Pant and Yogesh Joshi, The American Pivot and the India Navy, *Naval War College Review*, 2015 (1).

[63] Christian Bueger, From Dusk to Dawn? Maritime Domain Awareness in Southeast Asia, *Contemporary Southeast Asia*, 2015 (2).

[64] David Brewster, Indian Strategic Thinking about the Indian Ocean: Striving towards Strategic Leadership, *India Review*, 2015 (2).

[65] Jaskaran Teja, India – Iran Relations in a New Context, *American Foreign Policy Interest*, 2015 (2).

[66] Abhijit Singh, An Indian Maritime Strategy for an Era of Geopolitical Uncertainty, *Journal of Defence Studies*, 2015 (4).

[67] Amrita Jash, India's Ocean: the Story of India's Bid for Regional leadership by David Brewster, *Strategic Analysis*, 2015 (4).

[68] Blanco Pitlo Lucio and Karambelkar Amruta, India's Perception and Response to China's One Belt, One Road Initiative: Views From Indian Mainstream Media, *Asian Politics & Policy*, 2015 (4).

[69] Stephen Burgess, The U. S. Pivot to Asia and Renewal of the U. S. – India Strategic Partnership, *Comparative Strategy*, 2015 (4).

[70] Deepa M. Ollapally, Understanding IndianPolicy Dilemmas in the Indo – Pacific through an India – US – China Maritime Triangle Lens, *Maritime Affairs: Journal of the National Maritime Foundation of India*, 2016 (1).

[71] Amitendu Palit, India's Act East and Implication for Southeast Asia, *Southeast Asian Affairs*, 2016 (2).

[72] Jan Hornat, The Power Triangle in the Indian Ocean: China, India and the United States, *Cambridge Review of International Affairs*, 2016 (2).

[73] Satu Limaye, US – India Relations: Progress on Defense While Economic Issues Lag, *Comparative Connections: A Triannual e – Journal on East Asian Bilateral Relations*, 2016 (2).

[74] Gurpreet S. Khurana, India's Maritime Strategy: Context and Subtext, *Maritime Affairs: Journal of the National Maritime Foundation of India*, 2017 (1).

[75] Harsh V. Pant and Yogesh Joshi, Indo – US Relations under Modi: the Strategic Logic Underlying the Embrace, *International Affairs*, 2017 (1).

[76] Vivek Mishra, Indo – US Security Cooperation: Implications for the Indian Ocean, *Maritime Affairs*, 2017 (1).

[77] Xuan Vinh Vo, Vietnam – India Maritime Cooperation, *Journal of the Indian Ocean Region*, 2017 (1).

[78] Arzan Tarapore, India's Slow Emergence as a Regional Security Actor, *The Washington Quarterly*, 2017 (2).

[79] Baljit Singh Mann, Changing Dynamics of India's Indian Ocean Policy, *Maritime Affairs: Journal of the National Maritime Foundation of India*, 2017 (2).

[80] Chietigj Bajpaee, Dephasing India's Look East/Act East Policy, *Contemporary Southeast Asia*, 2017 (2).

[81] Michael O. Slobodchikoff and Aakriti Tandon, Shifting alliances and balance of Power in Asia: Transition in the Indo – Russia Security Ties, *Asian Journal of Political Science*, 2017 (2).

[82] See Seng Tan, A Tale of Two Institutions: The ARF, ADMM – Plus and Security Regionalism in the Asia – pacific, *Contemporary Southeast Asia: A Journal of International and Strategic Affairs*, 2017 (2).

[83] Sumit Ganguly, Has Modi Truly Changed India's Foreign Policy?, *The Washington Quarterly*, 2017 (2).

[84] Ramanand Garge, Maritime Outreach as Part of India's "Act East Policy", *Australian Journal of Maritime & Ocean Affairs*, 2017 (3).

[85] Nicholas D. Anderson and Victor D. Cha, The Case of the Pivot to Asia: System Effects and the Origins of Strategy, *Political Science Quarterly*, 2017 (4).

[86] Zorawar Daulet Singh, Foreign Policy and Sea Power: India's Maritime Role Flux, *Journal of Defence Studies*, 2017 (4).

[87] Gurpreet S. Khurana, Optimising India – U. S. Maritime Strategic

Convergence, *Strategic Analysis*, 2017 (5).

[88] Gurpreet S. Khurana, Trump's New Cold War Alliance in Asia is Dangerous, *New Perspectives Quarterly*, 2018 (1).

[89] Vinay Kaura, India's Changing Relationship with Russia: Challenges and Convergences, *The RUSI Journal*, 2018 (1).

[90] Vivek Mishra, India – US Defence Cooperation: Assessing Strategic Imperatives, *Strategic Analysis*, 2018 (1).

[91] Baljit Singh Mann, Changing Dynamics of India's Indian Ocean Policy, *Maritime Affairs: Journal of the National Maritime Foundation of India*, 2018 (2).

[92] Harsh V. Pant and Abhijnan Rej, Is India Ready for the Indo – Pacific?, *The Washington Quarterly*, 2018 (2).

[93] Mark Beeson, Institutionalizing the Indo – Pacific: The Challenges of Regional Cooperation, *East Asia: An International Quarterly*, 2018 (2).

[94] Vivek Mishra, India – US Maritime Cooperation: Crossing the Rubicon, *Maritime Affairs: Journal of the National Maritime Foundation of India*, 2018 (2).

[95] Mahesh Ramaswamy and Asha Shivaswamy, India's Logistics Exchange Memorandum of Agreement (LEMOA): A Dysphoria in Disguise, *International Area Studies Review*, 2018 (3).

[96] Rahul Roy – Chaudhury and Kate Sullivan de Estrada, India, the Indo – Pacific and the Quad, *Survival: Global Politics and Strategy*, 2018 (3).

[97] Paul Smith and Tara Kartha, Strategic partners or an emerging alliance? India and the United States in an era of global power transition, *Comparative Strategy*, 2018 (5).

[98] Brendan Taylor, Is Australia's Indo – Pacific Strategy an Illusion, *Internatioanl Affairs*, 2020 (1).

[99] Rajesh Rajagopalan, Evasive Balancing: India's Unviable Indo – Pacific Strategy, *Internatioanl Affairs*, 2020 (1).

[100] Manjeet S. Pardesi, The Indo – Pacific: A "New" Region or the Return of History, *Australian Journal of Internatioanl Affairs*, 2020 (2).

[101] Rohan Mukherjee, Chaos as Oopportunity: the United States and World Order in India's Grand Strategy, *Contemporary Politics*, 2020 (4).

（三）英文报告

[1] James Richardson Logan, *The Ethnology of the Indian Archipelago: Embracing Enquiries into the Continental Relations of the Indo – Pacific Islanders*, National Library Board Singapore, 1850.

[2] British Museum (Natural History), *Report on the Zoological Collections Made in the Indo – Pacific Ocean during the Voyage of H. M. S. "Alert"* 1881 –2, Printed by Taylor and Francis, 1884.

[3] Australian Institute of International Affairs and The Australian National University, *Defence Studies Project*, *Proceeding of the Seminar on Nuclear Dispersal in Asia and the Indo – Pacific Region*, Canberra: Australian Institute of International Affairs and The Australian National University, 1965.

[4] Australian Institute of International Affairs and The Australian National University, *Defence Studies Project*, *Proceeding of the Seminar on Commonwealth Responsibilities for Security in the Indo – Pacific Region*, Canberra: Australian Institute of International Affairs and The Australian National University, 1966.

[5] Berta Gomez, *Panel Urges to Give Priority to India*, Textline: 262566, File date/ID, 1993.

[6] Stephen Blank, *Natural Allies? Regional Security in Asia and Prospects for Indo – American Strategic Cooperation*, Strategic Studies Institute US Army War College, 2005.

[7] Vijay Sakhuja, *Indian Naval Diplomacy: Post Tsunami*, *Institute of Peace and Conflict Studies*, No. 1640, 2005.

[8] C. S. Kuppuswamy, *India's Look East Policy: More Aggressive*,

Better Dividends, South Asia Analysis Group, Paper No. 1663, 2006.

[9] S. D. Muni, *East Asia Summit and India*, ISAS Working Paper, No. 13, 2006.

[10] U. S. Department of the Navy, *A Cooperative Strategy for 21st Century Seapower*, 2007.

[11] Lloyd Hitoshi Mayer, *What Is This Lobby That We Are So Worried About?*, 26 Yale Law & Policy Review 485, 2007 -2008.

[12] Commonwealth of Australia, *In the Asia Pacific Century: Force 2030*, Department of the Prime Minister and Cabinet, 2009.

[13] Michael Auslin, *Security in the Indo - Pacific Commons: Towards a Regional Strategy*, *A Report of the American Enterprise Institute*, American Enterprise Institute for Public Policy Research, 2010.

[14] U. S. Department of Defense, *Quadrennial Defense Review Report 2010*, 2010.

[15] K. Alan Konstradt and Paul K. Kerr, etc, *India: Domestic Issues*, *Strategic Dynamics*, *U. S. Relations*, Congressional Research Service, 2011.

[16] Lisa Curtis, Walter Lohman, etc, Share Goals, Converging Interests: A Plan for U. S. - Australia - India Cooperation in the Indo - Pacific, The Heritage Foundation, Lowy Institute for International Policy, 2011.

[17] Michael Wesley, *Irresistible Rise of the Indo - Pacific*, Australian Literary Review, 2011.

[18] S. D. Muni, *India's "Look East" Policy: The Strategic Dimension*, ISAS Working Paper, No. 121, 2011.

[19] U. S. Department of Defense, *Report to Congress on U. S. - India Security Cooperation*, 2011.

[20] Andrew Feickert, *The Unified Command Plan and Combatant Commands: Background and Issues for Congress*, Congressional Research Service, 2012.

[21] Commonwealth of Australia, *Australia in the Asian Century White Paper*, Department of the Prime Minister and Cabinet, 2012.

[22] Dan McDaniel, *India, China and the United States in the Indo – Pacific Region: Coalition, Co – existence or Clash?*, Australian Army, 2012.

[23] S. Amer Latif, *U. S. – India Military Engagement: Steady as They Go*, Center for Strategic & International Studies, 2012.

[24] Sunil Khilnani, Rajiv Kumarand Pratap Bhanu Mehta, etc, *Nonalignment 2. 0: A Foreign and Strategic Policy for Indian the Twenty Firs Century*, Carnegie Endowment for International Peace, 2012.

[25] U. S. Department of Defense, *Sustaining U. S. Global Leadership: Priorities for 21st Century Defense*, 2012.

[26] Commonwealth of Australia, *Defence White Paper* 2013, Department of Defence, 2013.

[27] Michael A. McDevitt, *The Long Littoral Project: A Maritime Respective on Indo – Pacific Security*, *Summary Report*, Center for Nava Analysis, 2013.

[28] Christine M. Leah, *U. S Military Assistance to India: Building Partner Capacity?*, S. Rajaratnam School of International Studies, 2014.

[29] Christian Bueger, *What is Maritime Security?*, Maritime Policy 53, 2015.

[30] India Navy, *Ensuring Secure Seas: India Maritime Security Strategy*, National Strategic Publication, 2015.

[31] National Security Strategy Archive, *National Security Strategy of the United States of America*, 2015.

[32] U. S. Department of Defense, *The Asia – Pacific Maritime Security Strategy*, 2015.

[33] U. S. Navy, Marine Corps, Coast Guard, *A Cooperative Strategy for 21st Century Seapower*, 2015.

[34] U. S. Senate, *Statement of Admiral Samuel J. Locklear, U. S. Navy Commander, U. S. Pacific Command Before the Senate Armed Services Committee on U. S. Pacific Command Posture*, 2015.

[35] Commonwealth of Australia, *Defence White Paper* 2016, Depart-

ment of Defence, 2016.

[36] David Brewster, *Australia, India and United States: The Challenge of Forging New Alignments in the Indo - Pacific*, The United States Studies Center at the University of Sydney, Alliance 21 Program, 2016.

[37] Jennifer D. P. Moroney and Stephanie Pezard, etc, *The summary of Lessons from Department of Defense Support to Foreign Disasters in the Asia - Pacific Region* (Chinese translation simplified characters), The RAND, 2016.

[38] Subhash Kapila, *India's "Look East" and "Act East" Policies Reviewed* 2016, South Asia Analysis Group, Paper No. 6067, 2016.

[39] Vijay Sakhuja, *India - U. S. Naval Cooperation Gathers Momentum Despite Doubts*, Sigur Center for Asian Studies, 2016.

[40] Australian Institute of International Affairs, *2017 Foreign Policy Paper* , 2017.

[41] Dina Smeltz and Ivo Daalder, etc, *Results of the* 2017 *Chicago Council Survey of American Public Opinion and US Foreign Policy: What Americans Think About American First*, The Chicago Council on Global Affaires, 2017.

[42] K. Alan Kronstadt and Shayerah Ilias Akhtar, *India - U. S. Relations: Issues for Congress*, Congressional Research Service, 2017.

[43] Mark Rosen, JD, LLM and Douglas Jackson, *The U. S. - India Defense Relationship: Putting the Foundational Agreements in Perspective*, The CNA Corporation, Analysis & Solutions, 2017.

[44] Nilanthi Samaranayake, Michael Connell and Satu Limaye, *The Future of U. S. - India Naval Relations*, The CNA Corporation, 2017.

[45] The Unites States Navy, *Surface Force Strategy: Return to Sea Control*, 2017.

[46] TheWhite House, *National Security Strategy of the United States of America*, 2017.

[47] The Unites States Navy, Chief of Naval Operation's White Paper:

The Future Navy, 2017.

[48] U. S. Department of Defense, Enhancing Defense and Security Cooperation with India, Fiscal Year, Joint Report to Congress, 2017.

[49] U. S. Department of Defense, *Annual Freedom of Navigation Report*, *Fiscal Year* 2017, 2017.

[50] Abhijit Singh and Apama Pande eds, *The new Indo – US Partnership in the Indo – Pacific*: *Peace*, *Prosperity and Security*, Observer Research Foundation, 2018.

[51] ICC International Maritime Bureau, *ICC International Maritime Bureau Piracy and Armed Against Ships* – 2017 *Annual Report*, 2018.

[52] Richard M. Rossow and Hemant Krishan Singh, *Re – shaping India – US Defense Cooperation in the Ind – o Pacific*, Center for Strategic & International Studies, 2018.

[53] Ronald O' Rourke, *China Naval Modernization*: *Implications for U. S. Navy Capabilities*, Congressional Research Service Report, 2018.

[54] Subhash Kapila, *Indo – Pacific's Centrality in US National Strategy and Indian Position*, South Asia Analysis Group, Paper No. 6403, 2018.

[55] Sophie Eisentrautand Bart Gaens, *The U. S. – Japan – India – Australia Quadrilateral Security Dialogue*: *Indo – Pacific Alignment or Form in the Ocean?*, Finnish Institute of International Affairs, 2018.

[56] The Department of Defense, *Indo – Pacific Strategy Report*: *Preparedness*, *Partnerships and Promoting a Networked Region*, 2019.

[57] Felix Heiduk and Gudrun Wacker, *From Asia – Pacific to Indo – Pacific*: *Significance*, *Implementation and Challenges*, German Institute for International and Security Affairs, 2020.

（四）英文网站

[1] Acronym Institute for Disarmament Diplomacy, http: //acronym. org. uk/about/who – we – are/.

[2] Asia Dialogue, https: //theasiadialogue. com/.

[3] AINonline, https://www.ainonline.com/.

[4] American Enterprise Institue, https://www.aei.org/.

[5] AsiaLink, https://www.asialink.org/.

[6] Asia – Pacific Economic Cooperation, https://www.apec.org/.

[7] Association of Southeast Asian Nations, https://asean.org/.

[8] Australian Institute of International Affairs, http://www.internationalaffairs.org.au/.

[9] Brookings Institution, http://www.brookings.edu/.

[10] Carnegie Endowment for International Peace, https://carnegieendowment.org/.

[11] Center for Naval Analyses, https://www.cna.org/.

[12] Center for Strategic & International Studies, https://www.csis.org/.

[13] Commander of U. S. Seventh Fleet, https://www.c7f.navy.mil/.

[14] Commander of U. S. Pacific Fleet, https://www.cpf.navy.mil/.

[15] Congress. Gov, https://www.congress.gov/.

[16] Council on Foreign Relations, https://www.cfr.org/.

[17] Department of Foreign Affairs and Trade, Australia, https://dfat.gov.au/pages/default.aspx.

[18] East Asia Forum, https://www.eastasiaforum.net/.

[19] East Asia Research Programme, http://earp.in/en/.

[20] Embassy of India, Washington, D. C., USA, https://indianembassyusa.gov.in/.

[21] Extraordinary and Plenipotentiary Diplomatist, https://www.diplomatist.com/index.html.

[22] Federation of American Scientists, https://fas.org/.

[23] Finnish Institute of International Affairs, https://www.fiia.fi/.

[24] Financial Times, https://www.ft.com/.

[25] Foreign Affairs, https://thisisforeignaffairs.com/.

［26］ Forbes, https：//www. forbes. com/home_usa/.

［27］ Foreign Policy, https：//www. foreignpolicyjournal. com/.

［28］ Front Line, https：//frontline. thehindu. com/.

［29］ Future Direction International, https：//www. futuredirection. com/.

［30］ Jane's Defence Weekly, https：//www. janes. com/defence/janes – defence – weekly.

［31］ Hindustan Times, https：//www. hindustantimes. com/.

［32］ House Armed Services Committee, https：//armedservices. house. gov/.

［33］ HuffPost, https：//www. huffingtonpost. com. au/.

［34］ Indian Express, https：//indianexpress. com/.

［35］ Indian Navy, https：//www. indiannavy. nic. in/.

［36］ India Today, https：//www. indiatodaygroup. com/.

［37］ Indo – Pacific Defense Forum, https：//ipdefenseforum. com/.

［38］ Italian Institute for International Politics Studies, https：//www. ispionline. it/en.

［39］ Institute for Defence Studies and Analyses, https：//www. idsa – india. org/.

［40］ Institute of Peace and Conflict Studies, https：//www. ipcs. org/.

［41］ International Maritime Organization, https：//www. imo. org/en/Pages/Default. aspx.

［42］ Joint Chiefs of Staff, https：//www. jcs. mil/.

［43］ Ministry of Defense of India, https：//mod. gov. in/.

［44］ Ministry of External Affairs, Government of India, https：//mea-forms. nic. in/.

［45］ Ministry of Foreign Affairs of Japan, https：//www. mofa. go. jp/index. html.

［46］ Ministry of Defense of Japan, https：//www. mod. go. jp/en/.

［47］ National Maritime Foundation, New Delhi, https：//maritimeindia. org/.

[48] Naval Today, https: //navaltoday. com/.

[49] New Eastern Outlook, https: //journal – neo. org/.

[50] Observer Research Foundation, https: //www. orfonline. org/.

[51] Office of the Under Secretary of Defense for Acquisition and Sustainment, https: //www. acq. osd. mil/.

[52] Outlook, https: //www. outlookindia. com/.

[53] Pakistan Observer, https: //pakobserver. net/.

[54] Pew Research Center, https: //www. pewresearch. org/.

[55] Project Syndicate, www. project – syndicate. org.

[56] Quartz India, http: //www. quartzindia. co. in/.

[57] Reuters, https: //www. thomsonreuters. com/en. html.

[58] S. Rajaratnam School of Internatioanl Studies, https: //www. rsis. edu. sg/.

[59] Stockholm International Peace Research Institute, https: // www. sipri. org/.

[60] South Asia Analysis Group, http: //www. southasiaanalysis. org/.

[61] The Asia Times, https: //www. asiatimes. com/.

[62] The American Presidency Project, https: //www. presidency. ucsb. edu/.

[63] The Associate Press, https: //www. ap. org/en – gb/.

[64] The Commission on Presidential Debates, https: //www. debates. org/.

[65] The Diplomat, https: //thediplomat. com/.

[66] The East – West Center, https: //www. eastwestcenter. org/.

[67] The Economic Times, https: //www. m. economictimes. com/.

[68] The Heritage Foundation, https: //www. heritage. org/.

[69] The Hindu, https: //www. thehindu. com/.

[70] The International Institute for Strategic Studies, https: //www. iiss. org/.

[71] The Indian Express, https://indianexpress.com/.

[72] The India Ocean Rim Association, https://www.iora.int/en.

[73] The Japan Institute of International Affairs, http://www.jiia.or.jp/en/.

[74] The Lawfare Institute, http://lawfareinstitute.com/.

[75] The National Bureau of Asia Research, https://www.nbr.org/.

[76] The National Interest, https://nationalinterest.org.

[77] The New York Times, https://www.nytimes.com.

[78] The RAND, https://www.rand.org/.

[79] The Times of India, https://timesofindia.indiatimes.com.

[80] The U.S. Indo-Pacific Command, https://www.pacom.mil/.

[81] The United Nations, https://www.un.org/.

[82] The Washington Times, https://www.washingtontimes.com/.

[83] The Watson Institute for International and Public Affairs, http://watson.brown.edu/.

[84] TheWhite House, https://www.whitehouse.gov/.

[85] The Washington Post, https://www.washingtonpost.com/.

[86] United State Coast Guard, https://www.uscg.mil/.

[87] U.S. - China Economic and Security Review Commission, https://www.uscc.gov/.

[88] U.S. Department of Commence, https://www.commerce.gov/.

[89] U.S. Department of Defense, https://www.defense.gov/.

[90] U.S. Department of State, https://www.state.gov/.

[91] U.S. Department of the Navy, https://www.navy.mil/.

[92] U.S. Embassy & Consulates in India, https://in.usembassy.gov/.

[93] U.S. Senate, https://www.senate.gov/.

[94] Warbirds of India, http://www.warbirds.in/.

[95] Webindia123, https://news.webindia123.com/news/index.html.

[96] Wilson Center, https://www.wilsoncenter.org/.

[97] World Bank, https://www.worldbank.org/.